Denis Goldberg

Freiheitskämpfer und Humanist

zum 80. Geburtstag

Stiftung Umwelt und Entwicklung
Nordrhein-Westfalen (Hg.)

Peter Hammer Verlag

STIFTUNG UMWELT
UND ENTWICKLUNG
NORDRHEIN-WESTFALEN

Herausgeber: Stiftung Umwelt und Entwicklung Nordrhein-Westfalen

Redaktion: Tina Jerman, Birgit Morgenrath, Eberhard Neugebohrn, Christel Schwiederski

Übersetzung: Geoffrey Davis, Ingrid Davis

Fotografinnen und Fotografen:
Afchar, Simin
Ebert, Wolfgang
Haage, Lutz
Hensch, Günter
Köhler, Marina
Kopshoff, Karin
Krehwinkel, Thomas
Nows-Hansen, Gundi
Armin Osmanovic,
Rosa-Luxemburg-Stiftung Südliches Afrika
von Bille, Angela
Schulz, Luisa Charlotte
Willman, Matthew (Cover)

Inhalt

Ost-West-Beziehungen

Reisender in Sachen Bildung

Denis Goldberg zu Ehren

MAKHENKESI ARNOLD STOFILE

80 Jahre alt zu werden, ist für jeden Menschen eine bemerkenswerte Leistung. 80 Jahre alt und noch bei guter Gesundheit zu sein, ist eine noch größere Leistung. Comrade Denis Goldberg hat beide Kunststücke vollbracht. Wir ziehen den Hut vor ihm.

Dieser Veteran des Kampfes um die Befreiung Südafrikas vom Kolonialismus bis zur Apartheid ist für unsere Generation eigentlich eher ein Leader als ein Comrade. Wenn einst unsere Geschichte neu und richtig niedergeschrieben ist, wird Comrade Denis Goldberg dort als starker Anführer erscheinen, als Revolutionär, der es für angemessen hielt, sich dem Befreiungskampf der Unterdrückten anzuschließen. Ihn traf die volle Wucht des Apartheidregimes wie auch andere Fachleute, Intellektuelle und Revolutionäre unseres Kampfes. Der bekannteste unter ihnen war unser früherer Präsident Rolihlahla Nelson Mandela.

Viele junge Südafrikaner und viele Menschen auf der ganzen Welt glauben fälschlicherweise, alle Weißen hätten die Apartheid mitgetragen. Comrade Goldberg ist der lebende Beweis dafür, dass sie sich irren. Genauso wenig haben alle Schwarzen den Befreiungskampf unterstützt.

Comrade Denis Goldberg ist sich schmerzlich bewusst, dass rassistische Vorurteile unsere Geschichte verzerren und die Zukunft unserer Kinder vergiften können. Selbst im Alter von

80 Jahren setzt er deshalb den größten Teil seiner Energie dafür ein, Menschen, insbesondere junge Menschen, miteinander zu versöhnen. Dass er sich für Musik und kulturelle Aktivitäten als Medium entschieden hat, trägt nun Früchte. Musik und Kultur kennen keine Grenzen.

Herzlichen Glückwunsch und alles Gute zum Geburtstag, junger Mann! Wir sind sehr stolz auf dich, und du bist uns eine bedeutende Quelle der Inspiration.

Immer vorwärts!
Nie zurück!

Makhenkesi Stofile
Botschafter der Republik Südafrika
Berlin

Makhenkesi Arnold Stofile *diente von 1971 bis 1990 den Untergrund-Strukturen des ANC und arbeitete als Dozent für Theologie. In den 80er Jahren war er Mitglied im Exekutiv-Komitee der United Democratic Front. Nach 1994 wurde er Fraktionsführer des ANC im Parlament, von 1997 bis 2004 war er Ministerpräsident der Eastern Cape Province und von 2004 bis 2010 Sportminister Südafrikas.*

Vorwort

Gemeinsam auf dem Weg

Denis Goldberg ist ein perfekter Netzwerker. Der findige Bauingenieur mit den sprühenden und dazu noch realistischen Ideen hat – auch mit Hilfe deutscher Freundinnen und Freunde – unzählige Menschen in Deutschland und international in sein Geflecht hineingezogen, mit dem Ziel, das ihn seit Beginn seines Aktivisten-Daseins antreibt: Südafrika braucht intensive Solidarität und Unterstützung. Seit der demokratischen Wende 1994 gilt es, die durch die Apartheid verursachten Traumatisierungen und Verletzungen der Menschenwürde in allen Lebensbereichen zu überwinden und die Wirklichkeit den Träumen von einer „Rainbow Nation" Stück um Stück anzunähern.

Wir hier in Deutschland sahen uns mit dem Fall der Berliner Mauer im Jahr 1989 mit den Problemen einer Vereinigung zweier sehr unterschiedlicher politischer Systeme konfrontiert. Mannigfaltige individuelle Lebensgeschichten und grundverschiedene gesellschaftliche Narrative sollten zusammenwachsen. Bis heute ist noch sehr viel zu tun. Wir sind uns bewusst, dass südafrikanische und deutsche Geschichte in vieler Hinsicht nicht vergleichbar sind. Aber für beide Länder gilt, was der Künstler Joseph Beuys beschrieb: Demokratie (im Sinne uneingeschränkt anerkannter und respektierter Menschenrechte) ist ein unvollendeter Prozess, dessen Fortschritte immer und immer wieder neu errungen werden müssen. Dazu und um den antirassistischen Keim zu säen, braucht es Charaktere. Denis Goldberg gelingt es, in Vorträgen und persönlichen Gesprächen vor allem auch bei seiner jungen Zuhörerschaft die Entwicklung solcher Charaktere zu fördern: Menschen mit Empathie, mit dem Wunsch, mehr voneinander zu erfahren, mit Begeisterung für kritische, konstruktive Fragen und Antworten. Menschen, die den unvollendeten Weg zu mehr Demokratie und mehr Toleranz gemeinsam beschreiten und dabei neue Visionen und Praxen erkunden. Der Menschenfreund und Lehrer Goldberg hat zahllose Frauen, Männer, Jugendliche und Kinder in Südafrika, Deutschland und anderswo motiviert, diesen Weg dauerhaft zu gehen.

Mit diesem Buch wollen die Autorinnen und Autoren sowie das Redaktions- und Herausgeber-Team Denis Goldberg mit all ihrer Bewunderung, Freundschaft und Liebe zum achtzigsten Geburtstag ehren. Die Festschrift versammelt vor allem subjektive und persönliche Beiträge von Menschen, die Teil seines Netzwerkes geworden sind, die ihm zu unterschiedlichen Zeiten seines Lebens begegnet sind und die das Glück hatten, ihn ein kürzeres oder längeres Stück begleiten zu können. Die Musikerinnen und Musiker der Kronendal Music Academy in Hout Bay, dem Wohnort Denis Goldbergs, sind seine „jüngsten" Freunde, die ihm in kürzester Zeit ans Herz gewachsen sind. Ihre Denis-Geschichte steht darum am Schluss dieser Schrift. Aber sie werden ganz sicher nicht die letzten sein, die er in sein Netz knüpfen wird.

Für die engagierten Beiträge möchte das Redaktionsteam allen Autorinnen und Autoren herzlich danken.

Tina Jerman, Birgit Morgenrath, Eberhard Neugebohrn, Christel Schwiederski

Was für ein Leben!
Denis Goldberg, Südafrika und die Welt

EBERHARD NEUGEBOHRN

Immanuel Kant schreibt 1795 in seiner Schrift „Zum ewigen Frieden", dass es „mit der Gemeinschaft unter den Völkern der Erde" so weit gekommen sei, dass „die Rechtsverletzung an einem Platz der Erde an allen gefühlt" werde. Das zeige die Notwendigkeit und Aktualität eines „Weltbürgerrechts".[1] Die Globalität und Universalität der Menschenrechte war 19 Jahre zuvor auch vom „Kontinentalkongress" der 13 amerikanischen Neuengland-Kolonien proklamiert worden, und 1789 hatte die revolutionäre französische Nationalversammlung ihre „Erklärung der Menschen- und Bürgerrechte" angenommen.

Die Geschichte entwickelt sich in Widersprüchen und manchmal in Paradoxien. So betonten die Neuengland-Kolonien in ihrer Unabhängigkeitserklärung von 1776 zwar die unveräußerlichen Rechte aller Menschen, aber die von Thomas Jefferson vorgeschlagene Verurteilung der Sklaverei wurde aus der Erklärung gestrichen, weil die sklavenhaltenden Kolonien sie sonst nicht angenommen hätten. Trotzdem hat diese Erklärung der Menschenrechte ihre geschichtliche Kraft entfaltet, auch wenn es mehr als 200 Jahre gedauert hat, bis ein Mensch mit schwarzer Hautfarbe Präsident der USA werden konnte.

Der Prozess der weltweiten Anerkennung der Universalität der Menschenrechte war spätestens mit der 1948 verabschiedeten Charta der Vereinten Nationen für das Regime in Südafrika zum

1 Kant, Immanuel: Zum ewigen Frieden. Suhrkamp Studienbibliothek 14, Berlin 2011, S. 33.

Problem geworden. Seine Politik der rassistischen Segregation, Ausbeutung und Unterdrückung verlor international Legitimität. „Apartheid" war der Propagandabegriff, den sich das Regime hatte einfallen lassen, um der Weltöffentlichkeit weiszumachen, dass es nicht um brutale Knechtschaft und systematische Entrechtung der nichtweißen Mehrheitsbevölkerung in allen Lebensbereichen ginge, sondern um die „getrennte" kulturelle, soziale, ökonomische und politische Entwicklung verschiedener „Rassen". Der Begriff hat seine beabsichtigte Wirkung bis weit in die zweite Hälfte des 20. Jahrhunderts erhalten können.

Von der Siedlerkolonie zur Südafrikanischen Union

Die weiße Siedlerkolonie am Kap nahm 1652 ihren Anfang. Der Niederländer Jan van Riebeeck errichtete mit 90 Männern, Frauen und Kindern eine Versorgungsstation der „Vereenigde Oostindische Compagnie". Die Kolonie war ein sehr frühes Projekt des europäischen Kolonialismus. Im 17. und 18. Jahrhundert war sie auch „eine der rigorosesten und repressivsten Sklavenhaltergesellschaften der Geschichte"[2]. Sie zog zunächst überwiegend niederländische, hugenottische und deutsche bäuerliche Siedler („Buren") an. Die Kolonisten leiteten ihr Bewusstsein „rassischer" Überlegenheit unter anderem aus der calvinistischen Prädestinationslehre ab. 1806 eroberten die Briten das Land am Kap, brachten eigene Siedler mit und errichteten ihre Kronkolonie. Die von Kriegen gekennzeichnete Geschichte der burischen und der britischen Siedler nahm ihren Lauf. Die Briten galten den bisherigen Kolonisten als Liberale. Sie setzten zuerst das Verbot des Sklavenhandels und 1838 das Ende der Sklaverei durch. Die meisten der knapp 40.000 Sklaven zogen in Städte oder Missionsstationen,

2 Iliffe, John: Geschichte Afrikas, München 1997, S. 168. Ab 1658 setzen die Siedler Sklaven ein.

doch fanden sie dort kaum Arbeit, und die Behörden stellten ihnen auch kein Land zur Verfügung. Mangelnde Alternativen, Armut, Verschuldung, Alkoholismus und eine rigorose Arbeitsverordnung ließen viele ehemalige Sklaven innerhalb weniger Jahre wieder auf die großen Farmen zurückkehren.

Die Sklavenbefreiung beschleunigte die kapitalistische Entwicklung. Ein Teil der konservativen burischen Kolonisten reagierte darauf mit neuer Landnahme und der Gründung von neuen Siedlerstaaten im Norden und Nordosten. Durch die Entdeckung von Diamanten und Gold in der zweiten Hälfte des 19. Jahrhunderts erhielt die Entwicklung eine von Bereicherungsgier und von den imperialen Plänen Großbritanniens getriebene neue Dynamik. Der verlustreiche zweite Burenkrieg von 1899 bis 1902 beendete diesen Abschnitt der südafrikanischen Geschichte mit einem britischen Sieg. Im „Frieden von Vereeniging" akzeptierten die Buren die britische Oberherrschaft, die Briten akzeptierten im Gegenzug die innere Autonomie der Burenrepubliken und damit die besondere Rechtlosigkeit der afrikanischen Bevölkerung.

1910 entstand mit der formalen Vereinigung der vier britischen Kolonien Kapkolonie, Natal, Oranjefluss-Kolonie und Transvaal die Südafrikanische Union. Sie hatte den Status eines weitgehend unabhängigen Dominions[3].

3 1926 gab ein von Außenminister Lord Balfour geleiteter Ausschuss Empfehlungen zum Status der Dominions. Danach waren diese zwar durch die gemeinsame Treue zur britischen Krone vereint, ansonsten aber autonome gleichberechtigte Gemeinschaften, „in no way subordinate to one another in any aspect of their domestic or external affairs". 1931 wurde dieser Status im „Statut von Westminster" vom britischen Parlament endgültig bestätigt. Damit wurde auch der „Colonial Laws Validity Act" von 1865 formal aufgehoben, der es den Kolonien verbot, Gesetze zu verabschieden, die vom britischen Recht abwichen. Nach: Heinrich August Winkler: Geschichte des Westens. Die Zeit der Weltkriege 1914–1945. München 2011, S. 475.

Schrittweise Entrechtung und allmählicher Widerstand

In der Südafrikanischen Union gewann das burische Prinzip des weißen Herrenstaates die Oberhand. Der immerhin noch in der Verfassung niedergelegte Grundsatz der Gleichheit wurde gestrichen und die Entrechtung der nichtweißen Bevölkerung immer weiter durchgesetzt. Veranlasst durch Arbeitskonflikte im Bergbau beschloss das weiße Siedlerparlament in Pretoria 1911 den „Native Labour Regulation Act". Dieses Gesetz stellte die Verletzung eines Arbeitskontrakts durch afrikanische Arbeiter unter Strafe und schaffte damit faktisch das Streikrecht ab. Im gleichen Jahr reservierte ein weiteres Gesetz qualifizierte Tätigkeiten ausschließlich für weiße Arbeiter.

1913 erließ das Parlament den „Native Land Act". Damit wurde der Landbesitz von Afrikanern auf bestimmte Territorien beschränkt, die nur noch etwa sieben Prozent der Fläche der Südafrikanischen Union ausmachten und im Großen und Ganzen den „Homelands" der späteren Apartheidperiode entsprachen.

In den 20er Jahren folgten weitere substantielle Einschränkungen. Afrikanern und den meisten „Farbigen" wurde der Zugang zu einer Facharbeiterausbildung verwehrt. Der „Native Urban Areas Act" beschränkte den Zuzug von Afrikanern in die Städte und schaffte die gesetzliche Grundlage für die Errichtung der Townships an deren Rändern. Schließlich wurde Organisationen nichtweißer Arbeiter das Tarifrecht genommen, ab 1924 durften öffentliche Arbeitgeber nur noch weiße Arbeiter einstellen. In der Folge verloren unter anderem Tausende schwarzer Arbeiter ihre Jobs bei der Bahn. Drei Jahre später stellte das (rein weiße) Unionsparlament mit dem „Immorality Act" geschlechtliche Beziehungen zwischen Weißen und Schwarzen unter Strafe.

Als Reaktion auf die Vorbereitung des „Native Land Act" gründeten afrikanische Intellektuelle 1912 den „African National

Congress"(ANC)[4]. Sie protestierten mit Beschwerdebriefen und schickten unter anderem 1919 eine Delegation zu den Versailler Verhandlungen. Premier Jan Smuts, der Südafrika dort vertrat, wusste jedoch zu verhindern, dass die ANC-Abgeordneten gehört wurden.

Gegen die Benachteiligung von Nichtweißen wandte sich auch die im gleichen Jahr gegründete Industrial and Commercial Workers Union (ICU), eine Gewerkschaft der Afrikaner und „Farbigen", die mit über 100.000 Mitgliedern die größte Gewerkschaft Afrikas wurde[5]. Unter dem Repressionsdruck des weißen Regimes zerfiel sie jedoch danach relativ schnell, bedingt auch durch organisatorische Unerfahrenheit und Führungsschwäche.

1921 entstand schließlich die South African Communist Party (SACP)[6], zunächst als Partei weißer Arbeiter, viele davon eingewanderte litauische Juden. Als die Chamber of Mines 1922 beschloss, die Rassenschranken zu lockern, um die Löhne zu senken, fürchteten die weißen Arbeiter um ihre Privilegien und traten unter Führung der Kommunistischen Partei gegen diesen Beschluss in den Streik. Ihre Parole: „Proletarier aller Länder, kämpft für ein weißes Südafrika!" Diese „Rote Rand-Revolte" ließ die Regierung unter Premier Jan Smuts durch die Armee niederschlagen. 230 Menschen verloren ihr Leben.[7] Die Kommunistische Partei wandelte sich danach, nahm innerhalb weniger Jahre eine entschieden antirassistische Position ein und war ein zuverlässiger Partner im Kampf gegen das weiße Rassistenregime.

Das starke Engagement jüdischer Migranten in der SACP kam nicht von ungefähr. Viele von ihnen hatten die Erfahrung gemacht, dass Solidarität nötig ist, um sich gegen Unrecht zu

4 Der ANC trug zunächst den Namen „South African Native National Congress".

5 Iliffe, John, a. a. O., S. 372.

6 Der Gründungsname der SACP war „Communist Party of South Africa".

7 Wilke-Launer, Renate, Winrich Kühne, in: Nohlen, Dieter, Hans Dieter Nuscheler (Hrsg): Handbuch der Dritten Welt, Bd. 5, 3. Aufl., Bonn 1993.

wehren. Unter dem Druck antisemitischer Verfolgung waren zwischen 1880 und 1910 in mehreren Wellen etwa 40.000 Juden aus Osteuropa nach Südafrika eingewandert, vor allem aus Litauen, wo auch Denis Goldbergs Großeltern geboren wurden. Die meisten assimilierten sich sehr rasch. Dennoch nahmen antisemitische Ressentiments in Südafrika spürbar zu, als sich ein Teil der Afrikaaner-Nationalisten immer mehr der Nazi-Ideologie annäherte. 1930 wurde die jüdische Einwanderung nach Südafrika eingeschränkt und 1937 durch den „Aliens Act" gegen „nicht integrierbare Rassen" praktisch verboten.[8]

In diese gesellschaftliche Situation wurde Denis Goldberg am 11. April 1933 hineingeboren. Seine Großeltern waren vor der Bedrohung durch die osteuropäischen antisemitischen Pogrome in der zweiten Hälfte des 19. Jahrhunderts aus Litauen nach London geflohen. Seine Eltern wanderten angesichts der elenden Verhältnisse in der britischen Hauptstadt Ende der 20er Jahre mit den Großeltern nach Kapstadt aus. Seine Mutter war Fabrikarbeiterin, sein Vater betrieb ein kleines Transportunternehmen. Gäste aller Hautfarben und mit meistens linken politischen Auffassungen waren ständige Besucher in Denis Goldbergs Elternhaus. Sein Vater arbeitete in der Kommunistischen Partei mit. Sein alter Lastwagen fuhr, mit Bannern und Fahnen geschmückt, an der Spitze der 1.-Mai-Demonstrationen gegen die Rassentrennung. Denis Goldberg, noch ein kleiner Junge, saß dabei manchmal vorne auf dem Kotflügel.

Am 6. September 1939, drei Tage nach Großbritannien, erklärte Südafrika Deutschland den Krieg. Etwa 335.000 Soldaten aus Südafrika nahmen am Zweiten Weltkrieg teil, davon etwa 120.000 Nichtweiße. 100.000 Soldaten wurden außerhalb des Landes eingesetzt. Selbstverständlich galt die rassische Segregation und Ungleichbehandlung auch unter den südafrikanischen Soldaten. Das Regime traute sich nur in Ausnahmefällen, die nichtweißen Sol-

8 Wikipedia: „Geschichte der Juden in Südafrika", abgerufen am 03.02.2013.

daten mit Gewehren zu bewaffnen. Sie wurden weitestgehend zu körperlich anstrengenden, oft gefährlichen Hilfsdiensten herangezogen und bei Ausrüstung, Kleidung, Ernährung und Bezahlung diskriminiert.[9]

Ziviler Ungehorsam gegen staatliches Unrecht

1948 übernahm die National Party die Macht. Damit siegte diejenige Fraktion der südafrikanischen weißen Gesellschaft, die während des Krieges offen mit den Nazis sympathisiert hatte. Der neue Regierungschef Daniel François Malan setzte die Politik der Rassentrennung mit gesteigerter Härte fort. Die gesamte Bevölkerung wurde in vier ethnisch definierte Klassen eingeteilt: „Weiße", „Farbige", „Asiaten" bzw. „Indische" und „Schwarze" oder „Eingeborene" („natives") bzw. später „Bantu" oder „Afrikanisch". Das Verfahren zur Klassifizierung, dem sich jeder Nichtweiße unterziehen musste, war oft außerordentlich krude. Zur Unterscheidung etwa zwischen „Schwarzen" und „Farbigen" steckten die Beamten dem Probanden einen Stift in die Haare. Fiel der herunter, wenn er den Kopf schüttelte, war dieser Mensch ein „Farbiger", blieb er stecken, war er ein „Schwarzer". Auf diese Weise wurden ganze Familienverbände auseinandergerissen. Es folgten viele Gesetze und Regelungen, mit der die noch bestehenden Lücken im Apartheidsystem geschlossen wurden. Der „Group Areas Act" von 1950 schrieb die Trennung der Wohngebiete fest. Schwarze mussten außerhalb der ihnen zwangsweise zugewiesenen Siedlungsgebiete einen Pass mit einer Arbeitserlaubnis mit sich führen. Nichtstädtische Schwarze durften sich ab 1952 nur 72 Stunden in der Stadt aufhalten.

Die bis dahin weitgehend erfolglose ANC-Politik der Appelle

---

9 Einzelheiten siehe: Recherche International e.V. (Hrsg.): „Unsere Opfer zählen nicht". Die Dritte Welt im Zweiten Weltkrieg, Berlin 2005, S. 90f.

und Protestbriefe führte 1949 zu einem Generationswechsel in der ANC-Führung. Immer noch unter dem Primat des gewaltfreien Widerstands, aber mit stärkeren Protestformen erzielte die Organisation eine größere öffentliche Wirkung und gewann Unterstützung in der Bevölkerung.

Denis Goldberg machte 1949 Abitur und begann in Kapstadt ein Studium des Bauwesens. Er engagierte sich in der „nichtrassischen" Modern Youth Society, in die ihn seine spätere Frau Esmé eingeführt hatte. Die beiden heirateten 1954. In diesem Jahr machte Denis Goldberg auch sein Vordiplom und begann nebenbei für verschiedene Baufirmen zu arbeiten. Er schloss sich dem South African Congress of Democrats (COD) an, einer Organisation weißer Demokraten, die mit dem ANC zusammenarbeitete.

Mit dem ANC kooperierte auch der South African Indian Congress (SAIC), der sich seit 1924 für die Belange der Südafrikaner indischer oder pakistanischer Herkunft einsetzte. Zwischen 1946 und 1948 wurden etwa 2.000 seiner Mitstreiter nach Protestaktionen verhaftet, was unter anderem zum Abbruch der Handelsbeziehungen des unabhängigen Indiens mit Südafrika führte. 1952, genau 300 Jahre nach der Ankunft weißer Siedler in Südafrika, begannen ANC, SAIC und Organisationen der „Farbigen" die „Defiance Campaign". Zigtausende übertraten während dieser Kampagne zivilen Ungehorsams absichtlich und öffentlich ungerechte und diskriminierende Apartheidgesetze. Rund 8.500 Aktivisten wurden verhaftet, darunter Walter Sisulu und Nelson Mandela, der zu dieser Zeit Leiter der ANC-Jugendliga war. Ein Jahr später war die Kampagne beendet. Der Staat reagierte keineswegs mit einer Änderung der Apartheidgesetze, aber der ANC steigerte seine Mitgliederzahl von einigen Tausend auf über 100.000. 1953 formierte sich als weiterer Bündnispartner des ANC die South African Coloured People Organisation, die sich alsbald in Coloured People Congress (CPC) umbenannte. Dieser Gründung war das Scheitern verschiedener Organisationen der „Farbigen" vorausgegangen, in Verhandlungen mit dem Regime gewisse politische und soziale Besserstellungen gegenüber den Schwarzen zu retten.

„Das Volk soll regieren“

Am 26. Juni 1955 organisierte die Allianz aus ANC, SAIC, COD und CPC in Kliptown, in der Nähe von Johannesburg, einen Volkskongress unter der Parole „Freiheit zu unseren Lebzeiten“. 3.000 Delegierte von Organisationen aus ganz Südafrika versammelten sich und verabschiedeten die Freiheitscharta, die das zentrale programmatische Dokument des gesamten weiteren Kampfes gegen die Apartheid wurde. Unter der Losung „Das Volk soll regieren“ forderte die Charta Demokratie, Gleichberechtigung aller Einwohner Südafrikas unabhängig von ethnischer Zugehörigkeit, Hautfarbe oder Geschlecht, die Respektierung der Meinungs-, Versammlungs- und Religionsfreiheit, Freizügigkeit und das Recht auf Privatsphäre. Sie verlangte außerdem angemessene Arbeitsbedingungen, soziale Sicherheit, menschenwürdigen Wohnraum, freie Gesundheitsversorgung sowie einen uneingeschränkten Zugang zu Bildung und Kultur.[10]

Denis Goldberg, nun 22 Jahre alt und Vater einer Tochter von fünf Monaten, arbeitete inzwischen bei der südafrikanischen Staatsbahn. Er gehörte zu den Organisatoren des Kongresses. Bis Dezember 1956 verhaftete das Regime 156 Aktivisten und Führer der Allianz der Kongress-Organisationen, darunter auch Nelson Mandela. Sie wurden mit Hinweis auf die Freiheitscharta im „Treason Trial“ des Hochverrats angeklagt. Denis Goldberg wurde von seinem Arbeitgeber entlassen. Er kehrte an die Universität zurück und machte sein Diplom als Bauingenieur. Zugleich beteiligte er sich aktiv an einer Kampagne zur Unterstützung der Angeklagten. 1957, dem Jahr, in dem sein Sohn David geboren wurde, trat Denis

10 Siehe im Anhang Auszüge aus der Freiheitscharta.

Goldberg auch der inzwischen verbotenen Kommunistischen Partei bei und war nun praktisch ständig von einem politischen Treffen zum anderen unterwegs. Der „Treason Trial" endete erst nach vier langen Jahren mit dem Freispruch aller Angeklagten.

1959 spaltete sich ein radikaler Flügel des ANC unter Führung von Robert Sobukwe ab und gründete den Pan Africanist Congress of Azania (PAC). Er stand im Widerspruch zu einem zentralen Element der Freiheitscharta, nämlich der Aussage, dass Südafrika das Land all derer sein solle, die dort leben, also auch das Land der weißen Siedler und ihrer Nachfahren. Folgerichtig griff der PAC auch die Bündnispolitik des ANC gegenüber den anderen Kongress-Organisationen an, die demokratische weiße Partner mit einbezog. Nach den Vorstellungen des PAC konnte die Befreiung Südafrikas nur durch die Vertreibung der weißen Siedler und ihrer Nachkommen erreicht werden. Die Parole mancher Demonstrationstransparente des PAC brachte diese Position auf den Punkt: „One settler, one bullet"!

1960 starteten ANC und PAC unabhängig voneinander eine Kampagne gegen die repressiven Passgesetze des Regimes. Bei einer Demonstration von 20.000 Menschen in Sharpeville erschoss die Polizei 69 Demonstranten. Das Sharpeville-Massaker markiert einen tiefen Einschnitt in der Geschichte Südafrikas. Das Regime verbot den ANC und den PAC. Südafrika verließ den britisch geführten Commonwealth und rief die Südafrikanische Republik aus. Auf einen starken Kapitalabfluss in das Ausland und den Rückgang ausländischer Investitionen reagierte die Regierung mit Beschränkungen des Währungsumtausches und der Devisenausfuhr.

Der Präsident des ANC, Albert Luthuli, erhielt 1960 als erster Afrikaner den Friedensnobelpreis. Gleichzeitig wuchs jedoch die Erkenntnis, dass das totalitäre südafrikanische Regime sich einem gewaltfreien Widerstand nicht beugen würde. Der ANC beschloss deshalb auf Initiative Nelson Mandelas die Gründung von „UmKhonto we Sizwe" (Speer der Nation) als Organisation des bewaffneten Kampfes. Mandela wurde 1962 festgenommen, fast die gesamte weitere Führung des UmKhonto we Sizwe am 11. Juni 1963 auf der Farm Liliesleaf in Rivonia, einem Vorort von Johannesburg. Denis Goldberg gehörte zu den Festgenommenen. Er war Logistik- und Technik-Offizier der Organisation.

Vier Monate später begann der berühmte Rivonia-Prozess. Er endete im Juni 1964 mit lebenslangen Haftstrafen für Denis Goldberg, Ahmed Kathrada, Nelson Mandela, Govan Mbeki, Raymond Mhlaba, Andrew Mlangeni, Elias Motsoaledi und Walter Sisulu. Denis Goldberg, den einzigen Weißen unter den Angeklagten, sperrten die Apartheid-Exekuteure ins Gefängnis in Pretoria. Seine Mitstreiter flogen sie in der Nacht nach der Urteilsverkündung auf die kalte Gefängnisinsel Robben Island vor der Küste Kapstadts. Eine neue Welle repressiver Gesetze brachte den Widerstand fast zum Erliegen.

Kämpfe, Aufstände und Reformen

Die Welt im südlichen Afrika änderte sich. 1966 nahm die namibische Befreiungsbewegung SWAPO den bewaffneten Kampf gegen das südafrikanische Besatzungsregime auf. Nach der Nelkenrevolution in Portugal am 25. April 1974 wurden Angola und Mosambik nach verlustreichen Befreiungskämpfen unabhängig und unterstützten die SWAPO und den ANC. In dieser Hochzeit des Kalten Krieges fochten die großen politischen Blöcke ihre Stellvertreterkriege in beiden Ländern aus. Das südafrikanische Regime förderte gezielt ihm genehme Rebellengruppen, die gegen gewählte sozialistische Regierungen in ihrem Land vorgingen. Südafrika rüstete diese Milizen materiell und militärisch aus und unterstützte sie mit „Spezialisten“, in Angola die UNITA, in Mosambik die RENAMO. Die angolanische Partei MPLA ließ sich von kubanischen Truppen unterstützen. 1975 griff Südafrika auch mit eigenen Truppen in den Bürgerkrieg in Angola ein.

Beim Wiedererstarken der Widerstandsbewegung in den 70er Jahren in Südafrika spielte vor allem die von Steve Biko geführte „Black Consciousness“-Bewegung (BCM) eine große Rolle. Als 1976 das Apartheidregime an den höheren Schulen für Schwarze Afrikaans als Unterrichtssprache einführen wollte, kam es zunächst in Soweto, dann auch in anderen Städten zu einem Aufstand der Jugendlichen. Die Soldaten in den Townships erschossen etwa 600 Schwarze. Biko wurde festgenommen und starb 1977 in der Polizeihaft an den Folgen von Misshandlungen.

1978 kam Pieter Willem Botha an die Macht, der das Apartheidsystem „reformierte“, auch um den internationalen Druck zu entschärfen. Einige Apartheidgesetze wurden abgemildert oder abgeschafft und gleichzeitig die bewährte Politik des „Teile und herrsche“ fortgesetzt. Die „Farbigen“ sollten durch neue Privilegien wieder stärker an das Regime gebunden werden und, ebenso wie die Inder, in einem neuen Dreikammer-Parlament vertreten sein. Als Reaktion auf die neuerliche Ausgrenzung der schwarzen Mehrheit bildete sich 1983 die „United Democratic Front“ (UDF), ein Zusammenschluss vieler Organisationen, Komitees aus den Townships, kirchlicher Gruppen und Frauengruppen. Der UDF gehörten bald über 700 Organisationen mit mehr als einer Million Mitgliedern an. Sie organisierte Streiks, Schülerproteste, Mietboykotte, große Demonstrationen und den Boykott des Dreikammer-Parlaments. Auch Erzbischof Desmond Tutu, der 1984 den Friedensnobelpreis erhielt, gehörte ihr an. Die UDF bekam eine ähnliche Bedeutung wie der ANC vor seinem Verbot. Sie hatte auch Verbindungen zum ANC im Exil und nahm die Freiheitscharta als programmatisches Dokument an. Im Dezember 1985 schlossen sich eine Reihe kleiner Gewerkschaften zum Congress of South African Trade Unions zusammen.

In den 80er Jahren nahm jedoch auch die Verfolgung von Aktivisten durch den immer weiter aufgeblähten Sicherheitsapparat zu. Sondereinheiten der Geheimdienste und des Militärs verübten planmäßig Terroranschläge auf Unterkünfte geflüchteter ANC-

Funktionäre in den Nachbarländern. Soldaten besetzten viele Townships, Provokateure hetzten verschiedene Organisationen der Schwarzen aufeinander und säten den Keim für Hass und Gewalt.

Wege in die Freiheit

International geriet Südafrika immer weiter in die Isolierung. Der kulturelle Austausch und die internationalen Sportbeziehungen kamen zum Erliegen. Die UNO hatte diese politische Isolierung mit entsprechenden Resolutionen mit betrieben. Der zunehmende internationale Boykott, aber noch mehr die immensen Kosten der Kriege und militärischen Aktionen in den Nachbarländern und der Sicherheitsaufwand im Lande bereiteten ernste wirtschaftliche Schwierigkeiten.

In dieser kritischen Situation bot das Regime 1985 den politischen Gefangenen mit lebenslanger Freiheitsstrafe die Freilassung an, unter der Bedingung, dass sie den bewaffneten Kampf aufgeben müssten. Nelson Mandela und die anderen Gefangenen aus dem Rivonia-Verfahren wiesen das Angebot zurück. Denis Goldberg entschied sich nach langem Überlegen anders. Er meinte, dem Befreiungskampf außerhalb des Gefängnisses besser dienen zu können. Außerdem ging es ihm nach 22 Jahren Haft physisch und psychisch ziemlich schlecht. Trotzdem hatte er Zweifel an seiner Entscheidung, vermutete aber, dass die ANC-Führung und die anderen Rivonia-Gefangenen diese respektieren würden. Tatsächlich gab es eine Reihe von Signalen und Versuche geheimer Kontaktaufnahme, um ihm genau diese positive Haltung seiner Comrades zu übermitteln. Sie erreichten ihn jedoch nicht. Denis Goldberg schreibt in seiner Autobiographie: „Es war an der Zeit, die Dinge voranzutreiben. Offensichtlich waren wir nicht in der Lage, Apartheid-Südafrika militärisch zu besiegen. Umgekehrt konnte das Regime unseren brennenden Wunsch nach Freiheit und Abschaffung der rassistischen Apartheid nicht auslöschen. (...) Ich glaubte, die Zeit für Verhandlungen sei reif. (...) Ich würde den politischen Kampf gewaltlos fortsetzen und mich nicht wieder ins Gefängnis bringen lassen. (...) Mir lag vor allem daran, unseren gerechten und bewaffneten Kampf nicht durch meine Freilassung verleugnen zu müssen." Am 28. Februar 1985, nach 7.904 Tagen Gefangenschaft, kam Denis Goldberg frei.

Wenige Wochen später traf er sich in Lusaka in Sambia mit Oliver Tambo und der ANC-Führung, die ihm die Unsicherheit über die Billigung seiner Entscheidung nahmen. Die ANC-Führung entschied, dass er nach London zu seiner Familie gehen solle und dort, in der lange Zeit wichtigsten Repräsentanz des ANC, für die Organisation arbeiten solle[11].

In Lusaka wurde Denis Goldberg auch mit der Frage konfrontiert, die im ANC gerade heftig diskutiert wurde. Sollte sich der ANC für Mitglieder aller Hautfarben öffnen? Bis dahin war er immer noch die exklusive Organisation der schwarzen südafrikanischen Freiheitskämpfer. „Farbige", Inder und Weiße hatten ja ihre eigenen Kongress-Organisationen. Andererseits arbeiteten viele nichtschwarze Menschen für den ANC, auch in risikoreichen illegalen Funktionen, etwa als Kuriere. Und schließlich sollte die zukünftige südafrikanische Gesellschaft frei sein von sozialen und rechtlichen Ungleichheiten, die durch Hautfarbe oder „Rasse" bestimmt waren. Der ANC entschied kurz darauf, sich für Menschen aller Hautfarben zu öffnen. Damit war das wichtigste Prinzip der Freiheitscharta zumindest in der Befreiungsbewegung verwirklicht.

Kaum einer kann besser das Ethos eines nichtrassistischen, auf den puren Grundsatz der Gleichheit aller Menschen ausgerichteten Zusammenlebens und die politische Weisheit dieser Charta repräsentieren als Denis Goldberg, der einzige Weiße unter

11 Schleicher, Hans-Georg: Südafrikas neue Elite. Die Prägung der ANC-Führung durch das Exil. Hamburg 2004, S. 250.

den ehemaligen Rivonia-Gefangenen, der für den gemeinsamen Kampf gegen die Apartheid 22 Jahre seines Lebens im Gefängnis gesessen hat. Sein Leben ist die radikale Gegenthese zum menschenverachtenden System der Apartheid. Es ist aber auch die Gegenthese zur Haltung einer kleinen Minderheit, die auf die weiße Exklusionspolitik mit einer schwarzen Exklusionspolitik antworten will. Und es ist die Gegenthese zu allen Ideologien und Bewegungen, die die universelle Gültigkeit der Menschenrechte negieren.

Lieber Denis, es ist wunderbar, dass du lebst.

Eberhard Neugebohrn *ist Geschäftsführer der Stiftung Umwelt und Entwicklung Nordrhein-Westfalen. Er traf Denis Goldberg das erste Mal im Jahr 2001 bei einer Veranstaltung zum Jahrestag des Soweto-Aufstandes in Hamburg. Er besuchte im Jahr 2004 Denis Goldberg und seine Frau Edelgard Nkobi in Kapstadt und half 2005 während eines längeren Aufenthaltes bei den beiden bei der Sicherung des Foto-Nachlasses von Edelgards verstorbenem ersten Ehemann Zenzo Nkobi.*

Kämpfer gegen die Apartheid

Der Stellungskrieg um kleine Dinge

JEREMY CRONIN

Im September 1976 kam ich im Hochsicherheitstrakt des „Pretoria Local“ (Ortsgefängnis von Pretoria) an. In jenen düsteren Tagen der Apartheid gesellte ich mich zu einer kleinen Truppe weißer politischer Mitgefangener. Zu diesem Zeitpunkt waren wir nur sieben oder acht. Offen gesagt war es eine Erleichterung, ein verurteilter politischer Gefangener zu sein, nach Monaten des Verhörs und der Einzelhaft endlich unter Genossen angekommen.

Wir wären natürlich alle lieber bei der viel größeren Gruppe der schwarzen politischen Gefangenen gewesen, von denen die meisten auf Robben Island einsaßen – aber unter der Apartheid würde es nie dazu kommen. Unser politischer Aktivismus hätte uns vielleicht, zumindest dem Geiste nach, zu einem Teil der südafrikanischen schwarzen Mehrheit gemacht. Aber unsere weiße Haut markierte uns als winzige Minderheit einer Minderheit. Das Regime war fest entschlossen, es auch dabei zu belassen.

Nachdem meine neuen Genossen mich im Gefängnishof durch herzliche Umarmungen begrüßt hatten, kam die unvermeidliche Frage auf. „Und wozu hat der Richter dich verurteilt?“ „Sieben Jahre“, antwortete ich. „Hmm, das ist nur ein Knöllchen“, tat Dave Kitson das mit einem Achselzucken ab – er hatte bereits zehn Jahre seiner 25-jährigen Haftstrafe abgesessen. „Er wird kaum lange genug hier bleiben, um das Geschirr schmutzig zu machen", scherzte er mit Denis Goldberg, der zu diesem Zeitpunkt im ungefähr elften Jahr seiner vier (vermutlich aufeinander folgenden) lebenslänglichen Freiheitsstrafen war.

Kurz danach, an jenem ersten Tag im „Pretoria Local", wurde ich zum „venster" zitiert – dem halsverrenkend hohen Fenster im Büro des Gefängnisdirektors, von dem aus man den Gefängnishof überblickte. Als ich zu meinen neuen Genossen zurücktrabte, nahm mich Denis beiseite und legte mir väterlich seine Hand auf die Schulter. „Wenn sie dich zum ‚venster' rufen", ermahnte er mich, „gehst du höflich, aber langsam, du läufst nie." Das war meine erste Lektion über den Stellungskrieg, der hier täglich ausgefochten wurde.

Der große italienische Kommunist Antonio Gramsci macht in seinen „Gefängnisheften" einen Unterschied zwischen einem „Bewegungskrieg" – einem Klassenkampf mit schnellen und radikalen Fortschritten – und einem „Stellungskrieg", einem langsamen, mühsamen, schrittweisen Kampf mit winzigen Fortschritten. Ich glaube, die meisten von uns waren im Gefängnis, weil wir früher einmal von jener romantischen Idee einer bevorstehenden, tiefgreifenden und revolutionären Umwälzung inspiriert worden waren – eine Wiederholung des Oktober 1917 vielleicht; noch einmal zehn Tage, die die Welt erschüttern würden. Gramsci hatte jedoch argumentiert, dass Klassenkämpfe in verhältnismäßig entwickelten kapitalistischen Volkswirtschaften sehr viel wahrscheinlicher den Charakter eines Stellungskriegs haben würden.

Gramscis Beschwörung eines Stellungskriegs wird normalerweise seinen Erlebnissen im Grabenkrieg des Ersten Weltkrieges zugeschrieben. Ich bin sicher, dass das stimmt. Aber ich frage mich manchmal, ob nicht auch seine lange Erfahrung in einem faschistischen Gefängnis Teil seines Verständnisses von einem Stellungskrieg war. Wie dem auch sei, der Denis Goldberg, dem ich in jenen

Tagen im September 1976 zum ersten Mal begegnete, war unser eigener einheimischer Veteran und Experte in Sachen Stellungskrieg. Es war ein Krieg, der von politischen Gefangenen in der Höhle des Löwen geführt wurde – überall im weitläufigen Gefängnissystem Apartheid-Südafrikas. Es war ein Kampf, der darauf abzielte, die Autorität und die Kontrolle durch die Wärter zurückzudrängen, kleine und oft heimliche Freiräume für politische Diskussionen und Debatten zu schaffen, Nachrichten über den Kampf draußen hineinzuschmuggeln und über die Grenzen verschiedener und auseinandergerissener Generationen hinweg voneinander zu lernen. Sogar im Gefängnis war es ein Kampf darum, ein bisschen Raum zu gewinnen, den wir kontrollierten und nicht sie.

Als ich im „Pretoria Local" ankam, hatten die politischen Gefangenen, unterstützt durch Kampagnen innerhalb Südafrikas und auch aus dem Ausland, bereits bedeutende Verbesserungen in ihren Haftbedingungen erreicht. Fernstudiengänge durften mittlerweile absolviert werden – aber Tageszeitungen und Rundfunk waren nicht gestattet. Selbst die erlaubten harmlosen Zeitschriften wie „Reader's Digest" oder „Farmer's Weekly" kamen oft zerstückelt durch die Schere der Gefängniszensur an. Trotzdem hatte sich die Lage bis 1976 im Vergleich zu den harten 60er Jahren enorm verbessert.

1976 war Denis von Gefängniswärtern wie Gefangenen als unser inoffizieller Anführer längst anerkannt. Die erste Voraussetzung für einen erfolgreichen und dauerhaften Stellungskrieg in den Gräben von „Pretoria Local" – so unterrichtete Denis mich als Neuankömmling – war es, Zusammenhalt, Disziplin und Einigkeit unter uns selbst aufrechtzuerhalten. Theoretisch hätte das leicht sein müssen. Wir waren schließlich in unseren politischen Vorstellungen und unserem gemeinsamen Dilemma vereint. Aber es war kein Zuckerschlecken. Aufgrund der schweren politischen Niederlage, die die südafrikanische Befreiungsbewegung bis Mitte der 60er Jahre erlitten hatte, gab es nun eine Generationslücke: Auf der einen Seite diejenigen, die (wie Denis und Dave Kitson) bereits in den 1940er Jahren und durch die aufregenden 1950er Jahre mit Massenkampagnen und Generalstreiks politisch aktiv gewesen waren; auf der anderen Seite diejenigen, die (wie ich selbst) in der Folge der fernen, globalen studentischen Unruhen von 1968 politisiert worden waren. Im Gegensatz zu meinen älteren Genossen war meine Erfahrung des Widerstandes (zu diesem Zeitpunkt) auf kleine Zellen im Untergrund beschränkt, in denen ich nicht einmal die Namen der beiden anderen Genossen in der Einheit gekannt hatte.

Eine noch größere Herausforderung war die Tatsache, dass einige Mitgefangene in den Folterkammern der Apartheid furchtbar gelitten hatten und emotional immer noch sehr zerbrechlich waren. Andere hatten Kinder, die inzwischen Teenager waren, die sie aber zuletzt als Zwei- oder Dreijährige gesehen hatten. Wieder andere hatten seit etlichen Monaten nichts von ihren Frauen oder Partnern gehört. All das führte zu Spannungen, die unvermeidliche Auswirkungen auf unsere Moral und unseren Zusammenhalt hatten. Oft war es Denis, der die längste Haftstrafe von uns allen hatte, der die Rollen von Vater, Mutter, Bruder und Ratgeber in unserem kleinen Kreis übernahm.

Trotz der gelegentlichen emotionalen Ausbrüche oder der Missverständnisse zwischen den Generationen gelang es uns jedoch, ein hohes Niveau kollektiver Einigkeit und Disziplin aufrechtzuerhalten. Und das hatte oft paradoxe Folgen. Einige der jüngeren Wärter baten uns Gefangene (normalerweise Denis), auf ihre Butterbrotdosen oder ein Päckchen Kekse aufzupassen. „Wenn wir sie in unserem Umkleideraum lassen", sagten sie uns, „werden sie von den anderen Wärtern geklaut." Andere baten uns „Terroristen" um Rat in Rechts- oder Finanzfragen, um Hilfe beim Studium oder sogar in Eheangelegenheiten.

Natürlich blieb das Kräfteverhältnis in diesem Stellungskrieg für uns Gefangene stets ungünstig. Kleine Fortschritte bei den Haftbedingungen, die wir über viele Jahre hinweg erreicht hatten, konnten auf einen Schlag rückgängig gemacht werden. Aber selbst solche schmerzlichen Rückschläge deuteten wir als positive Omen, als Vergeltung für spektakuläre Siege des Volkes, von denen wir glaubten (ob nun wahr oder nicht), dass sie irgendwo draußen passiert waren.

Als ich im September 1976 im „Pretoria Local" ankam, konnte ich den Genossen, die nach Nachrichten hungerten, versichern, dass ein Vorfall im vorausgegangenen Jahr – als die Wärter in Rage einen liebevoll kultivierten Feigenbaum im Gefängnishof gefällt hatten – tatsächlich mit einem signifikanten südafrikanischen Wendepunkt zusammengefallen war. 1979 schrieb ich ein Gedicht darüber. Hier ist es:

Gruppenfoto aus Pretoria Local aus Anlass eines vierten Jahrestages (nie aufgenommen)

Ein entwurzelter Baum lässt
Ein Loch in der Erde zurück.
Aber nach wenigen Monaten
Müsstest Du gewusst haben,
Dass etwas hier einmal wuchs.

Und ein entwurzelter Mensch?
Lässt eine Lücke auch, nehme ich an, aber dann
Nach einigen Jahren…
Hier sind wir,
Sitzend in einem Kreis,
Die meisten in kurzen Hosen, einige von uns barfuß,
Um die Stelle, an der vor vier Jahren,
Als südafrikanische Truppen vor Luanda zurückgeschlagen wurden,

Unser Feigenbaum gefällt wurde
Als Vergeltung. – Es ist Raymond,
Der mich stupst, er zeigt

Auf Dave K, der verwirrt nach oben
Auf die Kamera schaut. Denis sitzt auf einer umgedrehten
Paraffintonne. Als diese Aufnahme gemacht wurde,
Muss er vierzehn Jahre verbüßt haben seines ersten
Lebenslänglich.

David R sagt hinten gerade etwas
Zu John, der Tony anschaut, dessen
Hand zuckt,
So dass sie teilweise verschwommen ist.

Dort sitzen wir, wir sind sieben
(aber weshalb grinsen wir?)
Wir sind sieben, sitzend im Kreis,
Der leere Platz in der Mitte
Steht für das, was passiert ist
Weit außerhalb des Rahmens dieses Fotomotivs.
So, LÄCHELT jetzt, haltet still und
Klick
Ich nenne es: Luanda.

Sicher, ein entwurzelter Baum
Lässt ein Loch in der Erde zurück.
Nach einigen Jahren
Müsstest Du gewusst haben,
Dass er einmal hier stand. Und ein Mensch?

Da sind wir,
Sitzend in unserem Kreis, grinsend,
Die meisten in kurzen Hosen,
Einige von uns barfuß.

Es ist im Gefängnis ausdrücklich verboten, Gedichte zu schreiben oder gar vorzutragen. Es gab sogar eine Klausel im „Handbuch für

Gefangene", wo es hieß: „Singen, Gedichte vorzutragen, jedweden unnötigen Lärm zu machen, ist strengstens untersagt." Als ich also das Gedicht „Gruppenfoto" und viele andere schrieb, war ich unsicher, ob überhaupt welche davon überleben würden, außer in meinem Gedächtnis. Dem stets erfinderischen Denis ist es aber zu verdanken, dass Gedichte mit einem 0,5mm-Bleistift auf hauchdünne Papierstreifen übertragen und unter den Pappdeckeln von Waschpulverkartons oder in den Umschlägen von Notizblöcken versteckt wurden. Ich besitze immer noch eine Goldberg-Gefängnis-Spezialanfertigung – einen Pappordner mit einem Zahnpastadeckel als Griff. Dessen zugelassene Funktion war das Aufbewahren von Karteikarten für die Fernstudien, die mir gestattet waren. Er diente aber auch als Versteck für Dutzende von Gedichten, die mit mir das Gefängnis verließen, als ich 1983 freigelassen wurde.

Dafür, und für so viel mehr – danke Denis!

Jeremy Cronin, *Freiheitskämpfer, Schriftsteller, Universitätsdozent. In den 80er Jahren war er bei der „United Democratic Front" (UDF), seit 1995 ist er stellv. Generalsekretär der kommunistischen Partei, SACP. Seit 1999 ANC-Abgeordneter, Mitglied des Nationalen Exekutivkomitees des ANC. 2009 – 2012 stellv. Minister für Transport. Seit 2012 stellv. Minister für Public Works.*

Denis, unser Leader

GUY BERGER

„Mach dir nichts draus, Du hast nur ein Knöllchen gekriegt." Mit diesen Worten begrüßte mich ein glucksender und freudestrahlender Denis Goldberg 1981 im Zentralgefängnis von Pretoria. Ein Jahr zuvor hatte man mich zu sieben Jahren verurteilt, nachdem ich wegen politischen Widerstands gegen das Apartheidsystem in fünf Anklagepunkten für schuldig befunden worden war.

Ich hatte ungefähr zehn zermürbende Haftmonate hinter mir – mit erheblichem Schlafentzug, Einzelhaft, dem Gerichtsprozess und noch mehr Einzelhaft. Auch war ich gerade auf der Fahrt vom Pollsmoor-Gefängnis bei Kapstadt zu meinem neuen Haftort etwa zwanzig Stunden unterwegs gewesen. Während der gesamten Fahrt war ich so angespannt gewesen, dass ich auf der ganzen Strecke kein Wasser lassen konnte. Ich war also nicht gerade in der besten körperlichen und seelischen Verfassung. Aber der Witz mit dem „Knöllchen" von einer lebenden Legende und einem Veteranen mit damals schon 17 Jahren Haft auf dem Buckel, viele davon unter unmenschlichen Bedingungen, ließ jegliches Selbstmitleid meinerseits sofort verfliegen.

Diese Begrüßung war typisch für Denis, der mich während meiner ganzen Haft fortwährend aufmunterte und die Dinge in eine größere Perspektive einordnete. Meine Strafe wurde schließlich nach Berufung auf zwei Jahre Gefängnis reduziert. Denis war ein Genosse, dessen Großmut schier unendlich war und dem ich für immer dankbar bin für die Zeit, die er mir im Gefängnis gewidmet hat. Zunächst hat er mich ermutigt, ein Instrument zu spielen – auf der Blockflöte war ich Anfänger, während er bereits ein alter Hase war – und wir spielten gemeinsam eine Menge Duette, bei denen er geduldig die Noten wiederholte, wenn ich danebengriff. Von ihm lernte ich die Melodie zu „Fahne des Volkes", auch den Text der Internationale brachte er mir bei. Und er war immer bereit, politische Themen zu diskutieren. Auch teilte er großzügig mit uns die geschichtlichen Erkenntnisse, die er während der Haft in Fernkursen gewonnen hatte. Vorwiegend studierte er Bibliothekswesen, ein Fach, das mich kaum interessiert hatte, bevor ich Zeuge seiner begeisternden Ausführungen zu diesem Beruf wurde. Denis gab mir auch ausführliche Rückmeldungen zu meinen eigenen Studienarbeiten in dem Jahr, als die Gefängnisbehörden mir offiziell ein Studium gestatteten, was sie vorher verweigert hatten. Er zeigte uns seine Gedichte, und wir machten Witze über seine Kreativität, mit der er einen Mangokern in ein Puppengesicht verwandelte. Als ich etwa dreißig Jahre später bei der Lektüre seiner Autobiographie das schriftstellerische Talent dieses meisterhaften Geschichtenerzählers bewundern konnte, war ich also keineswegs überrascht.

Denis gesellte sich bereitwillig zu der kleinen Truppe der anderen politischen Gefangenen, die mir beim Zeitungslesen behilflich waren. Zeitungen waren für ihn und die anderen politischen Gefangenen während des größten Teils ihrer Haftstrafe verboten, aber kurz bevor ich inhaftiert wurde, hatte man ein Zugeständnis gemacht. Mit der Folge, dass die Gefangenen mit besonders guter Führung eine Tageszeitung beziehen durften. Als Neuankömmling war ich noch nicht lange genug im System, um diesen Rang zu erlangen. Die Wärter legten die Regeln jedoch so aus, dass ich die Zeitungen meiner Kollegen mitlesen durfte – wenn ich die Seiten nicht berührte. Ich setzte mich also jeden Tag neben einen meiner Mitgefangenen, der gerade die Zeitung las; er würde aber erst dann umblättern, wenn ich ihm signalisierte, dass ich zu Ende gelesen hatte und die nächste Seite sehen wollte. Einmal, als ich dachte, die Wärter würden nicht aufpassen, habe ich selber umgeblättert, und plötzlich stürzte sich ein Wärter, der gerade nichts Besseres zu tun hatte, auf mich und schleppte mich zu seinem Vorgesetzten. Denis half mir dabei, mit diesem „Vergehen" fertig zu werden. Er tröstete mich damit, dass der Vorfall wahrscheinlich keine Konsequenzen nach sich ziehen würde. Und tatsächlich, ich kam mit einer Ermahnung davon. Und so konnte das Umgehungsmanöver weitergehen, bei dem Denis und die anderen abwechselnd die Seiten für mich umblätterten.

Denis war der Sprecher der gesamten Gruppe, wenn es darum ging, mit den Gefängnisbehörden, mit Politikern, die auf Besuch waren, oder mit dem Internationalen Roten Kreuz zu verhandeln. Er sprach sich vorher immer mit uns ab und ließ auch unsere Meinungen in die Gespräche einfließen. Dabei konnten wir beobachten, wie unser Sprecher sich immer höflich, aber nachdrücklich verhielt, ohne je emotional zu werden. Das war nicht gerade einfach, beispielsweise als er mit dem damaligen Minister Adrian Vlok sprach (den man später beschuldigte, in Bombenangriffe der Polizei verwickelt gewesen zu sein sowie Beziehungen zu Todesschwadronen unterhalten zu haben).

Trotz des immensen Zorns und Abscheus, den Denis dabei empfinden musste, mit dem „Feind" über unsere Haftbedingungen zu sprechen und sich bei ihm für unsere Forderungen einzusetzen, konnte er stets die eigenen Gefühle zurückhalten, weil er wusste, dass es notwendig war, „professionell" mit den Mächtigen zu verhandeln. Gleichzeitig war er oft erfolgreich und konnte seinen Einfluss geltend machen. Das lag an seiner unerschütterlichen Aufrichtigkeit und seiner weitreichenden Erfahrung. Denis war ein Anführer, der sich nie dazu verleiten ließ, mit List oder Schmeicheleien zu taktieren. Jeder, der Denis begegnet, weiß, dass er sein Herz auf der Zunge trägt. Er hat nie versucht, diese Eigenschaft zu verbergen, auch dann nicht, als er – ganz der ruhige und gelassene Realist – mit den Vertretern eines rassistischen Regimes verhandelte. Als Folge eines solchen Auftretens wurde Denis immer ernst genommen, seine Argumente konnten oft überzeugen. Er hasste den Rassismus, nicht so sehr die Menschen, die daran glaubten und sich rassistisch verhielten.

Obwohl Denis während der Zeit, die ich mit ihm im Gefängnis

teilte, zuweilen unter rasenden Kopfschmerzen und lähmenden Depressionen litt, war er unbeirrbar von der moralischen Rechtschaffenheit seiner Aktionen überzeugt, die schließlich zu seiner Inhaftierung geführt hatten – trotz der Tatsache, dass sie ihm und seiner jungen Familie unermessliches persönliches Leid gebracht hatten. Anders als die vielen Aktivisten, die nach der Befreiung ihr gesellschaftliches Engagement vernachlässigten und sich hauptsächlich der Selbstbereicherung und/oder den Manövern der Berufspolitik widmeten, ist Denis den ursprünglichen Idealen der Freiheitscharta und der Aufgabe, das Leben der großen Masse der Bevölkerung zu verbessern, treu geblieben. Für ihn sollte die politische Befreiung der sozialen Emanzipation dienen, nicht der Bereicherung einer neuen Klasse.

Denis ist bekannt für seinen Sinn für Humor und seine Witze. Das ist kein ungewöhnlicher Charakterzug bei Südafrikanern, die gelernt haben, durch diese Art des Spannungsabbaus mit Traumata umzugehen. Bei Denis spiegelt es auch eine Persönlichkeit wider, die intakt, gesund, fröhlich und im Grunde ihres Herzens glücklich ist. Und zwar trotz der Verletzungen, die seine Seele dadurch erlitten hat, dass er einen enormen Teil seines Lebens eingesperrt in einem Käfig zubringen musste. Wahrscheinlich ist es seine Fähigkeit, das Gute im Menschen zu genießen, die ihn das Leiden anderer Menschen so stark spüren lässt. Kurzum, Denis ist ein Mensch, der nie die Fähigkeit zu fühlen verloren hat. Er ist trotz allem ein im Wesentlichen unbeschadeter Mensch geblieben, dessen Herz offen ist für die Höhen und Tiefen des Lebens mitten in einem Kampf, der so viele Härten abverlangt.

Eine Erfahrung aus dem Gefängnis möchte ich gerne noch erzählen, da sie zeigt, was für ein Mensch Denis ist. Nachdem ich 18 Monate gesessen hatte, erhielt ich den Status eines Gefangenen mit dem Recht, jeden zweiten Monat eine Langspielplatte zu bestellen. Es war üblich, dass die kleine Gruppe von politischen Gefangenen über die Auswahl beriet, um Überschneidungen zu vermeiden und das Hörvergnügen für alle zu garantieren. Ich erklärte meinen Mitgefangenen, dass ich eine Langspielplatte mit den Rufen südafrikanischer Vögel kaufen wollte, als Gegenstück zu der kahlen und betonierten Kaserne, in der wir einsaßen. Die anderen, die ihr ganzes Leben in Großstädten verbracht hatten, waren ob dieser rustikalen Romantik keineswegs begeistert. Denis aber, der in seiner Zelle gelegentlich trockene Bohnen keimen ließ, um ein Gefühl von Grün und von Wachstum zu haben, unterstützte mich. Und so wurde meine Bestellung für Vogelrufe weitergegeben.

Stellen Sie sich nun die Peinlichkeit vor, als ein Wärter schließlich in der Zeit zwischen halb vier nachmittags und sieben Uhr morgens, als alle in ihren Einzelzellen eingesperrt waren, die LP laufen ließ: Es war kein wohlklingendes Vogelzwitschern, das aus den Lautsprechern kam, sondern das Geräusch brüllender Löwen! Offenbar hatte man im Laden die Platte in der Hülle mit dem scheinbaren Vogelgesang mit einer anderen verwechselt. Man kann schon viele unterschiedliche Vogelrufe auf eine Platte von 45 Minuten zwängen, nicht jedoch das Gebrüll von Löwen. Später konnte ich die Platte gegen die richtige Version austauschen lassen, und das Piepsen der Vögel wurde dann für uns übertragen. Sie wurden allerdings von einem Ansager mit vornehmem Akzent angekündigt, der den Namen eines jeden Vogels vor dem jeweiligen Ruf ansagte mitsamt dessen Nummer im „Roberts", der Bibel südafrikanischer Ornithologen. Während meiner restlichen Zeit im Gefängnis hatte Denis bei unseren Federballspielen im Hof großen Spaß dabei, jedes Mal „Roberts 531" zu rufen, wenn ich den Federball hoch in die Luft schlug.

Denis' Mut ist nicht einmalig, aber er ist trotzdem bemerkenswert. Mir wurde klar, wie sehr er sich aufgeopfert hatte, als er mir im Gefängnis von seiner Entscheidung erzählte, den Kampf in Johannesburg fortzuführen, statt sich zusammen mit seiner jungen Familie in die Sicherheit des Exils zu begeben. Seine Frau und Kinder lebten nach wie vor in Kapstadt. Er schilderte, wie seine Tochter Hillary nach seiner Verhaftung wieder angefangen hatte, am Daumen zu lutschen. An solchen „Kleinigkeiten" kann man die Tragödie der Unterdrückung ermessen und die Qualen eines inhaftierten Vaters verstehen.

Dieser tapfere Mensch erzählte mir oft von den eigenen Erlebnissen während des Widerstandes, zum Beispiel wie er die Halbinsel des Kaps an Camps Bay vorbei entlangfuhr, um Sprengkörper zu testen: Er warf sie von der Straße aus ins Meer. Als ich ihn als freien Mann 1991 in Kapstadt traf, fuhren wir zu derselben Stelle, und ich führte dort ein Interview mit ihm für die Monatszeitschrift „New Era", die ich damals herausgab. Fast dreißig Jahre später erinnerte er sich immer noch ganz genau an die Stelle, wo er den Weg eingeschlagen hatte, der seine Jugend in schier endlose Tage, Wochen und Jahre ohne Freiheit lenken sollte.

Ich möchte die Gelegenheit nicht ungenutzt lassen, über meine Beziehung zu Denis zu schreiben, als er nach seiner Freilassung mit seiner Frau Esmé in Großbritannien lebte. Nach meiner eigenen endgültigen Freilassung aus dem Gefängnis im Jahre 1983 hatte ich selbst zwischen 1985 und 1990 (im Exil) in London gelebt. Dort, im Stadtteil East Finchley, hatte ich Esmé und die Kinder Hillary und David kennengelernt. Meine Familie wurde von ihnen regelmäßig zu Weihnachten eingeladen.

Denis machte keinen Hehl daraus, dass er Schwierigkeiten im Umgang mit einigen Gestalten im Londoner ANC-Büro hatte. Wie sich später herausstellte, waren zwei von ihnen Polizeiagenten. Andere neigten dazu, sich äußerst autoritär zu verhalten. Aber Denis hielt an seinen hohen Ansprüchen fest und blieb trotz allem den Ideen uneingeschränkt treu, die der ANC verkörperte, und für die er einen so großen Teil des eigenen Lebens geopfert hatte. Mit der gleichen Hingabe leitet er Community H.E.A.R.T (Gesundheits-, Bildungs- und Wiederaufbautraining für Kommunen im südlichen Afrika), eine karitative Organisation, die viele Entwicklungsprojekte unterstützt, darunter eins, das ich ins Leben gerufen hatte, als ich an der Hochschule in Grahamstown, Südafrika, tätig war. Denis mochte die Zielsetzung des Projektes,

Jugendlichen an benachteiligten Schulen durch eine Jugendzeitung eine Stimme und einen Vorgeschmack auf eine Journalistenlaufbahn zu geben. Zumindest eine der jungen Frauen wurde später eine erfolgreiche Journalistin bei der „Sowetan".

Einige Jahre später, im Jahre 2000, beherbergte Denis mich und meine Familie freundlicherweise, damit wir auf unserem Weg in die USA auch London besuchen konnten. Diese Geste bedeutete konkret, dass er ein Zimmer freimachen und auf dringend benötigte Einnahmen verzichten musste. Denn sonst hätte er dieses Zimmer an einige der zahlreichen jungen England-Besucher vermieten können, die häufig im Haus in East Finchley wohnten. Als ich sah, wie Denis diese Jugendlichen ernst nahm und sie als Erwachsene behandelte, obwohl die meisten erst nach seiner Verhaftung geboren worden waren, verstand ich, dass keine und keiner ihn je vergessen würde. Sie hatten das ganze Leben noch vor sich, wahrscheinlich als freie Bürger und konnten nun ihre eigene Stellung im Leben an den Opfern messen, die er gebracht hatte. In einem Zeitalter von Schnelllebigkeit und Oberflächlichkeit waren sie offenbar von der Weisheit eines Mannes beeindruckt, der Prinzipientreue so stark verkörpert.

Denis ist kein Superheld, er ist auch kein angesehener Politologe, obwohl sein Ego groß genug ist, um laut zu widersprechen, wenn er je diese letzte Einschätzung lesen sollte. Es ist aber gerade die Tatsache, dass er so „normal" ist, die ihn so besonders macht. Er ist ein Typ (oder wie die Südafrikaner sagen, ein „oke") mit einem großen Herzen, der sah, was in der Gesellschaft nicht stimmte, und der sich aufmachte, das zu ändern, ungeachtet des persönlichen Risikos und des hohen Preises, den er letztendlich zahlen musste. Durch all diese Erfahrungen blieb er sich selber treu und ist es immer noch.

Man kann seiner Enttäuschung nur beipflichten, dass Südafrika nicht all das geworden ist, was er und so viele andere sich gewünscht hatten. Dennoch kann man sich nur darüber freuen, dass das größte Problem des Landes, die Apartheid, gelöst wurde.

Die Mühen, die Denis mit großem Mut auf sich nahm, haben zu diesem Sieg beigetragen. Wenn die nachfolgenden Generationen nun vor der Aufgabe stehen, ihre Freiheit weiter auszubauen, können sie nichts Besseres tun, als im Geiste dieses Mannes zu handeln: großherzig und von der Leidenschaft getrieben, Unrecht in allen Lebensbereichen zu beseitigen.

Guy Berger *saß als Anti-Apartheid-Aktivist von 1980 bis 1983 im Gefängnis und teilte einen Großteil dieser Zeit mit Denis Goldberg. Berger arbeitete danach als Journalist und als Professor für Journalistik. Gegenwärtig ist er Direktor der Abteilung „Freedom of Expression and Media Development" bei der UNESCO, mit Hauptsitz in Paris. In dem vorliegenden Buch schreibt er als Privatperson.*

Eine Geschichte für Denis – Eine ungewöhnliche Freundschaft

HILLARY HAMBURGER

Am 6. Oktober 2012 waren mein Mann und ich zu einem Abendessen eingeladen, das der ANC zu Ehren unseres Freundes Denis Goldberg gab. Die ANC-Ortsgruppe in Randburg, nordwestlich von Johannesburg, hatte sich nach ihm umbenannt. Denis hält gerne Reden, zumal über ein Thema, das ihm besonders am Herzen liegt: über Südafrika und unseren Kampf für Freiheit und unseren Triumph über die dunklen Mächte des Rassismus im Jahre 1994. Wir wurden von seiner kraftvollen Rede nicht enttäuscht.

Er hob die große Ungleichheit zwischen Arm und Reich hervor, die noch immer eine Geißel in unserem Land darstellt. Er erinnerte seine Genossen daran, dass unser Kampf auch der raffgierigen Anhäufung von Reichtum galt. Er sprach über die streikenden Minenarbeiter von Marikana und ihre ausbeuterisch niedrigen Löhne. Seine Zuhörer folgten ihm gebannt und als er endete, gab es stürmischen Applaus. Die „ANC-Ortsgruppe Denis Goldberg" hatte ihn gehört.

Auf der Heimfahrt von der Walter-Sisulu-Halle dachte ich an den langen Weg, den Denis gegangen war, und welches Privileg es war, dass ich ihn auf einigen Stationen begleiten konnte.

Ich erinnerte mich daran, wie ich am 12. Juli 1964, einem Wintertag, in dem eisig kalten Saal des Obersten Gerichtshofes in Pretoria saß, als die Angeklagten im Rivonia-Prozess zu lebenslänglicher Haft verurteilt wurden. Mir war bewusst, dass ich Zeugin eines bedeutsamen und schmerzhaften Kapitels in der Geschichte unseres Landes war. Unsere tapferen Anführer saßen erhobenen Hauptes da, in der Gewissheit, dass selbst ihre Hinrichtung den

Freiheitskampf nicht beenden würde. Die Angst vor der Todesstrafe hing während dieses langen Gerichtsverfahrens schwer über allem. Als dann stattdessen lebenslängliche Strafen verhängt wurden, ging ein freudiges Aufatmen durch den Gerichtssaal. Wir waren sicher, dass trotz dieses Rückschlages schlussendlich ein freies Südafrika triumphieren würde.

Ich kannte Denis damals noch nicht persönlich, als er im Moment der Erleichterung zuerst lächelte und dann zusammen mit seinen Kameraden offen lachte. Er war erst 31 Jahre alt und die Zeit war auf seiner Seite. Auch ich sah die kommenden Jahre durch die Brille jugendlicher Gewissheit und Zuversicht. Die harten Lektionen des Lebens standen uns alle noch bevor. Ich war damals fest davon überzeugt, dass die Verurteilten von Rivonia die lebenslangen Haftstrafen nie voll verbüßen müssten. Obwohl ich damit recht behalten sollte, hatte ich nicht geahnt, wie lange die Haftzeit dann tatsächlich dauern würde. Jetzt, 48 Jahre später, sind meine Erinnerungen an diese Jahre noch immer präzise und scharf und bilden die Grundlage für meine Geschichte für Denis.

Seine Eltern saßen an diesem Tag ebenfalls im Gerichtssaal und sie waren ganz offensichtlich stolz auf ihn. Sie waren in London geboren, Kommunisten, und kamen als Immigranten nach Südafrika, wo Denis 1933 geboren wurde. Sie waren entsetzt über die rassistischen und diskriminierenden Strukturen in ihrer Adoptivheimat, die schon lange bevor die Nationalisten 1948 an die Macht kamen, zu spüren waren. Besucher aller Rassen kamen als Gäste ins Haus Goldberg und es war nicht überraschend, dass Denis als junger Mann politisch aktiv wurde. Aber er geriet in große Schwierigkeiten, als der ANC mit dem bewaffneten Widerstand begann. Denis erhielt die Aufgabe, Waffen zu beschaffen.

Wie fast alle Juden in Südafrika waren auch meine Eltern aus Osteuropa gekommen, um Armut und Pogromen zu entfliehen. Sie waren ehrliche, anständige Menschen, für die Südafrika einen Zufluchtsort darstellte und die Angst hatten, die politische Situation zu verändern. Schon als Kind hatte ich Fragen über die

Zustände in unserem Land gestellt, und als ich später immer unverblümter die Ungerechtigkeiten unserer rassistischen Regierung kritisierte, waren meine Eltern zunehmend beunruhigt. Als ich dann auf der Universität einen schwarzen Freund hatte, waren sie besorgt, dass ich im Gefängnis landen würde. Ich versicherte ihnen, vorsichtig zu sein.

Trotz aller Unterschiede in unserer Herkunft unterstützte ich die Angeklagten im Rivonia-Prozess rückhaltlos. Für mich besaßen sie enorme Integrität und großen Mut. Sie waren tatsächlich bereit, ihr Leben für das Ideal eines freien Südafrika einzusetzen. Ich war nicht aus diesem Holz geschnitzt und dankbar, dass sie sozusagen an meiner Stelle ins Gefängnis gingen. Wie ich meinen Eltern versprochen hatte, beteiligte ich mich nur an Dingen, die ich als ungefährlich ansah. Obwohl die Wahl meiner Freunde keinen Zweifel daran ließ, wem meine Sympathien galten. Mein erster Ehemann, Denis Kuny, war Rechtsanwalt und hatte sich zur Aufgabe gemacht, politische Gefangene zu vertreten. Als 1961 die Farm „Liliesleaf" als zukünftiges Hauptquartier der Untergrundbewegung in Rivonia gekauft wurde, luden uns Arthur und Hazel Goldreich dorthin ein, zusammen mit den Wolpes und Slovos. Wir ahnten damals nicht, dass wir in der Zentrale des „Underground" waren, und als wir zu der von uns geliebten Kwela-Township-Musik tanzten, hatten wir keine Vorstellung davon, welche Verheerungen die Razzia und die Verhaftungen im Jahre 1963 anrichten würden.

Mein Freund Ivan Schermbruker stellte mir Denis Goldberg vor, im übertragenen Sinne. Ivan war Mitglied des Oberkommandos gewesen, zusammen mit Bram Fischer, dem Rechtsanwalt aus dem „großen" ersten Rivonia-Prozess. Beide wurden im „kleinen" Rivonia-Prozess 1966 verurteilt. Ivan erzählte mir später von Denis. Er selbst war mit einer Gefängnisstrafe von fünf Jahren relativ glimpflich davongekommen und die hatte er zusammen mit Denis im Zentralgefängnis Pretoria abgesessen. Mir war immer bewusst gewesen, dass Denis' Trennung von seinen Rivonia-Kameraden und die Tatsache, dass diese beieinander waren und sich gegenseitig stützen konnten, seine Einsamkeit zusätzlich verschlimmerte. Apartheid zeigte selbst im Gefängnis ihr hässlichstes Gesicht, indem sie Menschen nach Rassen voneinander trennte.

Als Ivan 1970 aus dem Gefängnis entlassen wurde, erzählte er mir von seiner Sorge um Denis. Sein alter Vater, Sam Goldberg, war der einzige, der ihn regelmäßig besuchte. Denis' Frau Esmé war mit ihren zwei Kindern Hillary und David ins Exil gegangen. Aber die Verbindung zur Außenwelt durch Besucher war unentbehrlich für die Moral eines Häftlings, die die Gefängnisbehörde ständig zu untergraben versuchte. Ich war glücklich über die Gelegenheit, meine Unterstützung des Freiheitskampfes beweisen zu können. Und so begannen die vielen Sonntagmorgen-Reisen nach Pretoria und unsere ungewöhnliche Freundschaft, die bis heute andauert.

Anfänglich teilten wir uns die Besuche mit einer Reihe von Freunden. Je mehr Abwechslung, umso besser! Doch dann erschwerten die Gefängnisbehörden das Leben der politischen Gefangenen erneut, indem sie nur noch Familienmitglieder als Besucher zuließen. Ich nehme an, dass ich quasi als Familienmitglied akzeptiert wurde, weil meine Besuche viel regelmäßiger waren als die der anderen Personen. Ich holte Sam Goldberg immer von seiner Pension in Johannesburg ab und fuhr gemeinsam mit ihm nach Pretoria.

Als Sam älter und hinfälliger wurde, besuchte ich ihn ab und zu in seiner Unterkunft. An einem kalten Wintertag fand ich ihn in eine Decke gewickelt in einem ungeheizten Raum. Er brauchte offensichtlich Pflege, um den Winter zu überstehen. Ich sah mich nach geeigneten Möglichkeiten um und überredete am Ende das jüdische Altenheim, ihn aufzunehmen. Anfänglich hatte die überaus konservative jüdische Gemeinde gezögert, den Vater eines politischen Häftlings zu akzeptieren. Sam hatte dort zwar keine Gesinnungsgenossen zum Gespräch, doch er wurde gut versorgt. Und ich konnte ihn im Auge behalten, weil wir in der Nähe wohnten und er oft zu uns zum Abendessen kam.

An einem Sonntagmorgen im Jahre 1975 besuchte ich Sam vor meiner Fahrt nach Pretoria. Er war ins Krankenhaus eingeliefert worden und es ging ihm nicht sonderlich gut. Denis hatte eine enge Bindung zu seinem Vater und es war sehr traurig und schmerzhaft für den Sohn, dass er in diesen Stunden nicht bei seinem Vater sein konnte. Ich glaube, es waren Situationen wie diese – wenn die Behörden den Häftlingen keinerlei normale menschliche Kontakte mehr erlaubten –, dass Denis sagte, er müsse eine schützende Hornhaut um sein Herz wachsen lassen. Als ich an diesem Tag nach Hause kam, fand ich die Nachricht vom Altenheim vor, Sam sei eine Stunde nach meinem Besuch gestorben. Ich rief das Gefängnis an und teilte dem Diensthabenden mit, ich müsse zurückkommen, um Denis die traurige Nachricht zu überbringen. Der Wärter protestierte, schließlich war meine Besuchszeit abgelaufen. Er wollte Denis selbst informieren. Ich fragte, wie es ihm gefallen würde, von einem Gefängniswärter zu erfahren, dass sein Vater gestorben sei. In einem seltenen Anflug von Mitgefühl bestätigte er, dass ein Freund eine solche Nachricht überbringen müsse, und erlaubte mir zurückzukommen.

Eine Stunde später war ich im Besucherraum des Gefängnisses. Denis wartete schon hinter der trennenden Glasscheibe auf mich. Er stand so ernst neben dem allgegenwärtigen Wärter, als wisse er bereits, was kommen würde. Als ich zu ihm sprach, senkte er den Kopf und sagte, das habe er erwartet. Das Altenheim wollte das Begräbnis am nächsten Tag im Westpark-Friedhof arrangieren. Denis hätte sicherlich gewollt, dass sein Vater eingeäschert und die Asche durch seine Genossen verstreut werden sollte. Aber das war nicht möglich, da das Altersheim seine Toten stets nach jüdischem Ritual beerdigte und auch nur dafür die Kosten trug. Denis, wie immer entschlossen, zu Wort zu kommen, hielt eine Kopie des Brecht-Gedichtes „An die Nachgeborenen" hoch und bat mich, daraus bei der Beerdigung die letzten Zeilen vorzulesen. Der Wächter reichte die Kopie an mich weiter, und ich versprach, dies und noch mehr zu tun. Ich würde alle kommunistischen Genossen, die Sam in Johannesburg kannte, für die Beerdigung zusammenrufen, damit sie dem religiösen Zeremoniell etwas kommunistischen Geist einflößen könnten. Als es Zeit für das Brecht-Gedicht war, gab ich es zum Verlesen einem Freund, dem Theaterdirektor Barney Simon. Er würde es mit mehr Nachdruck vortragen können.

„Ach, wir
Die wir den Boden bereiten wollten für Freundlichkeit
Konnten selber nicht freundlich sein.
Ihr aber, wenn es soweit sein wird
Dass der Mensch dem Menschen ein Helfer ist
Gedenkt unserer
Mit Nachsicht."

Denis hatte gesprochen.

Nach Sams Tod besuchte ich Denis für die nächsten zehn Jahre allein – dreißig Minuten alle sechs Wochen. Als später die Vorschriften etwas gelockert wurden, waren zwei Besuche pro Monat erlaubt. Doch davon abgesehen gab es keine Änderungen, nur die Jahreszeiten wechselten. Immer gleich blieben die lange Fahrt von Johannesburg nach Pretoria, das Schlagen des großen Messingklopfers gegen die riesige Holztür bei der Anmeldung. Ich wurde lange Korridore zum Besucherraum geführt, wo ein blasser und dünner Denis hinter der gläsernen Trennwand wartete, die nur unsere Oberkörper freigab. Manchmal standen zwei Wächter, manchmal nur einer neben Denis. Sie passten scharf auf, dass wir nicht über Politik sprachen oder einen Ausbruch planten. Das hatte vielleicht den Vorteil, dass wir uns auf den Austausch persönlicher Geschichten konzentrieren mussten.

So lernte Denis meine Familie und Freunde kennen, mein Studium der Psychologie, meine Klagen und Beschwerden beim Schreiben meiner Masterarbeit, die Bücher, die ich las und die Musik, die ich hörte. Zu den Gefängniswärtern war ich freundlich und gab mir den Anschein einer etwas sonderbaren Blondine, die an Psychologie interessiert war, aber keinesfalls an Politik.

Ich versuchte, Denis zu ermutigen, über seine Gefühle zu sprechen. Offensichtlich vermisste er seine Familie sehr. Seine Kinder mussten ohne Vater aufwachsen. Bei einem Besuch in London Anfang der siebziger Jahre besuchte ich seine Frau. Sie war eine außerordentlich belastbare Frau, die als Physiotherapeutin hart arbeitete und ihre Kinder ohne jede fremde Hilfe aufzog. Sie fühlte sich alleingelassen, war unglücklich und ärgerlich über die Opfer, die sie gezwungenermaßen bringen musste. Als ich ihr sagte, dass Denis verzweifelt auf Nachrichten von ihr warte, bestand sie darauf, sie habe ihm Briefe geschrieben. Aber die Geheimpolizei habe ihre Briefe zurückgehalten. Bei meinem nächsten Besuch konnte ich dies alles Denis berichten. Es war wenigstens ein kleiner Trost für ihn.

Und so vergingen die Jahre. Ein weiteres Weihnachten, ein weiterer Geburtstag, noch ein Besuch. Denis wirkte immer müder auf mich, und ich hatte den Eindruck, er ringe mit der Vorstellung, seine Strafe laufe tatsächlich auf lebenslänglich, also sein ganzes Leben hinaus. Nach zwanzig Jahren Gefängnis lachte er weniger, seine Schultern waren stärker hochgezogen und in seinen Augen sah man eine immer größere innere Leere. Einmal erzählte er mir mit Verzweiflung in der Stimme, dass er inzwischen 48 Genossen „Lebewohl" gesagt habe, die ihre kürzeren Strafen abgesessen hätten. Er freute sich mit ihnen über ihre Entlassung, aber jede Freilassung verstärkte schmerzhaft sein Gefühl, dass sein Urteil unabänderlich sei und er endlos in Haft bleiben müsse. Ich fürchtete nun selbst, dass Denis im Gefängnis sterben könnte.

Es war ungefähr zu dieser Zeit, im Jahre 1983, dass man mir ein Treffen mit Justizminister Kobie Coetzee gestattete. Ich hatte mit der professionellen Hilfe meines Mannes ein Memorandum verfasst, eine Bittschrift für die Begnadigung politischer Häftlinge im Allgemeinen und von Denis im Besonderen. Es überraschte mich, dass man mich zur Diskussion dieses Papiers ins Regierungsgebäude in Pretoria bestellte. Es wurde eine bemerkenswerte Unterredung, obwohl ich anfänglich nervös und zornig war. Ich hatte erwartet, einen kalten und unnachgiebigen Repräsentanten einer herzlosen nationalen Regierung zu finden. Zu meiner Überraschung empfing mich ein charmanter Mann, der mir Tee und Gebäck anbot und an meiner Meinung interessiert war. Das Gespräch, angelegt auf dreißig Minuten, dauerte schließlich mehr als eine Stunde. Ich erläuterte die Punkte meines Memorandums und sagte, dass es ein großer Fehler sei, Kriminelle zu begnadigen, während unbeugsame Männer, die ihrem eigenen Gewissen folgten, inhaftiert blieben.

Viele Jahre später erzählte Denis, dass Kobie Coetzee dem israelischen Botschafter gegenüber erwähnt habe, dass er meine Ausführungen damals aufschlussreich gefunden habe. Ich halte das für nicht ganz glaubwürdig, da sich ohnehin schon die Anzeichen größerer Veränderungen im Lande mehrten. Von einer neuen Haltung gegenüber politischen Gefangenen war die Rede und von der Möglichkeit einer bedingten Freilassung für die „Lebenslänglichen". Die meisten politisch engagierten Linken sahen darin einen unannehmbaren Kompromiss mit dem Feind, weil er implizit den Verzicht auf bewaffneten Widerstand einforderte. Denis schreibt in seiner Autobiographie, dass ihm um 1984 klar wurde, dass man über seine Freilassung sprach. Er hatte gehört, dass seine Tochter Hilly, die damals in einem Kibbuz in Israel lebte, sich für seine Freilassung einsetzte. Ich wusste nichts davon.

Dann, eines Tages und völlig unerwartet, erhielt ich einen sonderbaren Telefonanruf. Eine verschwörerische Stimme fragte, ob ich Hillary Kuny sei. Ja, sagte ich und wollte wissen, mit wem ich spreche. „Ich bin Herut Lapid", sagte er. Ich hörte seinen israelischen Akzent. Seine Stimme wurde leiser und er flüsterte fast: „Ich bin gekommen, um Denis zu befreien und man sagte mir, Sie könnten mir dabei helfen." Ich fragte mich, ob ich an einem Gefängnisausbruch teilhaben sollte. „Befreien wovon?", fragte ich. „Aus dem Gefängnis", kam die sofortige Antwort. Lapid wollte mich dringend sehen und gab mir eine Adresse.

Ein Wächter begrüßte mich, als ich an dem Haus ankam. Ich war überzeugt, dass der israelische Geheimdienst Mossad etwas damit zu tun hatte, der mit der Apartheidregierung paktierte. Herut Lapid, ein kleiner unscheinbarer Mann mit angegrautem Haar, lässig gekleidet in einen grauen Anzug mit weißem Hemd, erwartete mich in einem Raum. Er empfing mich freundlich, bot mir einen Stuhl an und erklärte mir ohne Umschweife, dass er um die Welt reise, um „jüdische Jungs" aus dem Gefängnis zu holen. „Auch Kriminelle?", fragte ich missbilligend. „Jeden", rief er aus und erklärte, er brauche meine Hilfe. Denis solle ein Dokument unterschreiben mit der Zusage, den bewaffneten Kampf aufzugeben. Er hätte erfahren, dass Denis auf mich hören würde und ich solle ihn zu der Unterschrift bewegen.

Mein Kopf schwirrte, als ich versuchte, meine Gedanken zu ordnen. Meine erste Intuition war, dass die südafrikanische Regierung zusammen mit dem Mossad Denis beseitigen wolle und das machte mir Angst. Doch dann erklärte Lapid, dass Denis' Tochter Hilly im gleichen Kibbuz wie er lebe und dass sie zusammenarbeiteten. Er war auch in London gewesen und hatte Esmé getroffen, die sich ebenfalls hinter den Kulissen für Denis' Freilassung einsetzte. Er habe mit der südafrikanischen Regierung Kontakt aufgenommen und die sei gewillt, Denis freizusetzen, wenn er das fragliche Stück Papier unterschreibe. Er würde ihn nach Israel bringen, wo er, so nahm Lapid an, glücklich bis an das Ende seiner Tage leben könne. Die Sicherheitsbeamten hätten mir erlaubt, mit Denis in direktem Kontakt ein Gespräch zu führen, um ihn zur Vernunft zu bringen.

Als sich das Bild langsam in meinem Kopf klärte, sah ich eine einmalige Gelegenheit vor mir: Wenn es jemals eine Gunst der Stunde gab, dann war es diese Situation. Selbst wenn Denis jetzt dieses Papier mit dem Verzicht auf Gewaltanwendung unterschriebe, würde er später eine andere Möglichkeit finden, den Freiheitskampf zu unterstützen. Ich glaubte auch, dass er niemals für immer in Israel leben wollte, sondern dass er nach einem Besuch bei seiner Tochter schnell nach London zu seiner Frau Esmé reisen würde. Dort würde er sich bei seinen ANC-Genossen zum

Dienst zurückmelden. Ich hatte keinerlei Zweifel daran, dass Denis außerhalb des Gefängnisses sehr viel effektiver für den politischen Kampf sein würde als drinnen. Ich stimmte Lapid zu, dass ein Gefängnis kein Platz für einen „netten jüdischen Jungen" war und versprach ihm meine volle Unterstützung.

Andererseits war ich in großer Sorge, weil ich wusste, dass jedes Zeichen einer Zusammenarbeit mit dem Staat oder alles, was auf ein Nachgeben hindeutete, für Denis ungemein verletzend wäre und dass er das von sich weisen würde. Während dieser Zeit klopfte es spätabends an meine Tür. Ismail Ayob, ein Mitglied der ANC-Untergrundbewegung, brachte die Nachricht, Denis solle nicht unterschreiben und nicht nach Israel gehen. Diese kalten, schroffen Instruktionen bestärkten mich in meiner Überzeugung, dass nur Denis selbst diese Entscheidung treffen könne. Schließlich war er es, der die letzten 22 Jahre im Gefängnis verbracht hatte. Außerdem gab es Anzeichen dafür, dass seine Genossen auf Robben Island seine Entscheidung, das Gefängnis zu verlassen, verstehen würden.

Am nächsten Tag wurde ich zusammen mit Lapid zum Zentralgefängnis in Pretoria gefahren. Zu meiner ersten direkten Visite ohne Trennwand in vierzehn Jahren! Meine Erinnerung an dieses Treffen ist verschwommen. Ich hatte erwartet, mit Denis allein in einem Raum zu sein und dass wir uns privat unterhalten könnten, aber ich wusste auch, dass der Ort mit Abhörgeräten gespickt sein würde. Stattdessen wurden Lapid und ich in einen großen Raum gebracht, wo, glaube ich, auch andere Personen waren. Geheimdienst? Gefängnis- oder Regierungsbeamte? Meine vorbereitete Rede schwirrte in meinem Kopf herum und ich wollte sie so schnell wie möglich hinter mich bringen. Der Moment kam, ich ließ meinen Worten freien Lauf und appellierte an Denis, zu unterschreiben und zu seiner Familie zurückzukehren. Er habe genug gelitten und geopfert, und ich wäre mir auch sicher, dass seine Genossen diese Entscheidung verstehen würden. Während ich sprach, blinzelte ich mit den Augen – was mir sicherer vorkam als zwinkern – um ihm zu signalisieren, dass ich eine Show abzog.

Ich glaube nicht, dass Denis auch nur ein Wort meiner Rede hörte. Er saß regungslos und geistesabwesend da und schien völlig unempfänglich für meinen leidenschaftlichen Appell. Lapid hingegen schien hocherfreut und gab mir verschmitzte Blicke der Zustimmung. Jemand gab dann Denis ein Dokument. Er unterschrieb und alles war vorbei. Kurz danach waren wir auf der Rückfahrt nach Johannesburg. Überraschend schnell war das gegangen. Denis hatte sich schon gründlich auf eine solche Situation vorbereitet und kurz vor seiner Freilassung einen Brief an den Staatspräsidenten Botha geschrieben.[12]

Ein paar Tage später erhielt ich einen Anruf aus dem Gefängnis: Denis müsse einige Dinge für seine Entlassung einkaufen. Nach all den Jahren der Inhaftierung besaß er keine persönlichen Gegenstände außer seinen Büchern und Studienmaterialien, die man zu mir nach Hause liefern würde. Bewaffnet mit einigen tausend Rand, die mein Mann und ich zusammengetragen hatten, holte ich Denis zu dem seltsamsten Einkauf ab, den man sich vorstellen kann. Wir wurden in einem Polizeiauto mit vier Polizisten als Aufpasser zu einem Einkaufszentrum in Pretoria gebracht. Ich war fröhlich, weil ich etwas so Normales mit Denis unternehmen konnte. Aber für ihn war das Ganze anstrengend und entnervend. Einkaufen war für ihn völlig ungewohnt und er war froh, bald wieder ins Gefängnis zurückzukehren, wo er sich für den großen Tag der Entlassung ausruhen konnte.

Meine Familie hatte mich in allen Jahren der Besuche in Pretoria großherzig unterstützt. Jetzt, am 28. Februar 1985, waren mein Mann und meine Söhne mit mir am Flughafen, um Denis zu verabschieden. Dieses so außergewöhnliche Ereignis hatte einen Anflug von Normalität, als wir zwei Stunden lang mit unserem Freund zusammensaßen, Kaffee tranken und erzählten.

Auch heute trinken wir oft gemeinsam Kaffee und erzählen,

---

12 Der Brief ist abgedruckt in: Goldberg, Denis: Der Auftrag. Ein Leben für die Freiheit in Südafrika. Berlin, Hamburg 2010, S. 183 f.

von der Vergangenheit, aber auch von aktuellen Entwicklungen. Mit dem Eintritt in ein neues Jahrhundert ist unsere Euphorie über das neue Südafrika neuen Sorgen gewichen. Wir sind mit den tiefgreifenden Schäden und Beschädigungen, die die Apartheid angerichtet hat, konfrontiert. Die zeigen sich in andauernder Armut, bei der die Reichen immer reicher und die Armen immer ärmer werden. Kriminalität, Korruption und Gewalt sind Zeichen tiefer gesellschaftlicher Verwerfungen. Mein jetziger Ehemann Tony Hamburger und ich, beide Psychologen, haben in Johannesburg am Rande des Townships Alexandra „Ububele" gegründet, ein psychotherapeutisches Beratungs- und Ausbildungszentrum, u.a. mit einem Kindergarten für traumatisierte Kinder. Denis feuerte uns bei diesem Vorhaben an. Er unterstützte uns auch praktisch, indem er uns auf Terre des hommes in Osnabrück aufmerksam machte und Ububele gleichzeitig Honorare seiner Vorträge spendete.

Denis wohnt bei uns, wann immer er Johannesburg besucht – oft, um auf einer ANC-Veranstaltung zu sprechen. Bei einem seiner letzten Besuche fuhr ich ihn nach Liliesleaf, jetzt ein Museum, an den Ort, wo unsere Geschichte begann. Wir wollten beide eine neue Ausstellung über den Rivonia-Prozess sehen. Als Denis sich ein Video über Bram Fischer ansieht, weint er. Er sagt, wie sonderbar es ist, dass ihn seine Erinnerungen nach so vielen Jahren noch so stark berühren. Ich finde das gar nicht sonderbar, denn die 22 Gefängnisjahre seines nun achtzigjährigen Lebens bedeuten viel mehr als nur Gefangenschaft. Sie sind nicht nur ein Symbol seiner Opfer, sondern auch der Sinn seines Lebens. Trotz all der Entbehrungen ist Denis der erste, der sagt, dass er im Gefängnis viel gelernt habe. Er studierte, lernte die Musik zu lieben, wurde weiser in seinem Verständnis von Mitmenschen und klarer in seinem politischen Denken. „Willst du mir etwa erzählen, dass du diese Zeit auf keinen Fall missen möchtest?", frage ich ihn lachend. „Zumindest nicht ganz", antwortet er mit einem kleinen ironischen Lächeln.

Hillary Hamburger *ist klinische Psychologin und war verheiratet mit Denis Kuny, Rechtsanwalt und Verteidiger politischer Gefangener. Sie gründete mit ihrem jetzigen Mann Anthony Hamburger, klinischer Psychologe, das Projekt Ububele im Township Alexandra; dort werden Psychotherapeutinnen, Laien- und Gemeindeberaterinnen für die Arbeit mit traumatisierten Kindern und Jugendlichen in Townships ausgebildet.*

„a mensch“

RUTH WEISS

Mit Recht wird Denis Goldberg als Symbol für Freiheit, Zivilcourage und Toleranz angesehen und nicht nur deswegen bin ich stolz, ihn als Freund betrachten zu dürfen. Er ist einfach – wie man auf Jiddisch sagt – „a mensch“.

Die Herkunft der Familie hatte wohl Einfluss auf Denis' politische Entwicklung. Es kann kein Zufall sein, dass so viele jüdische Anführer im Kampf gegen die Apartheid einen osteuropäischen Hintergrund haben. Die fünf Weißen, die rund um die Razzia in dem geheimen ANC-Hauptquartier in „Liliesleaf-Farm“ 1963 verhaftet wurden, waren Juden aus Osteuropa: Denis Goldberg sowie der Architekt Lionel „Rusty“ Bernstein, der Künstler Arthur Goldreich, die Rechtsanwälte James „Jimmy“ Kantor und Harold Wolpe. Kantor hatte nichts mit der Befreiungsbewegung zu tun und wurde nur festgenommen, weil er Wolpes Partner und Schwager war. Gegen Bernstein gab es keine Beweise (obwohl er einmal sagte, er sei „guilty as hell“ gewesen).

Viele andere Aktivisten hatten eine ähnliche Herkunft. 14 der 23 Weißen, die 1956 im Hochverratsprozess gegen 150 Angeklagte vor Gericht standen, waren Juden. Darunter waren die Gewerkschafterin Ray Alexander[13], der Rechtsanwalt und international bekannte Offizier und spätere Minister Joe Slovo, der Denis gebeten hatte, „underground“ zu arbeiten, sowie dessen Frau, die Journalistin und Akademikerin Ruth First, die 1982 einer Briefbombe

13 Ray Alexander war verheiratet mit dem kommunistischen Intellektuellen und „Halbjuden“ Prof. Jack Simons, der Rekruten in angolanischen Lagern der ANC-Untergrundarmee „UmKhonto we Sizwe“ politische Bildung vermittelte.

des Regimes zum Opfer fiel. Die Großeltern von Ronnie Kasrils, Chef des Geheimdienstes der ANC-Untergrundarmee „UmKhonto we Sizwe" (MK) und später u.a. verantwortlicher Minister für den Geheimdienst, stammten aus Lettland und Litauen.[14]

Der Sohn des bekannten Gewerkschafters Solly Sachs (ebenfalls aus Litauen eingewandert), der Rechtsanwalt und spätere Richter am Verfassungsgericht Albie Sachs, den eine Autobombe des Regimes 1988 schwer verwundete, erklärte in einem Interview im Oktober 2008 „die jüdische Dimension": Der demokratische Kampf in Südafrika sei mit dem Kampf gegen die Nazi-Ideologie verbunden gewesen. Viele hochrangige Politiker der seit 1948 regierenden Nationalen Partei seien während des Zweiten Weltkriegs interniert gewesen, weil sie Hitler unterstützt hatten. „Deswegen ist die jüdische Dimension ein wichtiger Teil der Begründung, warum meine Eltern aus Litauen flüchteten, mehr noch, wegen ihrer Ideale, ihrer Reaktion auf die Idee einer gerechten Welt auf der Grundlage von gleichen Rechten für alle." Albie fügte in einem Interview drei Jahre später hinzu, die Polizei habe gemeint, jeder Weiße, der gegen Apartheid war, müsse Jude sein. „Ich bin sicher, sie sahen etwas Unheimliches, Bedrohliches und Machiavellisches im Juden." Er selbst aber hatte nie das Gefühl, in einer antisemitischen Gesellschaft aufzuwachsen, obwohl die Nationale Partei antisemitisch war und den Nazis nahestand.

Viel ist dem „Bund" und seinen „Bundisten" zuzuschreiben. Der 1897 gegründete „Allgemeine jüdische Arbeiterbund" spielte im Leben der jüdischen Arbeiter des zaristischen – und antisemitischen – Russland eine wichtige Rolle. Diese säkulare sozialistische Partei wollte zusammen mit den russischen Revolutionären Demokratie, Sozialismus und einen gesetzlichen Minoritäten-Sta-

---

14 Des Weiteren der Ökonom Ben Turok und der Historiker Baruch Hirson, der neun Jahre im selben Gefängnis wie Denis verbrachte. Bernsteins, Hirsons und Wolpes Eltern emigrierten aus Litauen, ebenso wie die alleinreisende Teenagerin Ray Alexander und Joe Slovo, der als Achtjähriger mit den Eltern emigrierte. Die Familie First kam aus Lettland.

tus für Juden erreichen. Die Partei organisierte auch Gruppen, die die jüdische Bevölkerung während der Pogrome schützen sollten. Viele Bund-Mitglieder emigrierten in andere Länder, nach Israel und auch nach Südafrika, wo sie zur Gründung einer Kommunistischen Partei beitrugen, zum Beispiel Ruth Firsts Eltern. Ihr Vater war Schatzmeister der Südafrikanischen Kommunistischen Partei (SACP) und ermöglichte den Kauf der „Liliesleaf-Farm" im Johannesburger Stadtteil Rivonia, dem späteren Hauptquartier des ANC/SACP-Militärflügels, kurz MK.

Denis' Großeltern mütter- und väterlicherseits waren jüdische Emigranten aus Litauen, seine Eltern wurden in London geboren. Aber wie es im Vorwort seiner großartigen Autobiographie „Der Auftrag" heißt: Politik war im Hause Goldberg viel wichtiger als Religion. Denis schloss sich als junger Mann der SACP an (die 1950 offiziell verboten wurde) und 1960 dem MK. Kommunisten in Südafrika bekämpften das ungerechte, rassistische Gesellschaftssystem und forderten Rechte für die Unterprivilegierten. Denis' Elternhaus war kaum das eines typischen weißen Südafrikaners, egal welcher Religion. Wie er schreibt, waren seine Eltern hochpolitisch und „anders", weil Menschen jeder Hautfarbe in ihrem Haus verkehrten. Er berichtet auch, dass seine Mutter schon als Jugendliche in London politisch engagiert war. Und während des Ausnahmezustandes nach Sharpeville 1960 waren Denis und seine Mutter beide inhaftiert. Sie saß einige Zeit in der Frauenabteilung des Gefängnisses, in dem ihr Sohn einsaß, und einmal durfte sie ihn sogar besuchen. Eine meiner Freundinnen, mit der ich in Johannesburg ein Haus teilte, und die heute eine bekannte Journalistin in den USA ist, lernte Denis' Mutter durch ihre Berichterstattung kennen. Als ich ihr vor Jahren in einer E-Mail von Denis berichtete, schrieb sie sofort zurück, wie sehr sie „Anni" (Mrs. Goldberg) respektieren und schätzen gelernt hatte. Sie sei eine wunderbare Frau gewesen.

Goldbergs waren säkulare Juden. Auch wenn der Antisemitismus im Leben der Eltern in Litauen eine große Rolle gespielt hatte, so wurde er in Südafrika fast nebensächlich – auf jeden Fall im Vergleich zum zaristischen Russland oder zu Nazi-Deutschland! Denis berichtet von Nazi-freundlichen Afrikaanern, Nachkommen der Buren, und einem Jungen, der ihn mit dem Hitlergruß grüßte und antisemitische Sprüche klopfte. Der Rat der Mutter war lediglich, ihm aus dem Weg zu gehen. Denis wurde in der Schule nicht als Jude angegriffen, sondern wegen der merkwürdigen Freunde und Besucher seiner Eltern nur ausgelacht. Er brauchte also keinen Widerstand gegen Antisemitismus zu leisten; sein Unrechtsgefühl konnte sich von Beginn seines politischen Erwachens an auf das konzentrieren, was in Südafrika der Kern aller Auseinandersetzungen war: der Rassismus der herrschenden weißen Klasse.

Das galt für viele jüdische Apartheidgegner, säkulare wie gläubige. Der Antisemitismus, den die Eltern oder man selbst in Europa erlebt hatte, trat angesichts der himmelschreienden Ungerechtigkeit des weißen Rassismus, mit dem man täglich konfrontiert wurde, in den Hintergrund. Auch wenn die Mehrheit der 100.000-köpfigen Gemeinde in Südafrika konservativ war, erst in den 80er Jahren einige Rabbiner öffentlich gegen Apartheid auftraten und Organisationen wie „Jews for Justice" entstanden, so waren Juden doch im Vergleich zu ihrem Anteil an der Bevölkerung (0,6 Prozent) überproportional in der Anti-Apartheid-Bewegung vertreten. Um nur einige zu nennen: Zu den Gründungsmitgliedern des „Armed Resistance Movement" (eine Sabotagegruppe von Studenten, Professoren und Journalisten aus dem Dunstkreis der mehrheitlich weißen Liberalen Partei, die in den 60er Jahren von der Polizei infiltriert und zerstört wurde) gehörte das Ehepaar Monte und Myrtle Berman. Der wegen Sabotage angeklagte Anglikaner Hugh Lewin saß auf derselben Anklagebank wie die Juden Baruch Hirson, Raymond Eisenstein und Fred Prager. Die Jüdin Helen Suzman konfrontierte über ein Jahrzehnt lang die National Party im Parlament mit Vorwürfen gegen ihren Rassismus. Sie war Abgeordnete eines Wahlbezirks mit einem großen Anteil jüdischer Bevölkerung.[15] Diese Juden waren meist säkular: Albie Sachs, dessen Mutter beim Generalsekretär der KP tätig war, hatte zum Beispiel als zweiten Namen keinen traditionell jüdischen, sondern den afrikanischen eines Aktivisten: Nzula.

Die Tatsache des starken jüdischen Anteils am Anti-Apartheid-Kampf wurde öfter hinterfragt. Lag es daran, dass Juden zwar weiß waren, aber innerhalb der weißen Gesellschaft von Englischsprachigen nur geduldet und von Afrikaanssprachigen vor allem während der 30er und 40er Jahre sogar offen angegriffen wurden? Auch in der Religion suchte man Gründe wie in „tikkun olam", dem Glauben an die Erlösung. Einem berühmten Rabbi sagt man nach, er habe die Torah-Lehre so erklärt: Tue deinem Nächsten das an, was du denkst, das man dir antun soll – alles andere ist Auslegung. Fest steht, dass etwa Joe Slovo sein Judentum nie leugnete oder vergaß, dass die gesamte jüdische Bevölkerung seines Geburtsdorfes ermordet worden war.

Ich darf Denis einen Freund nennen, aber ich lernte ihn erst nach seiner Entlassung aus dem Gefängnis 1985 durch seine erste Frau Esmé persönlich kennen. Klein wie sie war, war sie eine resolute, starke Frau mit einer großen Portion Courage und Lebensmut. Das hatte sie auch nötig als Frau eines engagierten Mannes wie Denis. Ich bewunderte sie sehr und war glücklich, sie als Freundin zu gewinnen. Auch Esmé stammte aus einem Haus, in dem Politik wichtig war. Ihre Mutter, Minnie Bodenstein, war eine bekannte Aktivistin. Nachdem Esmé auf Denis' Drängen nach seiner Verurteilung allein mit den Kindern nach London gezogen war, baute sie sich mit erstaunlicher Kraft ein neues Leben auf. Sie wohnte in einem großen Haus in Nord-London

---

15 Der erste, zu sechs Jahren verurteilte Militärdienstverweigerer David Bruce sagte vor Gericht, als Sohn einer deutschen Jüdin könne er nicht in der Apartheidarmee dienen. Juden engagierten sich in Anti-Rassismus-Organisationen wie der „Springbok Legion", dem „Torch Commando" und der Frauenorganisation „Black Sash". In der Kommunistischen Partei machten sie die Mehrheit der weißen Mitglieder aus.

mit Kindern, Schwiegermutter und einer bunten Anzahl junger Hausgenossen und Hausgenossinnen, die Miete zahlten und die sie bemutterte. Gleichzeitig arbeitete sie in ihrem Beruf als Physiotherapeutin. Auch ich kam öfters in den Genuss ihrer wunderbaren Hände, die mir in meinem stressigen Leben in den kurzen Londoner Jahren ein Elixier waren. Dabei hatte Esmé noch Zeit für ungewöhnliche Unternehmungen. So hatte sie eine Fußballmannschaft gegründet, in der auch ihr kleiner Sohn David spielte. Esmé kümmerte sich um das Training und die Gesundheit der Jungen und fuhr sie zu den Spielen. Ich konnte es kaum fassen, als sie mir von einem ihrer Hobbys erzählte: Sie war begeisterter Cricket-Fan! Vor ihrem viel zu frühen Tod im Februar 2000 war sie zu einem internationalen Match geflogen. Der Flug hatte der 70-Jährigen sehr zugesetzt. Kurz vor ihrem Tod war sie öfter mit Denis im Winter auf die Isle of Wight gereist, wo sie in einer kleinen Pension schräg gegenüber meiner Wohnung unterkamen.

Ich vermisse Esmé sehr. Die Trauerfeier bei ihrer Beerdigung war in der Tat eine Feier ihres außergewöhnlichen Lebens. Denis hatte mich gebeten, einige Worte zu sagen, aber es kam nicht dazu. Zu viele der über 400 Trauergäste hatten Wichtiges, Eindrucksvolles, auch Lustiges aus ihrem Leben zu berichten. Es war bewegend und gleichzeitig – ja, wie eine riesige Party mit Esmé.

Eine Tages kam ich mit Denis auf seine lange Haft zu sprechen und meinen – indirekten – Anteil bei Esmés Versuch, diese zu beenden. Ich hatte eine sehr lockere Beziehung zu einem gewissen Heinz Alfred Kissinger, besser bekannt als Henry Kissinger, 1973–77 amerikanischer Außenminister unter Nixon. Wie dieser VIP stamme ich aus Fürth; wie die Kissinger-Familie lebte meine Familie in Fürths Altstadt und unsere Familien besuchten dieselbe Synagoge. Meine Schwester Margot war in Heinz Kissingers Klasse in der Israelitischen Realschule, sein Bruder Walter in meiner.

Ein Kissinger-Klassenkamerad war sein Freund Franz, der wie Kissinger in den USA lebt und längst Frank Harris hieß. In den 70er Jahren sandte er einen Rundbrief an ehemalige Schüler der Schule, um ein Klassentreffen zu organisieren – wir sollten feststellen, was aus uns Überlebenden geworden war, nicht jeder hatte es schließlich zum Außenminister geschafft... Das Treffen fand statt, leider ohne Kissinger, da der Geheimdienst das Hotel nicht für sicher genug hielt. Trotzdem war es kein Hamlet ohne den Prinzen – viele der ehemaligen Mitschüler waren erfolgreich in ihrem Gebiet, einige Geschichten aus der Nazizeit waren erschütternd und fast unglaublich, wie eben nur zu vieles aus dieser unvergesslichen Epoche. Frank veranstaltete danach regelmäßige „Reunions", an denen ich teilweise teilnahm, dehnte die Einladungen auf alle Fürther/Nürnberger aus und verschickt seitdem jährlich einen Newsletter. Ich blieb mit Frank und einigen aus der Gruppe in Kontakt.

Kissinger war als Außenminister auch im südlichen Afrika mit seiner Shuttle-Diplomatie unterwegs, in dem Bemühen, den Kalten Krieg zu beenden: So teilte er 1977 dem illegalen Premier des damaligen Südrhodesien, Ian Smith, während eines gemeinsamen Fluges mit, dass er das Ende seiner Rebellion gegen die britische Krone erreicht habe. Er müsse einem schwarzen Premier Platz machen, was leider zu der sogenannten inneren Lösung (1978/1979) und nur indirekt zur „Lancaster House"-Verhandlung und dem Ende des Schwarz-Weiß-Konfliktes führte. Damals nahm meine Schwester kurz Kontakt mit Kissinger auf, als er Pretoria besuchte.

Esmé und ich beschlossen, dass ich mich ohne Denis' Wissen über Frank Harris mit Kissinger in Verbindung setzen sollte, was ich tat. Denis befand sich in einer schwierigen Situation. Die Befreiungsbewegung hatte beschlossen, dass die politischen Gefangenen keine an Bedingungen geknüpfte Freilassung durch die Regierung annehmen sollten. Das war für die Nicht-Weißen machbar, die in einer Gemeinschaft auf Robben Island mit zielbewussten Führern und Mitgefangenen lebten, die eine Routine hatten und deren politische und allgemeine Bildung systematisch strukturiert war. Es hatte schwere Jahre und noch schwerere Anstrengungen gekostet, um das zu erreichen. Aber Denis Goldbergs

Situation war viel schwieriger. Zu viermal lebenslänglich verurteilt, saß er ab seinem 31. Lebensjahr isoliert in Pretoria in einem Gefängnis für Weiße. Er hatte von Zeit zu Zeit die Gesellschaft von Genossen, wochen-, monate- oder auch jahrelang, aber er war der einzige „lebenslängliche" Weiße bis auf Bram Fischer.[16] Außerdem hatte Denis dem Kampf noch viel zu geben, wie er nach seiner Entlassung 1985 bewies.

Nachdem der Kontakt zu Kissinger hergestellt war, überließ ich alles weitere Esmé, die zu zuversichtlich, wie sich herausstellte, an Denis schrieb, „Onkel Sam" würde helfen. Das tat Kissinger dann doch nicht – als harter Realpolitiker stand er eben Pretoria zu nahe.

Es war am Ende die „Israeli Connection" von Goldbergs Tochter Hillary, die zu Denis' Entlassung nach 22 Jahren Haft führte. Er hatte sich entschieden, das Angebot einer Freilassung durch die Regierung anzunehmen, die als Bedingung eine Absage an den bewaffneten Kampf des ANC forderte. Es ist sehr verständlich, dass ihn diese Entscheidung viel gekostet hat. Sein langer Brief an Präsident P.W. Botha beweist, dass er unbedingt den Anschein vermeiden wollte, dass er die Option leicht oder mit Bedingungen angenommen hatte, die für die Bewegung unakzeptabel waren. Er schrieb, dass einige in der Bewegung gegen diesen Schritt waren. Das war leicht zu sagen für jemanden, der nie im Gefängnis und vor allem nicht lebenslänglich eingekerkert war.

Wie schwer es war, sich gegen die Führung der Befreiungsbewegung zu stellen, erfuhr ich von Norma Kitson, die ich mit ihrem Mann David in Zimbabwe kennenlernte. David, ein Ingenieur wie Denis und Veteran des Zweiten Weltkrieges, war in dem Vakuum, das durch die Inhaftierung der Rivonia-Anführer entstanden war, zu einem der vier „High Command"-Funktionäre des MK ernannt worden. Wie Denis hatte er Kämpfer im

---

16 Der mutige und besonnene Rechtsanwalt war 1966 inhaftiert und im September 1974 todkrank entlassen worden. Denis betreute ihn im Gefängnis. Wenige Monate nach seiner Freilassung starb Fischer.

Bombenbauen unterrichtet. 1964 war er gefangen genommen und zu 20 Jahren Haft verurteilt worden. Er saß die Zeit im selben Gefängnis wie Denis ab. Seine Frau Norma, Aktivistin und Mitglied der SACP, gründete eine Gruppe in London, die jahrelang täglich vor der südafrikanischen Botschaft für Davids Freilassung demonstrierte. Norma weigerte sich, die Demonstration einzustellen, wie die Leitung der Bewegung forderte. Das brachte ihr deren Feindschaft ein. Als David nach seiner Entlassung nach London kam, fand er sich unerwartet in einem Teufelskessel wieder. Er weigerte sich, Norma zu denunzieren und am Ende ging er mit ihr nach Harare, wo Norma Anfang der 90er Jahre starb. Kitson ging nach Südafrika zurück und wurde „rehabilitiert", aber nur halbherzig. Er spielte im neuen Südafrika keine politische Rolle. 2010 starb er im Alter von 91 Jahren.

Das Jahr 1985 war für das südliche Afrika ein Jahr der Entscheidung. Die Wirtschaft kehrte der Apartheid endlich den Rücken, nachdem amerikanische Banken Pretoria boykottierten. Eine Delegation wichtiger Geschäftsleute unter Führung des damaligen Chefs der Anglo American Corporation, des größten südafrikanischen Konzerns, reiste nach Sambia zur ANC-Führung. Das führte zu etlichen weiteren informellen Kontakten zwischen Weißen und den Befreiungsbewegungen. Botha bot Mandela die Freilassung an, wenn dieser sich unter den Schutz seines Neffen Matanzima, eines „Homeland"-Chefs, stelle. Das konnte Mandela unmöglich akzeptieren. Botha dehnte das Angebot auf alle politischen lebenslänglichen Gefangenen aus. Wie Denis in seiner Autobiographie erklärt, überschnitt sich dies in seinem Fall mit der israelischen Initiative. Zuletzt entschied er, er sei lang genug ein Symbol des Widerstands gewesen, nun sei es Zeit, erneut zu handeln. Er nahm das Angebot an und traf sich mit Frau und Tochter in Tel Aviv.

Zur Zeit seiner Entlassung lebte ich in Harare. Obwohl ich Denis dann bei einigen Besuchen des Londoner ANC-Büros sah und wusste, dass er ein äußerst aktiver Botschafter war, der international bekannt wurde, lernte ich ihn erst fast zehn Jahre später wirklich kennen: Auf meinem 70. Geburtstag, den ich 1994 in Ventnor auf der Isle of Wight feierte. Danach trafen wir uns nicht nur mehrmals auf der Insel, sondern auch in Deutschland. Ich hatte bereits in den 70er und 80er Jahren viele Reisen in der Bundesrepublik, in Österreich und der Schweiz unternommen (die Schweizer Anti-Apartheid-Bewegung ehrte mich mit der Ernennung als Ehrenpräsidentin), aber erst in den 90er Jahren, als ich im Ruhestand war und meine Autobiographie in der BRD veröffentlichte, hatte ich mehr Zeit für Konferenzen, Schulbesuche und Lesungen. Dabei hatte ich die Ehre, öfter gemeinsam mit Denis auf dem Podium zu sitzen. Während einer Reise in Südafrika 2009 saß ich in Johannesburg neben Denis in einer Konferenz des Goethe Instituts zum Thema „Mauern abreißen". Wie immer war Denis' Beitrag ein Genuss, er durchbrach den bislang akademischen Stil der Debatte mit seiner Meinung über den wichtigen Beitrag der Kunst im Anti-Apartheid-Kampf.

Da war sie wieder: Denis' besondere Ausstrahlung, die ihn einmalig macht und seine Zuhörer sofort in seinen Bann zieht – die selbstverständliche Menschlichkeit. Er ist eine der Persönlichkeiten, die sich nicht zu einem Kind hinunterbeugen, sondern sich hinhocken, um auf Augenhöhe mit ihm zu sprechen. Denis hört zu. Bei seinen Auftritten geht er auf Fragen und Fragesteller ein, er antwortet nicht mit Formeln. Hört es sich merkwürdig an, von der Menschlichkeit eines Menschen zu reden? Ich denke nicht, vor allem wenn man von jemandem spricht, der seit seiner Jugend ein Kämpfer für Gerechtigkeit ist, deswegen über zwei Jahrzehnte inhaftiert und von Menschen beleidigt und misshandelt wurde – aber weder zynisch noch hart wurde. Zu Menschlichkeit gehört Empathie. Die Zärtlichkeit, mit der Denis von geliebten Menschen spricht, bezeugt, dass er trotz der einsamen Jahre hinter verriegelter Tür das Lieben nicht verlernt hat. Es wird einem warm ums Herz, wenn man in Denis' Autobiographie liest, dass er liebte und geliebt wurde und wird. Wie könnte es anders sein!

Ich kannte Denis leider ebenfalls verstorbene zweite Frau,

Edelgard Nkobi, nur flüchtig. 2010 besuchte und genoss ich das wunderschöne Haus mit herrlichem Blick auf die Houtbay-Bucht, in dem sie mit Denis ihre letzten Jahre verbrachte und wo er noch heute lebt. Unvermeidlich bin ich beeindruckt, wie Denis in seiner Gemeinschaft integriert ist und aktiv an Basisprojekten vor allem im Bereich der Kultur teilnimmt. Bereits zuvor hatte ich seine unermüdliche Arbeit für die von ihm gegründete Hilfsorganisation Community H.E.A.R.T. bewundert.

Dankbar war und bin ich Denis, dass er 2010 nach Aschaffenburg reiste und deswegen Nelson Mandelas Geburtstag verpasste – und zwar, um eine Laudatio auf mich zu halten, als die Staatliche Realschule für Mädchen sich den Namen Ruth-Weiss-Realschule gab. Dafür und für seine Freundschaft überhaupt danke ich dem tapferen Comrade Denis. Le Chajim!

Ruth Weiss, *Jahrgang 1924, Schriftstellerin, floh als Jugendliche vor den Nazis nach Südafrika, wurde später als Apartheid-kritische Journalistin ausgewiesen und wohnte anschließend in London, Sambia, im unabhängigen Simbabwe und in Deutschland. Sie berichtete während der Jahre der Entkolonialisierung am Puls des Geschehens und beobachtete wirtschaftliche Entwicklungen. Hält als Zeitzeugin zahlreiche Vorträge auch in Schulen. Ihre Botschaft: Toleranz.*

ANC-Botschafter im Exil

Denis Goldberg – Aufklärer, Anstifter, Gestalter

BRIAN FILLING

„Nie, nie, niemals wieder soll dieses schöne Land die Unterdrückung des einen durch den anderen erleben und die Demütigung erleiden, das Stinktier der Welt zu sein", sagte Nelson Mandela am 10. Mai 1994 bei seiner Amtseinführung als Präsident der Republik Südafrika. Er sprach auf der großen Terrasse des Regierungssitzes in Pretoria, dem langgezogenen Kolonialbau, der auf einem Hügel ein Halbrund bildet wie ein Amphitheater.

Ich saß neben Esmé und Denis Goldberg und hörte der Rede des Präsidenten vor dem Gebäude zu, wo einst Verwoerd, Vorster, Botha und De Klerk regiert hatten. Als die südafrikanische Luftwaffe über unsere Köpfe flog, die Tragflächen mit der neuen südafrikanischen Fahne geschmückt, bemerkte Denis, er könne nicht ganz glauben, dass diese Flugzeuge nunmehr auf der Seite des Volkes stünden, statt in den Frontstaaten blutiges Chaos anzurichten. Wir erinnerten uns an Chile und an den gewaltsamen, durch die CIA initiierten Sturz der demokratisch gewählten Regierung von Präsident Allende im Jahr 1973, und wir fragten uns, ob „es in Südafrika anders sein würde". Scherzend erzählte Denis, wie er während seiner 22-jährigen Haft von seiner Gefängniszelle am

Fuße des Regierungshügels aus versucht hatte, „einen auf Uri Geller“ zu machen und während der Luftparaden für den Präsidenten durch Telepathie die Tragflächen der Flugzeuge zu verbiegen.

Überall im Amphitheater trafen sich alte Freunde und Genossen, umarmten sich, gaben sich die Hand, tauschten Geschichten aus und freuten sich über ihren Sieg. Einige, die vor der Apartheid ins Exil geflohen waren und die ganze Welt bereist hatten, waren am Tag zuvor als Abgeordnete des Parlaments in Kapstadt vereidigt worden. Einige würden bald Kabinettsmitglieder werden. Es war ein bedeutsamer Tag.

Eine dieser ergreifenden Begegnungen fand zwischen Denis und Andimba Toivo ja Toivo statt, der mittlerweile Energieminister in Namibia geworden war. Beide erinnerten sich daran, wie sie sich in den 50er Jahren als junge Männer in einer fortschrittlichen Jugendorganisation, der „Modern Youth Society“, in Kapstadt kennengelernt hatten. In den 60er Jahren waren beide inhaftiert worden, Andimba mit Mandela und Sisulu und den anderen schwarzen politischen Gefangenen auf Robben Island und Denis zusammen mit weißen politischen Gefangenen im Gefängnis von Pretoria. Die Absurdität der Apartheid reichte überall hin. Die beiden Genossen hatten sich seit Anfang ihrer Gefangenschaft nicht mehr gesehen. Andimba sagte, er könne es nicht ganz glauben, dass er in der Hochburg der Apartheid neben Denis stünde und der Amtseinführung von Nelson Mandela zusehe, mit dem er mehr als 20 Jahre auf Robben Island verbracht hatte.

Am Tag nach der Amtseinführung starb Elias Motsoaledi in Soweto. Elias war einer der acht Angeklagten im Rivonia-Prozess gewesen, der zu einer lebenslänglichen Freiheitsstrafe verurteilt worden war und der auf Robben Island 26 Jahre seiner Strafe abgesessen hatte. Er war schon seit einiger Zeit krank gewesen, hatte es aber noch geschafft, sich am 27. April zu den ersten demokratischen Wahlen ohne Rassentrennung zu schleppen und seine Stimme abzugeben. Die Amtseinführung hatte er im Fernsehen gesehen.

Zusammen mit Denis und Marah Louw, südafrikanische Sängerin und Fernsehstar, besuchte ich das Haus der Familie Motsoaledi, um ihr unsere Aufwartung zu machen. Während sich die Schlange der Trauernden dem Hause näherte, trafen wir viele Veteranen des Kampfes wie John Nkadimeng, den ehemaligen Generalsekretär des südafrikanischen Gewerkschaftsbundes SACTU, sowie Jay Naidoo, ehemaliger Generalsekretär des Verbandes südafrikanischer Gewerkschaften COSATU und frisch ernannter Minister in der neuen Regierung Mandelas. Er hatte jetzt die Verantwortung für das Wiederaufbau- und Entwicklungsprogramm.

Wir erreichten das Haus und setzten uns zusammen mit anderen Trauernden in einen Raum, um auf Elias' Witwe Caroline und die Familie zu warten. Als man sich gegenseitig vorstellte, und klar wurde, dass es sich um den berühmten Denis Goldberg aus dem Rivonia-Prozess handelte, wurde es sehr lebhaft im Zimmer und Denis wurde mit Gratulationen und Fragen überhäuft. Es stellte sich heraus, dass einige der Anwesenden viele Jahre auf Robben Island verbracht hatten, aber auch sie hatten große Hochachtung vor diesem Weißen, der ein solches Opfer gebracht hatte. Ihre Begeisterung über die Begegnung mit Denis war Zeichen der nicht-rassistischen Politik des Afrikanischen Nationalkongresses.

Ich traf Denis das erste Mal nach seiner Freilassung 1985. Danach habe ich mit ihm im Anti-Apartheid-Kampf bis 1994 zusammengearbeitet, als die Apartheid endete. Nach diesem historischen Wendepunkt haben wir bei Community H.E.A.R.T. und verschiedenen anderen Projekten für den Wiederaufbau und die Entwicklung des neuen Südafrika eng zusammengearbeitet.

Damals arbeitete Denis von London aus; er bereiste viele Länder und hielt Vorträge im Auftrag des ANC. Sechs Wochen lang fuhr er durch Finnland, Dänemark, Schweden und Norwegen. Er besuchte oft die Vereinigten Staaten, wo er auch vor den Vereinten Nationen sprach, und er hielt in Kanada und in vielen europäischen Ländern Vorträge.

Die Beamtengewerkschaft in Schottland organisierte unter dem

Vorsitz von Pat Kelly „Nächte für den ANC“ in Edinburgh, wo sie Musiker und Komiker für eine Benefiz-Veranstaltung zusammenbrachte. Denis war Stammgast als Redner des ANC. 1986 organisierte ich für ihn eine Vortragsreise durch Schottland. Die Zeitung „The Herald“ führte ein Interview mit ihm und veröffentlichte in typischer Medienmanier ein Foto von Denis hinter Gittern.

Er muss im Laufe der Zeit mit Tausenden von Menschen über den Kampf gegen die Apartheid gesprochen haben, und immer übte er die gleiche Wirkung aus: Er beeindruckte und beflügelte seine Zuhörer und faszinierte die Medien. Denis sprach weder wie ein Unruhestifter noch wie ein Demagoge. Seine Vortragsweise erläutert er in seiner Autobiographie „Der Auftrag“: „Mein Leben lang hatte ich Redner gehört, die mit angestrengter Stimme ins Mikrophon brüllten, als ob jedes Wort das gleiche Gewicht hätte. Als ich im Gefängnis Shakespeare las, merkte ich, wie er jede Szene aufbaut, und wie aufeinanderfolgende Szenen zu einem Akt zusammengefügt werden, um die dramatische Spannung auf einen Höhepunkt zu bringen. (...) Bis im letzten Akt die Stränge der dramatischen Handlung verknüpft werden. Du sprichst also über viele Einzelheiten relativ leise und auf informative Art, und führst deine Zuhörer zu dem Argument, auf das du eigentlich hinaus willst. Dann fängst du wieder an und steigerst die Argumentation, bis du zum nächsten und zum übernächsten Grund kommst, warum die Apartheid verachtenswert ist, und du endest vielleicht beiläufig damit, wie sie [die Zuhörer] helfen können, das Leben vieler Menschen zu verändern.“ Denis hätte hinzufügen können, dass auch Humor den Zuhörern gefällt und sie in den Bann des Redners zieht. Außerdem sind Denis' Vorträge neben dem seriösen Inhalt immer auch sehr geistreich. Er bringt die Menschen zum Lachen und im nächsten Moment zum Weinen, nicht nur in derselben Rede, sondern manchmal in derselben Sequenz oder sogar im gleichen Satz.

Denis hielt nicht nur Vorträge vor großem und kleinem Publikum, sondern er vertrat den ANC in vielen Ländern auch als Pressesprecher. Seine Fähigkeit, komplexe Ideen auf kurze, prägnante, eingängige Botschaften zu reduzieren, war für Interviews mit den Medien sehr geeignet, bei denen häufig die nächste Frage gestellt wird, bevor man die erste beantworten konnte.

Denis übernahm auch das Design und den Vertrieb von Merchandising-Artikeln für den ANC. Es fing mit T-Shirts an, danach gab es Abzeichen, Fahnen, Kappen, Kaffeebecher und Schmuck. Die Warenpalette wuchs ständig; später kamen Silberanhänger mit dem Bild des ANC-Kriegers, hochwertige Emailabzeichen, Broschen, Ohrringe, Kulis und Armbanduhren hinzu. Für den ANC war das gute Publicity und Denis' Beitrag lag darin, den Menschen damit Wege zu eröffnen, ihre Solidarität zu zeigen und sie für den ANC zu gewinnen. Auch bei der Beschaffung finanzieller Mittel spielte Denis eine wesentliche Rolle.

All diese Aktivitäten zeigen Denis' Kreativität und seine Findigkeit, Charakterzüge, die der Rechtsanwalt George Bizos in seinen Memoiren schildert. Er schreibt: „Auf einem Notizblock und auf der Rückseite seiner leeren Zigarettenschachteln zeichnete Denis Grußkarten und Bilder, einige von ihnen zerschnitt er in kleine Stücke verschiedener Formen und Größen, damit unsere Kinder ein Puzzle daraus legen konnten. Sein Einfallsreichtum kam ihm und seinen Mitgefangenen über viele Jahre hinweg sehr zugute." Diese Liebe für Kinder und sein Interesse an ihnen sind weitere Wesensmerkmale von Denis. Er hat die Entwicklung vieler Kinder von Anti-Apartheid-Aktivisten beobachtet und wurde ihr Freund, als sie älter wurden. Dass er Präsident von „Woodcraft Folk" war, dem Jugendverband der britischen Genossenschaftsbewegung, in dem Esmé und ihre Kinder aktive Mitglieder waren, ist nur ein Beleg hierfür.

Die Anti-Apartheid-Bewegung in Großbritannien wurde im Oktober 1994 aufgelöst, sechs Monate nach den ersten demokratischen südafrikanischen Wahlen, dem offiziellen Ende der Apartheid. Umgehend gründeten wir die Nachfolgeorganisation, Action for Southern Africa, ACTSA. Schon bald danach reiste eine erste schottische Delegation mit 33 Mitgliedern für zehn Tage nach Südafrika. Denis hatte man als besonderen Freund vieler Menschen und Organisationen in Schottland eingeladen mitzufahren; auch sollte er dabei helfen, Türen zu öffnen und uns mit Rat und Tat beistehen. Von einem Mittagessen im Parlament als Gäste der Regierung über Besuche in Townships bis zu einem Empfang mit dem stellvertretenden Verteidigungsminister Ronnie Kasrils – es war eine äußerst bemerkenswerte Reise.

Der Touristenführer im Parlament war sehr freundlich, aber leider noch unter dem Apartheidregime ausgebildet worden. Nach einigen Einwürfen, zusätzlichen Kommentaren und Erklärungen durch Denis überließ er ihm großzügigerweise die Führung gleich ganz. Daraufhin gab Denis der Delegation eine wunderbare Einführung in die Geschichte des Gebäudes aus einer Anti-Apartheid-Perspektive. Er beschrieb das Drei-Kammer-System des Parlaments, in dem indische und farbige Abgeordnete Sitze bekamen, die entscheidende Mehrheit aber in den Händen der Weißen blieb. Er zeigte uns das „Tuynhuis", wo der Gefangene Mandela den Apartheid-Präsidenten Botha getroffen hatte.

Während unseres Besuchs gab es zahlreiche Begegnungen mit den neuen Anführern des Landes, bei denen wir viel über das Erbe des Kolonialismus und der Apartheid sowie über die Herausforderungen von Wiederaufbau und Entwicklung lernten. Ein Termin mit Cyril Ramaphosa, bei dem er die neue Verfassung erläuterte und diskutierte, war sehr interessant.

Wir besuchten auch die östliche Kapprovinz, die eine lange historische Verbindung zu Schottland hat. Schottische Missionare hatten dort im 19. Jahrhundert zahlreiche Missionsschulen gegründet. Lovedale, eine dieser Schulen, gilt als älteste nicht-rassistische Bildungsinstitution und viele der künftigen Leader Südafrikas hatten sie besucht, darunter ein weiterer Mitangeklagter von Denis aus dem Rivonia-Prozess, Govan Mbeki. Er war nach dem ersten Direktor Lovedales, William Govan aus Glasgow, benannt. Auch die Universität von Fort Hare wurde 1916 von schottischen Missionaren gegründet, und viele afrikanische Führungspersönlichkeiten haben dort studiert, darunter Nelson Mandela und Oliver Tambo.

Während unseres Besuches in der östlichen Kapprovinz trafen wir auch den neuen Premierminister der Provinz, Raymond Mhlaba, ebenfalls einer von Denis' Mitangeklagten im Rivonia-Prozess. Sie benahmen sich wie alte Freunde, die nie getrennt gewesen waren, obwohl sie zwanzig Jahre in verschiedenen Gefängnissen verbracht hatten. Es war ein emotionales Wiedersehen. Raymond schilderte uns die Probleme der östlichen Kapprovinz; darunter die Schwierigkeit, zwei getrennte ehemalige „Bantustans" (Transkei und Ciskei) mit dem ehemaligen östlichen Kap zu einer neuen Provinz zusammenzuführen.

Denis hatte keine großen Schwierigkeiten, die schottischen Delegierten davon zu überzeugen, ihre Solidaritätsarbeit fortzuführen. Weil er aus familiären Gründen weiter in Großbritannien leben würde, wollte er dort eine karitative Organisation gründen: Community H.E.A.R.T. sollte beim Wiederaufbau des Landes helfen. Im April 1995 wurde sie auf einer Veranstaltung in der südafrikanischen Botschaft in London ins Leben gerufen. Denis wurde Geschäftsführer, ich übernahm den Vorsitz des Vorstands.

Denis arbeitete sehr hart für den Erfolg von Community H.E.A.R.T. Bei der englischen Hilfsorganisation Comic Relief beantragte er erfolgreich eine beträchtliche Fördersumme zugunsten von „Rape Crisis Centre", einer Hilfsorganisation für Vergewaltigungsopfer in Kapstadt. Er lancierte eine Kampagne mit dem Ziel, gebrauchte Computer zu überholen und nach Südafrika zu schicken, was zur Gründung von „Computer Aid International" führte. Außerdem baute Denis Beziehungen zwischen südafrikanischen und britischen Bildungseinrichtungen auf. Er reiste nicht nur viel in Großbritannien und Irland, sondern ging ab 1996 auch regelmäßig auf Vortragsreisen nach Deutschland, wo er schließlich eine Schwesterorganisation von Community H.E.A.R.T. gründete.

Esmé Goldberg starb im Jahr 2000, und Denis bat mich, für die Beerdigung eine Gedenkfeier vorzubereiten. Es war ein bedeutendes Ereignis, das Esmés Familie, viele ihrer Freunde aller Altersgruppen und Südafrikaner zusammenbrachte. Nicht lange danach starb auch Tochter Hilly. Emotional war es eine schwere Zeit und Denis war von der Arbeit mit Community H.E.A.R.T. erschöpft. Es war Zeit für einen Neuanfang. Isobel Mc Vicar trat an Denis' Stelle als Direktorin des Vereins und er blieb Ehrenpräsident.

Mit seiner zweiten Frau, Edelgard Nkobi, kehrte Denis 2002 nach Südafrika zurück, wo er sich in Hout Bay, nahe bei Kapstadt, niederließ. Dort veranstalteten sie öfter Grillpartys für ACTSA-Delegationen, die oft schon am Abend ihres ersten Tags – nach einem Besuch auf Robben Island – in Denis' Haus zu Gast waren. Sie hätten keine bessere Einführung zu Südafrika, seiner Geschichte und den bevorstehenden Herausforderungen bekommen können als durch eine „Audienz" bei Denis.

Mit Schottland verbindet Denis eine lange Geschichte. Nach seinem ersten Besuch 1985 kam er viele weitere Male wieder. Er bereiste das ganze Land, um die Menschen über den Kampf gegen die Apartheid zu informieren und ihr Engagement zu unterstützen. Er schloss viele Freundschaften und entwickelte Beziehungen zu Menschen in Gewerkschaften, Kirchen, Universitäten und örtlichen Behörden, und er war oft in den Medien zu sehen. Aus den 27 Jahren seit jenem ersten Besuch gibt es viele Geschichten zu erzählen. Hier nur zwei Beispiele:

Im Jahr 2001 sprach er auf der Verabschiedung von Alan Campbell, dem Vorsitzenden der Feuerwehrgewerkschaften in Schottland, im Station Hotel in Perth. Nach Denis' begeisternder Rede rief Alan zu einer Spendensammlung zugunsten von Community H.E.A.R.T. auf. Eine Feuerwehr bot eine bedeutsame Summe an, daraufhin wollten die anderen Feuerwehren nicht nachstehen. Es kamen 5.000 Pfund zusammen!

Im Dezember 2012 besuchte Denis die Akademie von Armadale in West Lothian, um sich bei den Mitarbeitern und den Studenten zu bedanken, die ein Konzert zugunsten der Kronendal Music Academy (KMA) in Hout Bay veranstaltet hatten, einem seiner Lieblingsprojekte. Am nächsten Tag, bei einem Treffen mit dem schottischen Außenminister, wurde die Idee, eine Gruppe junger Musiker der KMA nach Schottland zu holen, begeistert aufgenommen. Seine gute Arbeit geht weiter!

Eine besonders enge Verbindung hat Denis zur Glasgow Caledonian University (GCU). 1993 hatte Nelson Mandela Glasgow besucht und Ehrenbürgerrechte von neun Städten im Vereinigten Königreich erhalten. Die Universität bot Mandela die Ehrendoktorwürde an. Er nahm sie an unter der Bedingung, dass die Universität beim Wiederaufbau und bei der Entwicklung des neuen Südafrika helfen würde. Im Auftrag des ANC besuchte Denis anschließend die Universität, um neue Hilfsmöglichkeiten zu besprechen. Daraufhin fuhr kurz vor den Wahlen von 1994 eine kleine Delegation nach Südafrika, zu der neben meiner Person auch Professor David Walsh gehörte. Denis zeigte uns die Medical University of South Africa im Nordosten, und so begann eine produktive Beziehung zwischen beiden Universitäten. Wir besuchten auch die University of the Transkei im östlichen Kap, mit dem Ergebnis, dass diese Universität mit Unterstützung der GCU ein Ausbildungsprogramm für Krankenschwestern übernahm. Über die Jahre hat Denis diese sehr positive und für beide Seiten vorteilhafte Partnerschaft gefördert und begleitet.

Im Jahre 1997 erhielt Denis den Ehrendoktor der juristischen Fakultät an der Glasgow Caledonian University in Anerkennung seines Beitrags zum Kampf gegen die Apartheid, seiner Rolle beim Wiederaufbau des neuen Südafrika und seiner Verdienste um die Universität. Bei der Feier im Königlichen Konzertsaal in Glasgow zollten ihm nach seiner Dankesrede etwa 2500 Gäste stehende Ovationen. Das hatte es noch nie gegeben: „Standing Ovations" von einem politisch so heterogenen Publikum, das aus Graduierten der verschiedenen akademischen Fächer, ihren Familien und Lehrpersonal der Universität bestand. Als Gastprofessor führte

Denis seine Verbindung mit der Universität fort. Der Studentenverband wählte ihn zu ihrem Ehrenpräsidenten. Darüber hinaus ist Denis ein gern gesehener Gast in der Stadt. Am 4. August 2011 hatte ihn der Oberbürgermeister von Glasgow eingeladen, eine Gedenktafel im Rathaus einzuweihen. Sie erinnert an den 30. Jahrestag der Verleihung der Ehrenbürgerrechte der Stadt an Nelson Mandela. Einen Monat später hielt Denis den vierten Mandela-Tambo-Vortrag am City of Glasgow College. Darin wies er auf die „lange gemeinsame Geschichte Schottlands und Südafrikas" hin, und sagte: „Natürlich bestand der frühe Kontakt darin, dass schottische Soldaten im Dienste des Britischen Weltreichs an der Eroberung Südafrikas beteiligt waren." Denis, der eine Vorliebe für den schottischen Folkloresänger Hamish Henderson hat, zitierte aus dessen Lied "Freedom Come All Ye": „Er [Henderson] macht deutlich, dass er über die Freiheit schreibt und dass das auch Freiheit von Schikanen durch schottische Soldaten [im Auftrag des Weltreiches selbstverständlich] bedeutet (…) und er sagt weiter: ‚zerstörte Familien in den Ländern, die wir gequält haben werden fluchen ‚Schottland, das Mutige, nie wieder, nie wieder'. Der Rassismus wird besiegt worden sein. ‚Schwarz und Weiß werden miteinander verheiratet sein'. Alle Kinder Adams werden Brot und Gerstenbrei und einen bunten Raum finden', wenn ‚ein schwarzer Junge aus yont Nyanga die bösen Galgen der Apartheidherren herunterreißt.'"

Am 26. November 2012 überreichte das City of Glasgow College Denis seinen ersten „Global Scholar"-Preis. In seiner Dankesrede sprach er über die Bedeutung des Begriffs „Menschlichkeit". „Bloß Gelehrte zu sein und zu versuchen, unsere Welt von der Warte isolierter akademischer Elfenbeintürme aus zu verstehen, heißt, unsere angeborene menschliche Gleichheit zu verleugnen. Für mich und für Millionen von Menschen ist Wissen ein Leitfaden zum Handeln. (…) Es reicht nicht aus, die Welt zu verstehen. Als Menschen in der Gesellschaft sind wir von unserer Menschlichkeit selbst aufgerufen, die Welt zu verändern, sie zu einem Ort größerer Gleichheit zu verwandeln. (...) Was ich in guten und schlechten Zeiten gelernt habe, ist, dass Menschlichkeit das bedeutet, was Nelson Mandela so formuliert hat: Wir müssen ,unser Leben so leben, dass wir Achtung vor Anderen haben und ihre Freiheit fördern.'"

Denis Goldberg hat sein Leben ganz sicherlich nach diesem Prinzip gelebt und unser aller Leben dadurch verbessert!

Brian Filling *ist derzeit Honorarkonsul für Südafrika in Schottland. Er hat die Anti-Apartheid-Bewegung in Schottland mit aufgebaut und war lange ihr Vorsitzender. Er hat sich sein ganzes Leben für Südafrika engagiert, auch als Vorsitzender von ACTSA, als Direktor des Sechaba-Festivals, als Vorstandsvorsitzender bei Community H.E.A.R.T. und in vielen anderen Funktionen. Im Oktober 2012 erhielt er den südafrikanischen Special National Orders Award aus der Hand von Präsident Jacob Zuma.*

„Solidarität aufbauen – das war meine Aufgabe."

MADI GRAY

„Du kommst aus dem Gefängnis, betrittst diese Welt, und du bist so offen für all diese Einflüsse, und es passieren wunderbare Dinge. Schweden war der richtige Ort für mich, das erste wirklich große Erlebnis. Schweden war so offen und freundlich und einladend, so sauber und so wohlhabend."[17] Denis Goldberg besuchte Schweden, kurz nachdem er nach 22 Jahren aus der Haft entlassen worden war. Ich erinnere mich gut an diesen Mann, der in zahlreichen Sälen das Podium beherrschte, der vom ANC-geführten Kampf gegen die Apartheid erzählte, der Menschen aus allen Landesteilen mobilisierte.

Er war nicht der erste ehemalige politische Gefangene aus Südafrika, der Schweden bereiste. Tim Jenkin und Stephen Lee – denen 1979 die Flucht aus dem Gefängnis von Pretoria gelungen war – waren einige Jahre zuvor hier gewesen. Er war auch nicht der erste mit einer langen und allgemein bekannten persönlichen Geschichte im Kampf gegen Apartheid. Tebelo Motopanyane, einer der Anführer des Aufstands von 1976, hatte Schweden von Norden bis Süden, von Luleå bis Lund, bereist.

Was Denis besonders auszeichnete, war die Tatsache, dass er nach dieser Gefangenschaft, die ihm seine Jugendlichkeit hätte rauben sollen, eine Begeisterung und eine Neugier an den Tag leg-

---

17 Die Zitate in diesem Beitrag sind einem Interview entnommen, das die Autorin 2005 im Auftrag des Nordischen Afrika-Instituts (Uppsala) mit Denis Goldberg geführt hat. http://www.liberationafrica.se/intervstories/interviews/goldberg

te, die man eher mit sehr jungen Männern verbindet. Ein Beispiel dafür ist eine Erfahrung mit dem schwedischen Winter, von der er mir erzählte: „Ich erinnere mich, wie einer meiner Gastgeber mit mir durch einen Schneesturm fuhr. Ich hatte noch nie einen Schneesturm gesehen, ich hatte noch nie Schneeflocken durch das Scheinwerferlicht auf mich zufliegen sehen. In Wirklichkeit bewegen wir uns und die Schneeflocken fallen gerade nach unten, aber es sieht so aus, als würden sie auf dich zufliegen. Was für ein Erlebnis! Dann wurde mir die ‚Ehre' zuteil, den Schnee von der Windschutzscheibe zu wischen, weil ich das noch nie gemacht hatte." Es war zwar kalt und dunkel, aber können Sie sich Denis' Freude vorstellen nach der Eintönigkeit von 22 Jahren Gefängnis?

Als einer der Angeklagten im Rivonia-Prozess hatte Denis ein tief verwurzeltes Verständnis des Kampfes. Als er entlassen wurde, war er voller Tatendrang und entschlossen, alles in seiner Macht Stehende zu tun, um das Apartheidregime zu Fall zu bringen. „Meine Aufgabe bestand darin, Solidarität aufzubauen", sagte er später.

Denis sprach mit Autorität und inspirierte die Zuhörer, ihre Erwartungen an sich selbst zu übertreffen. Das zeigte sich zum Beispiel bei einer Veranstaltung in Göteborg: „Nach meiner Rede stand ein Mann auf und sagte: ‚Ich möchte helfen, aber ich bin Künstler. Wie kann ich helfen?' Ich sagte: ‚Wir brauchen finanzielle Mittel, wir brauchen dies, wir brauchen jenes. Ich weiß nicht, wie du genau helfen kannst, aber ich weiß, dass jeder einen Weg finden kann, professionell und individuell.' Der Zuhörer nahm diese Idee mit auf den Weg." Der Mann organisierte dann zusammen mit der Königlichen Kunstakademie eine Ausstellung und die Künstler stifteten ihre Werke. „Ich war dabei, um die Auktion zu eröffnen", erzählte Denis weiter. Er wurde zu einer wunderschön renovierten Galerie in einem alten Lagerhaus am Hafen gefahren. „Ich wusste nicht, weshalb man mich eingeladen hatte, und als ich dort ankam, sagte der Verantwortliche: ‚Das hier ist alles deine Schuld! Du hast gesagt, wir können etwas tun, jeder von uns, und so haben wir Künstler etwas unternommen.' Sie haben Zehntausende Kronen für den Kampf des ANC gesammelt."

Die schwedische Solidaritätsbewegung gegen das Apartheidsystem war bereits in den 60er Jahren entstanden. Der erste Verbraucherboykott war eine Reaktion auf die Erschießung von 69 Menschen (von denen die meisten hinterrücks erschossen wurden) während einer Demonstration vor einem Polizeirevier am 21. März 1960 in Sharpeville.

15 Jahre später waren Mosambik und Angola unabhängig, auch wenn sie ständig von ihrem mächtigen Nachbarn bedroht wurden. Heimlich versuchte Südafrika überdies, Mugabe und seine Befreiungsbewegung Zimbabwe African National Union (ZANU) an der Machtergreifung in Simbabwe zu hindern. Gelegentlich organisierte Südafrika selbst in relativ friedlichen Ländern wie Botswana oder Sambia Bombenangriffe unter dem Vorwand, ANC-Hochburgen zu zerstören.

1985 organisierten die schwedischen Afrikagruppen (AGIS) zusammen mit dem „Isolate South Africa Committee" (ISAC) für Denis eine Reise durch das ganze Land. Die Anti-Apartheid-Organisationen in Norwegen, Dänemark und Finnland hatten ihn ebenfalls eingeladen, so dass er rund zwei Monate in den nordischen Ländern unterwegs war. Er traf Mitglieder der radikalen Linken, Gewerkschafter, Parlamentsabgeordnete von Kommunisten bis zu Sozialdemokraten und Liberalen, Vorschulkinder und Hochschulstudenten, radikale Friedensorganisationen und regelmäßige Kirchgänger.

„In Schweden habe ich versucht, die Organisationen dazu zu bringen, ihre eigenen Differenzen im Interesse der größeren Solidarität mit unserer Befreiungsbewegung zu überwinden", sagte Denis im Interview. „Das hatte eine doppelte Funktion: Die Unterstützung durch die Regierungen Schwedens und der nordischen Länder war wichtig, aber wir mussten dazu die Solidaritätsbewegung mit unseren schwedischen Freunden und Genossen aufbauen. Erst dann konnte die schwedische Regierung weitere Schritte gehen. Ohne diese Unterstützung wäre Olof Palme isoliert gewesen. Es hing also miteinander zusammen, als guter Linker würde ich sagen, es war ein dialektischer Prozess."

Bei den Veranstaltungen erläuterte Denis die Politik und Positionen des ANC. Ein immer wiederkehrendes Thema war dabei die Frage des bewaffneten Kampfes. „Wir haben immer gesagt, dass es vier Säulen unseres Kampfes gibt: den Kampf im Untergrund, den offenen politischen Kampf, die internationale Solidaritätsbewegung und unseren bewaffneten Kampf. Die Solidaritätsbewegung war sehr wichtig, es ist allgemein anerkannt, dass die Isolierung des Apartheidregimes eine wichtige Rolle bei unserer Befreiung gespielt hat." Im Interview erläuterte Denis seine eigene Entwicklung hin zum bewaffneten Kampf. „In den 50er Jahren wurde ich Mitglied des ‚Congress of Democrats' und der kommunistischen Partei im Untergrund. In den 60er Jahren trat ich als Technischer Offizier ‚UmKhonto we Sizwe', dem ‚Speer der Nation' bei. Ich war Ingenieur und man brauchte Leute mit einer Ausbildung. Also wurde ich Waffenhersteller. Wir haben uns bewusst gegen Sprengkörper in Kapstadt entschieden und für Sabotage. Wenn man ein Seil über einen großes Bündel Telefonleitungen warf und das Ganze nach unten zog, hatten ganz Somerset West und der Strand und Gordons Bay keine Telefonverbindungen mehr. Oder unsere Leute gruben ein Kabel aus und durchtrennten es mit einer Axt, so dass entlang der Küste alle Telefone ausfielen. Die Leute von der Telekom konnten die Leitung reparieren, aber der eigentliche Clou war, dass die Sicherheitskräfte solche Anschläge hätten verhindern müssen und dazu offenbar nicht in der Lage waren. Wir hatten keine Militärausbilder, daher mussten wir uns alles selbst beibringen, warum also sollten wir eine Explosion herbeiführen und die Aufmerksamkeit der Polizei auf uns lenken?"

Viele Leute in den nordischen Ländern haben moralische Bedenken gegenüber einem bewaffneten Kampf. Wann schlägt er in Terrorismus um? Wann ist der Kampf berechtigt? „Aber egal welches skandinavische Land ich besuchte, ich wurde immer willkommen geheißen, trotz der Bedenken der Menschen gegen einen bewaffneten Kampf. Die internationale Unterstützung einer Befreiungsbewegung durch relativ kleine, nämlich die nordischen Länder, war erstaunlich groß." Zum Beispiel war eine Tagung über Kinderrechte sehr wirkungsvoll, die der ANC in Harare veranstaltete, sie wurde aber von der schwedischen Organisaiton „Save the Children" und UNICEF getragen. Lisbet Palme, die Witwe Olof Palmes, war eine der Rednerinnen bei der Eröffnung. Hilfreich war auch eine andere Unterstützung: „Schwedische Wissenschaftler spielten eine wichtige Rolle beim Sammeln von Informationen, die sie dann analysierten und vortrugen, so dass wir im ANC und unsere Verbündeten sowie Schweden und andere Leute rund um die Welt die Entwicklungen verstehen konnten. Das half uns sehr und verschaffte uns intellektuelle Munition. Denn wenn du in einer intellektuellen Debatte Leute von ihrer Unterstützung für die Apartheid abbringen kannst, stärkst du deine eigene Position gegenüber dem Regime und seinen Anhängern. Letzten Endes, wenn du nicht gerade auf der Basis von blindem Vorurteil und Fanatismus arbeitest, sondern wenn du aus intellektueller Überzeugung heraus argumentierst, musst du offen für Diskussionen und Argumente sein. Es war notwendig, eine rationale Argumentation über unsere gemeinsame Zukunft vorzustellen; warum es keinen Rassismus mehr geben sollte."

Denis wurde zu einem beliebten Redner, auch weil er mit großer Offenheit Fragen beantwortete, sogar zu seinem persönlichen Leben im Gefängnis. „So viele Leute sprechen Englisch, so dass ich mich mit Schweden gut unterhalten konnte. Ich erinnere mich, wie ich an einer dieser Universitäten, wo ich sehr offen mit den Leuten sprach, sagte: ‚Ihr könnt mich fragen, was ihr wollt, und ich entscheide dann, ob ich darauf antworte'. Ich hielt meinen Vortrag und setzte mich hin. Alle waren schrecklich neugierig zu erfahren, was ein Mann in den Vierzigern, der 22 Jahre im Gefängnis saß, mit seinem Sexleben machte. ‚Wie habt Ihr denn im Gefängnis Sex gehabt?' Und ich sprach darüber, ganz ohne Verlegenheit."

Bei einer regionalen Tagung der kooperativen Bewegung

„Konsum" fragte man Denis, warum Menschen rassistisch seien. „Ich sagte, vielleicht ist es integraler Bestandteil unserer Sprache und unserer Überzeugungen. Wir verbinden diese Dinge in unseren Köpfen, und am Ende reagieren wir mit Angst – vor dem Unbekannten, vor denen, die anders aussehen, vielleicht vor denen mit schwarzer Haut, vor denen, die andere Sprachen sprechen – und wir reagieren mit nationalem Chauvinismus." Nach der Rede riefen die Zuhörer Parolen wie in den 60er Jahren und viele freuten sich, mit dieser Solidaritätsbewegung verbunden zu sein.

„Aber Solidarität ist in meinen Vorträgen keine Einbahnstraße", sagt Denis Goldberg. „Auch die Abneigung vieler Skandinavier gegen die Lappländer musste angesprochen werden. Ob in Norwegen oder Schweden, überall erzählten Menschen aus den Anti-Apartheid-Bewegungen: ‚Wir kämpfen gegen den Rassismus in Südafrika, aber wir unterdrücken die Sprache des samischen Volkes im Norden. Wenn jemand ein Wasserkraftwerk bauen will, gibt es plötzlich Zeitungsartikel, über angeblich faule Leute, die ihre Frauen die Arbeit machen lassen, während die Männer die Rentiere hüten.' Dann sagte ich: ‚Was du da erzählst, könnte Südafrika sein'. Schweden aus der Anti-Apartheid-Bewegung hielten ihren eigenen Gesellschaften in Skandinavien den Spiegel des südafrikanischen Rassismus vor und sagten, das ist Heuchelei. Diese Art intellektueller Argumentation, meine ich. Diese Schweden wehrten sich gegen den eigenen Rassismus in der eigenen Gesellschaft. Es gab also Unterstützung für unseren Kampf, aber wir gaben auch etwas zurück."

Denis Goldberg ist jedoch nicht nur ein überzeugender und inspirierender Redner, sondern auch ein kreativer „Macher". So hatte er die bahnbrechende Idee, den ANC und Nelson Mandela als „Marke" zu etablieren. 1985 bemerkte er im ANC-Büro in London, dass der ANC alle möglichen Erinnerungsstücke aus der Anti-Apartheid-Bewegung verkaufte, aber dass es keine ANC-Produkte gab. Denis schlug seinen Genossen eine Merchandising-Aktion vor. So könne sich der ANC unabhängig von der Anti-Apartheid-

Bewegung in Großbritannien profilieren. Wenig später gab es Kaffeebecher und Untersetzer, T-Shirts und Schals, Kappen, Abzeichen, Uhren und sehr elegante Kalender, die in ganz Europa freiwillige „Werbeträger" fanden. Hinzu kam der finanzielle Nutzen für die Arbeit des ANC.

Ihren größten „Auftritt" hatten die Werbeprodukte einige Jahre später in Schweden. 1990 besuchten acht führende ANC-Mitglieder, die kurz zuvor freigelassen worden waren, das Land, um den Präsidenten des ANC, Oliver Tambo, zu sehen. Der erholte sich in Erstagårdskliniken außerhalb von Stockholm von einem Schlaganfall. Während dieses Besuches verkündete der südafrikanische Präsident Frederik Willem de Klerk am 2. Februar die Aufhebung des Banns gegen den ANC und 32 andere Organisationen. Wenig später wurde auch Nelson Mandela endlich freigelassen und besuchte kurz danach Stockholm. Dort traf er sich mit ANC-Mitgliedern aus der ganzen nördlichen Hemisphäre und füllte eine riesige Sporthalle mit Schweden und anderen Unterstützern des ANC von nah und fern.

Denis Goldberg war auch dabei – mit den neuen ANC-Werbeträgern. „Ich überreichte Nelson Mandela und den anderen Anführern eine riesige goldgelbe Einkaufstasche mit einem Bild des kämpfenden ANC-UmKhonto-Speerträgers, gefüllt mit T-Shirts für Erwachsene und Kinder, mit Schals und Uhren. Ich habe Bilder von Nelson Mandela mit unserem Schal und unserem Sweatshirt und Leuten mit Fahnen. Ich wollte, dass sie nach Hause fliegen und mit den ANC-Hemden und den ganzen Mitbringseln in der Hand aus dem Flugzeug steigen. Statt einer Tasche vom Duty Free würden sie eine ANC-Tasche tragen, noch bevor der ANC in Südafrika voll anerkannt war, bevor so etwas überhaupt erlaubt war."

Denis kehrte in den folgenden Jahren mehrmals nach Schweden und in die anderen skandinavischen Länder zurück. Er wurde eingeladen, auch bei Veranstaltungen zu sprechen, die von einer breiten Solidaritätsbewegung organisiert waren. „Die Verteidigung der Menschenrechte ist eine alte Pflicht, und wir dürfen nicht davon ablassen, sie einzufordern", meint Denis Goldberg. „Wir müssen Regimes isolieren, zum Beispiel das in Marokko, damit die Bewohner der westlichen Sahara, die Sahrauis, ihren eigenen Staat bekommen. Wir müssen die Palästinenser unterstützen, obwohl ich einige ihrer Führer nicht mag, aber ich weiß, dass sie unterdrückt werden, dass ihr Wasser gestohlen wird, ihre Olivenbäume, ihr Land. Die Menschen reagieren darauf, und sie brauchen unsere Unterstützung. Das ist kein Terrorismus."

In den letzten Jahren ist Denis Goldberg nicht mehr in Schweden gewesen. „Aber die Beziehungen bestehen noch, und ich weiß, wenn ich in Schweden wäre und einige der Leute aufsuchen würde, wären die Freundschaften noch intakt."

***Madi Gray** hat einen großen Teil ihres Lebens damit zugebracht, Menschen über die Apartheid aufzuklären, als Journalistin, Herausgeberin, Übersetzerin und Rednerin in Schweden. Derzeit arbeitet sie als Reiseführerin für schwedische Besucher Südafrikas und zeigt ihnen die Schönheit des Landes ebenso wie die Herausforderungen und Triumphe im Leben der Südafrikaner.*

Ost-West-Beziehungen

Frühe Solidarität mit Südafrika – Edelgard Nkobi-Goldberg und Freunde

ELISABETH QUART

Als ich im September 1962 das Studium der Afrikanistik an der Karl-Marx-Universität zu Leipzig aufnahm, konnte ich nicht ahnen, dass ich mit unzähligen Freunden, Weggefährten und Sympathisanten am 11. April 2013 den herausragenden südafrikanischen Kämpfer für Menschenrechte und Menschenwürde, gegen Rassismus und Unterdrückung, Denis Goldberg, anlässlich seines 80. Geburtstages ehren und würdigen könnte.

Mein Studium begann nach dem berühmten Afrika-Jahr 1960, als nach Guinea und Ghana 17 weitere afrikanische Staaten die nationale Unabhängigkeit errangen. Das Afrika-Institut der Leipziger Universität war 1938 von der deutschen faschistischen Regierung geschlossen worden. 1960 wurde es von der Führung der Deutschen Demokratischen Republik wieder eröffnet und 1962 der Lehrbetrieb aufgenommen.

Zu dieser Zeit kämpfte der African National Congress (ANC) bereits 50 Jahre gegen Rassendiskriminierung und die immer mehr perfektionierte Politik des Rassistenregimes in Südafrika.

Zu meinen Mitstudenten gehörten Edelgard Schulreich, später

Denis Goldbergs zweite Ehefrau, sowie Edelgards erster Mann, Zenzo Nkobi. Er war der älteste Sohn eines Führungsmitglieds des ANC. Mit uns studierte auch Joan Oehme, geborene Nair. Sie war Südafrikanerin und wie Zenzo vom ANC zum Studium in die DDR delegiert worden. Joans Bruder, Billy Nair, war Führungsmitglied im ANC, wurde 1963 verhaftet und 1964 im Zusammenhang mit dem Rivonia-Prozess zu 20 Jahren Haft auf Robben Island verurteilt. Seine Zelle befand sich gegenüber der von Nelson Mandela.

In Seminaren und Diskussionsrunden erhielten wir Studenten der Afrikanistik durch Zenzo und Joan umfangreiche aktuelle Informationen über die Lage in Südafrika und das Wirken der Anti-Apartheid-Kräfte. 1967 beendete ich mein Studium. Edelgard und Joan begannen später in Berlin zu arbeiten. Ich selber ging nach Guinea, wo eine Jugendbrigade aus der DDR in einer Motorradwerkstatt Lehrlinge ausbildete und Motorräder wartete sowie reparierte. Die DDR lieferte in großen Mengen Motorräder der Marke „MZ" der Motorenwerke Zschopau in Sachsen in dieses Land. Wir wohnten in einem ehemaligen Farmgebäude am Rande der Stadt Conakry.

Unvergessen bleibt für mich 1967 der Empfang von Miriam Makeba auf dem Flughafen von Conakry. Sie war auf Einladung von Präsident Sékou Touré gekommen. Die schon damals weltberühmte südafrikanische Sängerin und Apartheidgegnerin sprach auf dem abendlichen Empfang in der Residenz von Sékou Touré über ihre Motive des Exils und ihre Gefühle, wieder auf afrikanischem Boden zu stehen. Da waren die Probleme in Südafrika wieder gegenwärtig. Denis Goldberg war zu diesem Zeitpunkt bereits mit den anderen im Rivonia-Prozess verurteilten Führungsmitgliedern des ANC vier Jahre in Haft.

In den Jahren 1973 bis 1975 arbeitete ich im Solidaritätskomitee der DDR. Dieses Komitee leistete Hilfe bei humanitären Katastrophen und unterstützte nationale Befreiungsbewegungen. Zu dieser Zeit gab es bereits ein breites Spektrum der Zusammenarbeit gesellschaftlicher Kräfte der DDR mit den Gegnern der Apartheid in Südafrika. Ab 1967 wurden die Zeitschrift des ANC, „Sechaba", und andere Publikationen für den ANC in der DDR gedruckt und versandt. Wir sammelten Unterschriften für die Befreiung der politischen Gefangenen in Südafrika, fertigten Jahreskalender und Einkaufsbeutel mit Motiven afrikanischer Künstler, druckten Plakate gegen Kolonialismus, Rassismus und Apartheid und verkauften diese auf Solidaritätsbasaren.

Im Mai 1974 zeigten wir in Berlin eine Foto-Ausstellung „Apartheid No". Sie wurde eröffnet, als der UN-Sonderausschuss gegen Apartheid in Berlin tagte. Wir Mitarbeiter des Solidaritätskomitees traten in Betrieben, Schulen und anderen Einrichtungen auf, um den Solidaritätsgedanken in der Bevölkerung zu vertiefen. Die DDR unterstützte auch den militärischen Kampf des ANC, vor allem durch die Ausbildung militärischer Kader in der DDR. Im Jahr 1963 besuchte die erste Delegation des ANC unser Solidaritätskomitee. 1973 konnte der ANC in Berlin eine Vertretung mit semi-diplomatischem Status eröffnen.

Edelgard war zu dieser Zeit bereits mit Zenzo Nkobi verheiratet. Sie arbeitete bei einer Nachrichtenagentur in Berlin. 1975 verließ Edelgard mit Zenzo die DDR. Sie lebte zuerst in der BRD, später in Sambia und Zimbabwe. Von dort aus berichtete sie für verschiedene Zeitungen und Zeitschriften, zum Beispiel für das „Neue Deutschland" und „Afrika Süd", über die Entwicklung im südlichen Afrika. Ihre zumeist unter dem Pseudonym „Hanna Ndlovu" veröffentlichten Artikel waren unter Afrika-Kennern hoch geschätzt.

Edelgard war eine ausgezeichnete Journalistin. Auf ihre Informationen konnte man sich als Leser immer verlassen. Sie vermochte es, aktuelle Entwicklungen in ein historisches Gesamtbild einzuordnen und politische Zusammenhänge deutlich zu machen. Ihr Mann Zenzo arbeitete als Fotoreporter für den ANC und andere Befreiungsorganisationen im südlichen Afrika. Edelgard kannte wie kaum andere Journalisten die Verläufe der

Befreiungskämpfe in diesem Raum. Dank ihrer Kontakte zu vielen Persönlichkeiten, zahlreicher Reisen und der Präsenz vor Ort vermittelte sie stets ein reales Bild der Entwicklungen in der Region und verlor nicht die kritische Sicht darauf.

Auch mich führte meine Arbeit in viele afrikanische Länder. Ich erinnere mich gerne an Daressalam. Dort lebende DDR-Bürger übergaben in einer schönen, feierlichen Veranstaltung anlässlich des 1. Mai ANC-Vertretern eine Geldspende sowie kleine Geschenke, die Kinder im Kindergarten und in der Schule für die Kinder im Flüchtlingszentrum des ANC in Tansania gebastelt hatten. Ähnliche Erlebnisse gab es viele im Laufe der Jahre.

1987 wurde der ANC für seinen 75 Jahre anhaltenden Kampf gegen Rassismus und für die Freiheit und Gleichheit der Bürger Südafrikas in zahlreichen Veranstaltungen in der DDR gewürdigt. Ich werde niemals die große Freude vergessen, die ich empfand, als im November 1987 meine Leipziger Universität Nelson Mandela die Ehrendoktorwürde verlieh. Der damalige ANC-Präsident Oliver Tambo nahm die Urkunde stellvertretend für Nelson Mandela entgegen. Später habe ich Fotos von der Zeremonie in der Leipziger Universität an Denis übergeben, der sie dem neu eingerichteten Museum in Liliesleaf zur Verfügung stellte.

Mit Edelgard traf ich mich wieder, nachdem ihr Mann Zenzo 1993 verstorben war. Wir hatten 1991 die Deutsch-Afrikanische Gesellschaft e.V. mit Sektionen in Berlin und Leipzig gegründet. Edelgard sprach wiederholt auf Veranstaltungen unserer Gesellschaft zur Entwicklung im südlichen Afrika. Eines Tages stellte sie mir in Berlin Denis vor. Auch er wurde ein begehrter Gast unserer Veranstaltungen.

Als mein Mann und ich im Jahr 2000 erstmals Südafrika besuchen wollten, berieten wir mit Edelgard und Denis unsere Reiseroute. Für uns war dieses Land bis 1989 ein Land „hinter dem eisernen Vorhang". Nach der Reise, die faktisch unsere erste direkte Berührung mit Südafrika war, wollten viele Verwandte, Freunde, Kollegen und Bekannte wissen, mit welchen Eindrücken wir zurückgekehrt seien. Besonders die ehemaligen Bürger der DDR waren daran interessiert. Wir berichteten von unseren Erlebnissen und stießen auf großes Interesse, Südafrika kennenzulernen.

In den vergangenen 12 Jahren reisten mein Mann und ich mit 30 Reisegruppen nach Südafrika. Die Reisepläne enthielten Begegnungen mit Billy Nair, der bis zu seinem Tod im Oktober 2008 in der Nähe von Durban lebte, mit Edelgard und Denis in Kapstadt, Besuche auf Robben Island – manchmal in Begleitung von Denis –, die Besichtigung der Gedenkstätte für Chief Albert Luthuli, den langjährigen Präsidenten des ANC, in dem kleinen Ort Groutville bei Stanger und andere historische Orte. Auf diese Weise lernten wir mehr als die herrliche Natur sowie Sitten und Gebräuche der verschiedenen Bevölkerungsgruppen Südafrikas kennen.

Auch die von Denis in London ins Leben gerufenen Kampagnen zum Sammeln von Büchern für südafrikanische Schulen beeinflussten unsere Reiseprogramme. Eine wichtige Partnerin war für Denis in diesem Projekt Olive Goll. Sie war in KwaZulu-Natal für die Weiterbildung von Lehrern verantwortlich und hatte dafür Farmgebäude nahe Scottburgh zur Verfügung gestellt bekommen. Olive erteilte Fernunterricht für Lehrer per Radiofunk und leitete Weiterbildungskurse in den großen Räumen der Farm. Die Lokalität war geeignet, den Inhalt eines Containers, 50 000 Bücher, zu lagern, auszupacken, zu sortieren und auf die Schulen der Provinz zu verteilen. Dafür musste Olive natürlich Hilfe organisieren, die sie auch bei weißen Frauen fand.

Wir besuchten verschiedene Schulen in der Provinz KwaZulu-Natal, und überall zeigten uns Lehrer und Schüler voller Stolz in fast jedem Klassenzimmer eine Ecke mit einem Bücherregal. Bücher zum Ausleihen, das hatte es zu Zeiten der Apartheid nicht gegeben. Vor allem schwarze Kinder wurden so an das Lesen herangeführt. Die Besuche in den Schulen, die oftmals weitab von Hauptstraßen inmitten grüner Hügel im ländlichen Gebiet gelegen waren, zeigten uns auch die Herausforderungen, vor denen der ANC stand und steht. Die Kinder hatten meist einen Schulweg von 60 Minuten morgens und nachmittags zu Fuß zu bewältigen. Alle Schüler sollten laut Gesetz ein warmes Mittagessen in den Schulen erhalten, aber die Realität sah leider oft anders aus.

Außerdem besuchten wir bei unseren Reisen Familien verschiedener Bevölkerungsgruppen KwaZulu-Natals, Zulu, Inder und Weiße. Hier erfuhren wir manche Besonderheit im Familienleben, hörten etwas über die Erfahrungen der Familien in der Apartheidzeit sowie Meinungen zum Leben nach 1994. Diese Begegnungen in der privaten Umgebung der Gastgeber vermittelten unvergessliche Eindrücke über Vergangenheit und Gegenwart des Landes.

Im März 2003 schlossen sich Edelgard und Denis einer unserer Reisegruppen an. Beide waren noch nicht in der Provinz KwaZulu-Natal gewesen. Während dieser Rundreise sprach Denis mit einem Farmer deutscher Abstammung, der Radio Zulu einige Jahre geleitet hatte und zweifelsohne die Politik der Inkatha-Partei von Manosuthu Buthelezi gut kannte. Diese Partei war erklärter Gegner des ANC und noch in den Jahren nach 1990 für die Ermordung von ANC-Aktivisten und -Sympathisanten verantwortlich. Erst als Buthelezi unter Präsident Mandela das Amt des Innenministers erhielt, hörten die Attacken gegen Büros und Veranstaltungen des ANC auf. Kurt Woerner, Denis' Gesprächspartner, war in Südafrika geboren, hatte Geschichte studiert und nach dem Tod seines Vaters die Leitung der Farm übernommen. Er war im gleichen Alter wie Denis. Wir wurden Zeugen eines ruhigen, ausgewogenen, sachlichen Gesprächs über die aktuelle Lage des Landes und die anstehenden Aufgaben zur Bewältigung des Erbes aus der Apartheidzeit. Beide Männer liebten ihr Land und waren an seinem Wohlergehen interessiert. Hier zeigte sich der großartige Charakter von Denis, der es ohne Häme vermochte, nach dem Sieg seiner Bewegung über die Apartheid mit einem Vertreter der „anderen Seite der Barrikade" ohne Vorbehalte zu sprechen.

Meine Generation, die in den Jahren des letzten großen Weltkrieges geboren wurde und seither keinen Krieg in Europa mehr erleben musste, fragte sich zumindest in der DDR, wie die Antifaschisten in den Jahren von 1933 bis 1945 ihren Widerstand gegen die nationalsozialistische Barbarei durchstehen konnten. Die aktiven Gegner des deutschen Faschismus erlebten wie die Kämpfer gegen Apartheidpolitik in Südafrika, dass ihre Gefährten gefoltert und ermordet wurden. Zivilcourage, Verantwortungsbewusstsein und Liebe zu den Mitmenschen ließen sie zu aktiven Gegnern der Regimes werden. Dabei riskierten sie auch ihr Leben.

Ich habe mich immer gefragt, wie die Rivonia-Häftlinge es vermochten, sich nicht aufzugeben, an den Sieg ihrer Sache zu glauben und die Hoffnung zu behalten, dass sie die Freiheit erleben würden. Billy Nair hatte bei seiner Verurteilung 1964 zwanzig Jahre Haft vor sich. Da gab es ein Ziel. Denis war zu viermal „Lebenslänglich" verurteilt. Wo war da die Perspektive?

Denis hat ein wunderbares Naturell. Er ist ein fröhlicher Mensch, der gern lacht und dessen Lachen ansteckt. Er bemüht sich immer, in Ruhe Lösungen zu finden, wenn es ein Problem gibt. Obwohl er verletzlich ist, bewahrt er sich im Inneren eine Schale, damit seine Seele nicht gänzlich zerstört werden kann. Sicher ist das auch ein Ergebnis der langen Jahre der Haft, als Wärter und Beamte des Repressionsapparates immer wieder versuchten, seine Moral zu untergraben und seine Seele zu töten. Es gab für ihn viele Faktoren und Erlebnisse, die halfen, das Überleben als permanente Aufgabe zu begreifen und alles daranzusetzen, dass er Sieger über seine Peiniger bleibt. Ein starker Wille, festes Selbstvertrauen, ein unbeugsamer Glaube an die Sache, für die er ins Gefängnis gegangen war, sowie ein tief im Inneren vorhandenes Gefühl der Liebe und Verantwortung gegenüber der eigenen Familie, den Kampfgefährten und anderen Menschen gehörten dazu.

Unsere Freude war riesengroß, als der ANC 1994 die Wahlen gewann und Nelson Mandela der erste frei gewählte Präsident Südafrikas wurde. Wir fühlten mit all den Freunden, die diese Tage als größtes Geschenk für ihren entbehrungsreichen, harten, unsagbar schmerzvollen Kampf für den Sturz des rassistischen, menschenverachtenden Regimes in Südafrika erleben konnten.

Es ist schön, dass Denis und Edelgard gemeinsam wichtige Bücher über den Widerstand gegen das Apartheidregime in deutscher Übersetzung herausgaben und damit einem großen Leserkreis zugänglich machten. Denis hat mit seiner im Jahr 2010 erschienenen Autobiographie „Der Auftrag“ diese wertvolle Arbeit gegen das Vergessen, für die Bewahrung der Erfahrungen und die Bewertung der Geschichte aus der Sicht von Beteiligten fortgesetzt. Das ist für die Vermittlung der Verläufe des fast ein Jahrhundert währenden Kampfes des ANC für die nachfolgenden Generationen von außerordentlicher Bedeutung. Die in diesen Büchern enthaltenen authentischen Informationen kann kein Außenseiter liefern.

Edelgard übersetzte das Buch von Tim Jenkin „Und vor uns die Freiheit“ über einen sensationellen Gefängnisausbruch von drei jungen weißen Apartheidgegnern aus dem Hochsicherheitstrakt des Gefängnisses in Pretoria, aus derselben Abteilung, in der auch Denis Jahre der Haft verbrachte. Dieses Buch vermittelt tiefe, detaillierte Einblicke in den Alltag der Gefangenen, deren Gefühle, Probleme, Ängste, Sorgen und die Schikanen, denen sie täglich ausgesetzt waren. Denis hatte Anteil am Erfolg des Vorhabens der drei unter dem Anti-Terror-Gesetz zu langjährigen Haftstrafen Verurteilten, die mit Flugblattaktionen gegen die Apartheid protestiert hatten. Die im Jahr 2002 herausgegebene deutsche Fassung (das Original erschien 1987 in englischer Sprache) enthält einen Aufsatz von Denis zu dieser spektakulären Flucht und einen Epilog von Edelgard. Ein weiteres wichtiges Buch für das Verständnis des Kampfes des ANC ist das 1995 in England erschienene Buch „Der Staat gegen Mandela“ des Rechtsanwalts Joel Joffe, das den Rivonia-Prozess zum Gegenstand hat. Edelgard übersetzte auch dieses Buch und konnte sich wie bei Tim Jenkin bei der Arbeit auf die Detailkenntnisse von Denis stützen. Die deutsche Ausgabe enthält ein Vorwort von Denis und einen Epilog von Edelgard.

Obwohl sie sich bereits mehrere Jahre der Behandlung gegen eine Krebserkrankung unterziehen musste, beendete Edelgard die

Übersetzung und begleitete die Drucklegung im Sommer 2006. Wir alle hatten die Hoffnung, dass sie stark genug sein werde, ihre Krankheit zu besiegen. Ich besuchte Edelgard und Denis Anfang Oktober 2006 in Hout Bay und wollte nicht wahrhaben, dass dies das letzte Zusammensein mit Edelgard sein würde. Wir waren zu Gast bei Hillary Hamburger, die Denis in den Jahren seiner Haft 14 Jahre lang besuchen konnte, unternahmen Rundfahrten am Kap, bestaunten die Walmütter mit ihren Babys, machten kleine Spaziergänge. Edelgard arbeitete täglich einige Stunden. Wie in früheren Zeiten schrieb sie in wenigen Stunden einen druckreifen Artikel. Ende Dezember verstarb sie in einem Krankenhaus in Kapstadt. Bis zuletzt war sie sehr tapfer und bemüht, Denis, ihren Kindern und den Freunden die Trauer über ihr Weggehen zu nehmen.

Für Denis war nach diesem schweren Schicksalsschlag Arbeit die beste Ablenkung. Im Rahmen seiner Lesereisen in Deutschland war er wiederholt auch in Berlin. Im Juni 2007 stellte er dort das Buch von Joel Joffe in einer Veranstaltung der Deutsch-Afrikanischen Gesellschaft (DAFRIG) und der Rosa-Luxemburg-Stiftung (RLS) vor. Letztere hatte die deutschsprachige Ausgabe des Buches finanziert.

Anlässlich des 100. Jahrestages der Gründung des ANC im Januar 2012 veranstalteten die RLS und DAFRIG gemeinsam mit dem Solidaritätsdienst-international e.V. und AfricaVenir in Berlin eine Konferenz zum Thema „Eine Befreiungsbewegung wird Regierungsmacht“, auf der Denis als Hauptredner auftrat. Am Vorabend der Konferenz zeigten wir in einem Berliner Kino den Dokumentarfilm „Comrade Goldberg“. Denis war dabei und beantwortete nach Filmende dem Publikum offen und freimütig Fragen, in denen auch Sorgen um die aktuellen politischen, ökonomischen und sozialen Probleme in Südafrika zum Ausdruck kamen. Er verdeutlichte, wie die ANC-Regierung seit 1994 die Lebensbedingungen der in der Apartheidzeit am meisten benachteiligten Bevölkerungsgruppen verbessert hat. Neue Häuser mit Zugang zu

Strom und sauberem Wasser wurden errichtet. Soziale Sicherungen wie Rente und Kindergeld wurden eingeführt. Die heutigen Lebensverhältnisse in Südafrika sind im Vergleich zu anderen afrikanischen Staaten um ein Vielfaches besser und deshalb Ursache für einen anhaltenden Strom von Immigranten, die heute mindestens zehn Prozent der in Südafrika lebenden Menschen ausmachen.

Aber 19 Jahre können nicht ausreichen, um die in über 100 Jahren entstandenen vielfältigen ökonomischen und sozialen Probleme unter der Mehrheit der heute ca. 50 Millionen Einwohner Südafrikas zu lösen. Die internationalen politischen und ökonomischen Rahmenbedingungen sind zudem komplizierter und schwieriger geworden. Die brachiale Durchsetzung neoliberaler Wirtschaftsstrukturen erschwert u.a. die Lösung eines Hauptproblems: den Abbau der hohen Arbeitslosigkeit.

Mit Sorge sehen viele Bürger Südafrikas und mit ihnen Freunde des ANC, dass heute eine Reihe gesellschaftlicher Phänomene die erklärten Ziele des ANC torpedieren und den nationalen Frieden gefährden. Dazu zählen Korruption auf allen Ebenen der Gesellschaft, verbreitete Unfähigkeit von Verwaltungen, maßlose Bereicherung durch einige führende Funktionäre, Vetternwirtschaft, Ignoranz oder Beschönigung anhaltender Probleme. Diese und zunehmende Mängel, etwa bei der Bereitstellung öffentlicher Güter und Dienstleistungen (Energie, Gesundheitswesen), untergraben die Glaubwürdigkeit des ANC. Die Streiks und Unruhen im Jahr 2012 machten schmerzhaft darauf aufmerksam.

Denis ist unabhängig genug, solche Probleme klar zu benennen und auf die Gefahren hinzuweisen, die für die weitere Entwicklung im Land entstanden sind. Sein Leben war und ist mit dem Kampf für die Verwirklichung der in der Charta des ANC 1955 formulierten Ziele verbunden. Dafür wirkt er unermüdlich, auch seit seiner Freilassung aus der Haft vor nunmehr 28 Jahren. Denis wurde in Südafrika und im Ausland wiederholt für seinen Kampf gegen die Apartheid und für die Verwirklichung der Ziele des ANC vor und nach den freien Wahlen von 1994 hoch geehrt.

Möge ihm seine Gesundheit gestatten, sich weiterhin für seine Sache zu engagieren und möge er Freude sowie Erfolg dabei haben. Wir bleiben an seiner Seite und gratulieren von Herzen Denis Goldberg zu seinem 80. Geburtstag.

Elisabeth Quart, *Diplom-Afrikanistin, Dr. phil., arbeitete bis 1990 als Diplomatin der DDR in verschiedenen Ländern Afrikas. In den Jahren danach blieb sie Afrika als Geschäftsführerin einer internationalen Handelsgesellschaft verbunden. Sie ist Mitglied des Vorstands der Deutsch-Afrikanischen Gesellschaft e.V.*

Danke für die Freundschaft! – Ein Brief

BRIGITTE HAAGE-HUSSEIN

Lieber Denis,
ich erinnere mich noch genau, wo ich dir zum ersten Male begegnet bin. Es war 1996 bei einer Veranstaltung in der Kölner Universität. Edelgard Nkobi, meine langjährige Freundin und deine zukünftige Frau, hatte mich neugierig gemacht. Endlich sollte ich den „einzigen weißen Verurteilten im Rivonia-Prozess" sehen und hören. Der Hörsaal war gut besetzt. Alle hörten sehr aufmerksam zu. Die jungen Frauen und Männer waren zunehmend begeistert. Und auch ich war tief beeindruckt von deinem Vortrag über die großen Hoffnungen im neuen antirassistischen Südafrika.

Der deutsche Zweig deiner Organisation Community H.E.A.R.T. war erst neu in Essen gegründet worden. Vor allem mit Edelgards Hilfe. So gab es genügend Gesprächsstoff für uns. Doch meine liebe Freundin sprach in den Wochen nach der Veranstaltung auffallend viel von dir, ja schwärmte regelrecht. Und als ich etwas später in ihrer Wohnung das große Porträtfoto von dir an der Wand sah und von ihr hörte, dass „Denis, um Hotelkosten zu sparen" bei ihr übernachtet hatte, war für mich klar, was zwischen euch lief. Trotzdem hat es noch ziemlich lange gedauert, bis sie mir reinen Wein einschenkte. Dabei habe ich mich sehr gefreut, dass meine vom Schicksal gebeutelte Edelgard endlich noch einmal eine so beglückende Partnerschaft erleben konnte. Auch dafür habe Dank, lieber Denis.

Als ich zusagte, für diese Festschrift einen Text zu schreiben, hatte ich keine Ahnung, in welche Gefühlsturbulenzen mich das bringen würde. Seit Tagen bin ich abgetaucht, in meine frühen Jahre... Da ist so viel lebendig geworden! Wann hat mein Interesse, ja meine Liebe zum afrikanischen Kontinent (und später auch zu einem Mann aus Afrika) begonnen? Und warum fand ich (und finde immer noch) gerade Afrika so faszinierend?

Ich ging in die 11. Klasse, als unsere Schule, die einen Freundschaftsvertrag mit dem Leipziger Herder-Institut hatte, Studenten aus Sudan als Gäste empfing. Junge Männer aus dem eben erst unabhängig gewordenen Land sollten an Universitäten der DDR zu Akademikern ausgebildet werden und lernten Deutsch an dem legendären Institut.

Weitere Begegnungen folgten. Meine Eltern luden einen der Studenten aus Khartoum zum sonntäglichen Kaffee und Kuchen ein. In unserer Wohnsiedlung erregte das Aufsehen, ein „Neger" zu Besuch. Den sicher ersten schwarzhäutigen Menschen hatten die Nachbarn im April 1945, dem Ende des Zweiten Weltkrieges in Leipzig, gesehen: Einen US-Soldaten, der mit seinem Panzer in einem Vorgarten stand und dabei, wie die Leute sich empört erzählten, den einzigen weit und breit blühenden Pfirsichbaum umgefahren hatte!

Die Gespräche mit den neuen Bekannten aus einer bis dahin vollkommen fremden Welt weckten meine Neugier, mehr zu erfahren. In der Deutschen Bücherei und in den damals noch zahlreichen in Leipzig existierenden Antiquariaten suchte und fand ich Bücher über Afrika, die ich regelrecht verschlang. Und ich kaufte mir, wenn das durch Ferienarbeit zusammengesparte Geld reichte, auch dieses und jenes Buch. Ich besitze noch alle! Inzwischen füllen sie viele Regalfächer. Das älteste Buch in meiner Afrika-Bibliothek ist 1896 veröffentlicht worden. Ja, richtig, inzwischen 117 Jahre alt! In einem Rostocker Antiquariat hatte ich es aufgestöbert. Sein Titel: „Geschichten und Lieder der Afrikaner". Herausgeber: Ein gewisser A. Seidel, „Sekretär der Deutschen Kolonialgesellschaft". Die große Entdeckung des Kolonialisten, „…dass der Neger denkt und fühlt, wie wir selbst denken und fühlen." Doch dann sofort Seidels Einschränkung: „Allerdings ist seine Denkfähigkeit im Durchschnitt auf einer verhältnismäßig niedrigen Stufe der Entwicklung stehen geblieben." Ein von Rassismus geprägter Blödsinn, der leider bis heute nicht nur von Dumpfbacken an Stammtischen verkündet wird, wie wir wissen, lieber Denis.

Das wahrscheinlich erste Reportagebuch, „Und so schuf Gott die Apartheid", das in der DDR erschien, hat ein Schweizer, Jean Villain, geschrieben. Ihm war es gelungen, als „Geschäftsreisender" getarnt, tiefe Einblicke in das unmenschliche System der Rassentrennung zu gewinnen. Als ich diese Reportagen las, war ich schon Studentin der Journalistik an der Leipziger Universität und Edelgard meine Kommilitonin. Die meisten von uns waren an Politik sehr interessiert, sonst hätten wir nicht diese Studienrichtung gewählt. Trotzdem wollte ich damals noch nach dem Universitätsabschluss als Theaterkritikerin oder generell Kulturredakteurin arbeiten. Im Gegensatz zu Edelgard, die sich bereits intensiv im Studium mit Außenpolitik und insbesondere mit Afrika beschäftigte. So hatte dann auch ihre Diplomarbeit ein entsprechendes Thema: „Die Presse in Ghana". Ghana hatte im März 1957 als erstes Land südlich der Sahara seine Unabhängigkeit gewonnen. Edelgard konnte bestens Auskunft geben über die Ideen von Kwame Nkrumah, den man „Speerspitze der afrikanischen Wiedergeburt" nannte. Ihre Diplomarbeit war so ausgezeichnet, dass ihr Professor sogar vorschlug, sie zur Grundlage einer Promotion zu machen. Doch Edelgard wollte lieber in die journalistische Praxis.

Beide begannen wir im Herbst 1964 mit unserer beruflichen Laufbahn in der Hauptstadt der DDR, in Berlin. Edelgard arbeitete zunächst in einer Zeitungsredaktion, wechselte dann aber bald zur großen und einzigen Nachrichtenagentur der DDR. Ich arbeitete im Berliner Verlag in der Redaktion einer Wochenzeitschrift für Frauen.

Denis, das war die Zeit, in der du bereits im Gefängnis von Pretoria deine mehrmals lebenslängliche Haft verbringen musstest.

Wir wussten viel über die Zustände in deinem Land. Wir hatten schon zahlreiche Bekannte und Freunde aus dem südlichen

Afrika, die in der DDR studieren konnten und bei uns im Exil lebten. Ich weiß noch, wie erfreut mir ein sudanesischer Genosse erzählte, dass endlich auch eine Frau in ihrer Gruppe sei. Das war Joan! Joan Oehme, eine gebürtige Südafrikanerin, wurde eine wichtige, immer zuverlässige Informationsquelle für mich, als ich später ebenfalls als Redakteurin im Ressort Außenpolitik gearbeitet habe.

Unsere Medien berichteten über alles, was aus Afrika zu erfahren war, trotz der eingeschränkten Möglichkeiten. Ich erinnere mich, wie oft wir unsere Proteste artikulierten, so als die Welt von der Ermordung Patrice Lumumbas im Kongo 1961 erfuhr. In Leipzig gibt es auch heute noch die Lumumbastraße, obwohl nach 1990 viele andere Namen in der Stadt geändert worden sind, weil nicht mehr „zeitgemäß". Auch das Denkmal des großen Mannes ist wieder vollständig, mit der Kopie seiner Büste, die „verschwunden" war.

Immer wieder haben wir uns damals Neues einfallen lassen für die vielen, vielen Solidaritätsaktionen mit dem ANC, gegen das Apartheidregime und für die Unterstützung aller Völker, die für Freiheit kämpften. Heute noch geradezu legendär sind die jährlichen Basare auf dem Berliner Alexanderplatz, organisiert vom Journalistenverband der DDR. Jedes Mal war da ganz Berlin auf dem Platz. Der politische und „wirtschaftliche" Erfolg war enorm. Ich weiß, wovon ich rede, weil ich selbst viele Stunden am Stand unserer Redaktion erlebt habe, wie großzügig Geld gespendet worden ist.

Internationale Solidarität mit den Befreiungsbewegungen wurde sozusagen unser täglich Brot. Bereits in diesen 1960er Jahren gab es das Afro-Asiatische Solidaritätskomitee der DDR. Ja, eine von der Regierung veranlasste Einrichtung. In jetzigen Zeiten werden die Verdienste der „vom Staat gelenkten" Solidarität gern mal in Misskredit gebracht. Doch denkst du nicht, dass dir und den vielen, vielen anderen großes Leid erspart geblieben wäre, wenn damals alle Regierungen und Staaten die zahlreichen

UN-Beschlüsse gegen Rassismus, gegen Apartheid, gegen Kolonialismus verwirklicht hätten?

Edelgard und ich trafen uns in diesen Jahren nicht nur regelmäßig bei den Pressekonferenzen des Solidaritätskomitees und bei den vielen anderen Veranstaltungen zu den Themenbereichen unserer journalistischen Arbeit, wir hatten auch privat sehr enge Beziehungen. Viele Bilder tauchen vor meinem inneren Auge auf: So, als Thomas Nkobi, Schatzmeister des ANC und Vater von Edelgards Mann Zenzo Nkobi, als VIP von der DDR empfangen wurde und Sohn und Schwiegertochter besuchte. Das muss 1970 gewesen sein. In dem kleinen DDR-üblichen Neubau-Wohnzimmer war kaum Platz für uns alle, sodass für seine Frau nur das Kinderstühlchen blieb. Doch es war eine überaus herzliche Begegnung.

Oder: Ich kann noch meine Aufregung nachempfinden unmittelbar vor meinem Interview mit Alfred Nzo, 1981, damals ANC-Generalsekretär. Im Jahre 1978 war ja bereits in der DDR eine offizielle Vertretung des African National Congress eingerichtet worden. Und ich konnte nun als Journalistin meine Fragen an den Botschafter stellen! Die meisten unserer Afrika-Kenntnisse stammten viele Jahre lang sozusagen aus zweiter Hand.

Wir beiden Frauen wohnten im weitläufigen Berlin dicht beieinander, unsere ähnlichen Familienverhältnisse verbanden uns beide: Ehemänner aus Afrika, Kinder im gleichen Alter, gleiche Erfahrungen und Sorgen. Wir hatten immer viel zu erzählen, und du weißt, dass Edelgard gern und ausführlich über (fast) alles geredet hat. Doch ihr Hauptthema war sicher doch das südliche Afrika. Lutz Haage, mein zweiter Mann, nannte sie deshalb, als wir mit ihr 1998 erstmalig in Zimbabwe und danach auch in Südafrika und Botswana unterwegs waren, immer „unser Afrika-Lexikon". Auf jede Frage sofort die richtige Antwort. Verblüffend fand ich, wie sie bei Ausflügen in die Umgebung von Bulawayo selbst aus engstem Dickicht wieder den richtigen Weg fand, obwohl sie schon lange nicht mehr dort gewesen war.

Edelgard war bereits Mitte der 1970er Jahre mit den beiden Töchtern ihrem Ehemann nach Afrika gefolgt. Er hatte seine Ausbildung als Fotograf, finanziert vom Solidaritätskomitee DDR, erfolgreich abgeschlossen und wurde dringend im Hauptquartier der rhodesischen Befreiungsbewegung „Zimbabwe African Peoples Union“ (ZAPU) in Sambia gebraucht. Nicht wenige in unserem Bekanntenkreis schüttelten damals den Kopf, wie Edelgard ihr gesichertes Leben und vor allem das ihrer Kinder für total ungewisse Umstände aufgeben konnte! Schließlich war ein erfolgreiches Ende des Befreiungskampfes der schwarzen Mehrheit in Südrhodesien damals nicht absehbar. Ich habe die Entscheidung meiner Freundin verstanden und wusste: Wenn eine Frau mit den widrigsten Lebensumständen fertig wird, dann ist es Edelgard! Ich habe mich nicht geirrt.

Ich selbst durfte 1969 erstmalig „afrikanischen Boden betreten“ und mit meinem Mann seine Familie in Sudan besuchen, endlich meine Schwiegermutter kennenlernen, die mich sofort in ihr Herz geschlossen hatte. Ich hätte mich blind in Khartoum zurechtfinden können, so kam es mir vor, weil ich im Laufe der Jahre davor zahlreiche genaue Schilderungen immer wieder gehört und gelesen hatte. Ich konnte den Platz für den Kamelhandel beschreiben, das Aussehen der Lehmhäuser, die schwarzen Ziegen auf den Straßen, den Nil, die Moschee. Doch ich erlebte dann vor Ort einen regelrechten Kulturschock. Vor allem wegen der armseligen Lebensumstände, obwohl die verglichen mit den heutigen fast wohlhabend genannt werden könnten. Oder richtiger: Damals gab es noch nicht solche gravierenden sozialen Unterschiede wie heute in Sudan. Keine Bettler auf den Straßen und keine Luxuspaläste.

Mein Schock war bald verdrängt, weil ich die Euphorie erlebte in den Wochen nach der sogenannten Mairevolution, in der die verhasste Militärdiktatur durch junge Offiziere, an ihrer Spitze Dschafar Muhammad an-Numairi, gestürzt worden war. Ansteckend! All die Hoffnungen auf bessere Zeiten, die vielen Pläne,

Vorhaben und Ideen der Menschen, die sich eine progressive Entwicklung Sudans und ein menschenwürdiges Leben für alle im Land wünschten. Wir gingen von einer Zusammenkunft zur nächsten. Ich wurde „aus einem sozialistischen Land kommend" unfreiwillig zur „Expertin" und Referentin auf Versammlungen, zum Beispiel mit Lehrern, die Bildung für alle Kinder und mit neuen Inhalten organisieren wollten.

Zwei Jahre später, als wir wieder in Sudan waren, mussten wir das Gegenteil erleben, den Militärputsch im Juli 1971 mit Erschießungen auf der Straße, mit Ausgangssperren schon am Nachmittag, mit viel Angst, noch heil davonzukommen. Der einstige Hoffnungsträger an-Numairi hatte seine Ideale vom Fortschritt für alle im Land verraten.

Wieder im sicheren Daheim in Berlin begann ich ein postgraduales Studium an der Leipziger Universität, Fachrichtung Arabistik. Damit war auch besiegelt, dass ich nun ausschließlich auf dem Feld der Außenpolitik arbeitete. Als Reporterin konnte ich nach Somalia und Mosambik reisen. Ich bin immer noch froh darüber, dass ich unmittelbar nachdem die Befreiungsbewegung FRELIMO 1975 nach 500 Jahren Kolonialismus in der Hauptstadt Maputo die Regierung übernommen hatte, dort sein konnte. Und dass mir Graça Simbine, die neu ernannte Ministerin für Bildung, Ehefrau des Staatspräsidenten Samora Machel, damals ein Interview gegeben hat. Später, bei ihrem Staatsbesuch in der DDR, traf ich sie wieder. Heute ist sie mit Nelson Mandela verheiratet.

Lieber Denis, wie ihr in Südafrika nach dem Fall der Apartheid können die Leute aus der einstigen DDR nun reisen, in alle Welt, wenn sie denn das Geld dafür haben. So sind Lutz und ich Edelgards Einladung nach Bulawayo 1998 mit Freude gefolgt. Damals hatte Edelgard von dir den Auftrag übernommen, sich Projekte von Community H.E.A.R.T. in Grahamstown und Cape Town anzusehen. Wir haben sie dabei begleitet und das Ergebnis lautet für uns bis heute: Südafrika ist uns wie eine zweite Heimat geworden!

Was haben wir seitdem, in mehr als einem Jahrzehnt, alles

erlebt! Wenn ich davon schreiben würde, könnte ich die Seiten eines Buches füllen! Schließlich kommen wir bei unseren Aufenthalten in Südafrika, alle zusammengerechnet, so auf zwei Jahre Lebenszeit!

Einige wenige unvergessliche Erlebnisse will ich zum Abschluss doch noch erwähnen: Das Konzert mit der großen Miriam Makeba im Stadion von Grahamstown, das sie anlässlich des 100. Jahrestages der Rhodes Universität gegeben hat. Stunden vor ihrem Auftritt war der Rasen des Stadions schon voll besetzt, schwarze und weiße und indische und sonstige Ethnien voneinander getrennt – was ich betrübt bemerkte. Doch als Makeba mit ihren beliebten Liedern und ihrem Temperament ihr Publikum immer mehr packte, mischten sich die vorher fein säuberlich Getrennten und drängten tanzend und mitsingend nach vorn. Großartig!

Und ebenso unvergesslich, die Zeit, als Lutz in der Sprachschule war, die ich mit dir in deinem Haus und besonders bei deinen „Verpflichtungen" und Vorhaben verbringen konnte.

Immer noch gerührt bin ich, wenn ich an deinen Vortrag an der Juristischen Fakultät der Universität von Cape Town denke, der Hörsaal bis auf den letzten Platz gefüllt, mit den erfrischenden, schönen jungen Leuten; die Hautfarbe schwarz dominierte. Es war wie damals bei unserer ersten Begegnung an der Uni Köln: Alle hingen an deinen Lippen während deiner Rede über den Kampf gegen Apartheid, deine Gefängniszeit, die Jahre seit 1994. Packend, wie es dir immer gelingt und was wohl nicht viele könnten, oft von deinem herrlichen Humor unterbrochen, sodass bei allem Ernst auch viel gelacht wurde! Diese Gabe, dieses Talent von dir hätte ich zu gern! Danach gab es Standing Ovations für dich mit Beifall, der nicht enden wollte.

So schade, dass Edelgard nicht mehr dabei gewesen ist. Meine und deine beste Freundin hat 2006 ihren Kampf gegen den heimtückischen Krebs verloren. Ich vermisse sie sehr.

Lieber Denis, bester Freund, jetzt in Gedanken zollen wir dir solchen Beifall. An dir können wir immer erneut lernen, dass das

Leben wirklich wunderbar ist, wie du es spontan im Rivonia-Prozess bei der Urteilsverkündung ausgerufen hast, als statt der erwarteten Todesstrafe durch Erhängen am Galgen „lebenslänglich“ verkündet wurde!
Ja, das Leben ist wunderbar. Trotzdem! Danke, danke für deine Freundschaft.
Brigitte und Lutz

Brigitte Haage-Hussein *arbeitete als Journalistin über Auslandsthemen für verschiedenen Zeitungen und Zeitschriften in der DDR. Sie war Mitglied im Solidaritätskomitee der DDR. Heute arbeitet sie als Stadtführerin in Leipzig und besucht mit ihrem Mann Lutz Haage häufig Südafrika.*

Wir tragen in uns
Keime aller Götter.
Gottfried Benn

für Denis

EKKEHARD SCHULREICH

Was bleibt: Die Nachgeborenen
machen sich ihren Reim. Die Väter
haben nichts entgegenzusetzen
als ihre Werte. Die säen, sehen
bestenfalls, dass es fruchtet.
Doch sagt das wenig
über die Ernte. Zukunft ist
Aufschub auf alle Anleihen,
auf jede Verschreibung
von Schuld. Rezepte, Opiate,
Dekrete, Kampf für das Gute,
im Glauben, nach Gesetz.
Sicher ist manches. Gesichert
ist nichts. Dagegen wächst
kaum Kraut, Lorbeer zu Zeiten
der Siege. Nichts lässt sich
kaufen dafür, wo immer Geld
Mittel ist jedem Zweck.

Am Feuer sitz' ich, die Flammen
sind nieder. Der Rauch hat
das Brot gewürzt, das ich halte
über die Glut. Zu Kopfe
Nachtblau, nicht zu bändigen
dieser Hunger, ehe die Furcht
sich Bahn bricht in unser
Schweigen. Aus Rahmen

fallen wie Schnuppen, Sein
und schon nicht mehr eins.
Das letzte Wort sprechen
gleich einer Formel, Parole.
Rosen wuchern in den Beeten,
ich weiß es: Sonnen, sie retten
uns nicht vor dem Tag.
Und ich lege Holz nach,
zu wahren den Schein
in so klarer Verfassung.

Ekkehard Schulreich, *Autor, Lyriker und Neffe von Edelgard Nkobi-Goldberg, geb. Schulreich, lebt in Leipzig und arbeitet als Redakteur einer Tageszeitung.*

Reisender in Sachen Bildung

Bücher, Bands und Bilder – Die Vision der Interkultur

TINA JERMAN

Wir sitzen mit unserem Team zusammen in unserem Büro in der EXILE-Kulturkoordination und planen die kommende Lesereise für Denis. Ob es die 32. oder 34. ist, weiß keiner mehr genau. Der alte Zahlenspieler und Ingenieur Denis könnte sicher mal eben hochrechnen, zu wie vielen Menschen er in wie vielen Städten in diesen 17 Jahren gesprochen hat.

Ich telefoniere mit Denis, wir scherzen über das Wetter, hier liegt gerade Schnee und die Temperaturen in Kapstadt liegen bei 30 Grad. Wir besprechen Einzelheiten. „Wäre es schön für dich, den ersten Tag in Deutschland entspannt mit einem gemütlichen Essen im Kreis meiner Hausgemeinschaft zu verbringen, vielleicht mit einem Lammbraten und Böhnchen? Können wir noch eine Anfrage einer Uni in den Niederlanden unterbringen? Wann willst du deinen Geburtstag bei deinem Sohn und Familie in London feiern?"

All das scheinbar Komplizierte läuft wunderbar reibungslos, „mit ruhiger Hand", vertrauensvoll, zwischendurch diskutieren wir über die aktuelle politische Situation in Südafrika oder in der

Welt, mit viel Humor und Herzlichkeit, auch mit meinen Kolleginnen, die bei Denis' erster Rundreise in Deutschland selbst noch Teenager waren und im Alter seiner Enkel sind.

Ich weiß nicht mehr, wie viele Stunden und Tage unseres Lebens wir beide miteinander geredet haben, am Telefon oder bei mir zu Hause in Essen, oft ein „Stützpunkt" seiner Rundreisen; an den Abenden, an den „Off-Tagen", mit Freundinnen, über Gott und die Welt im wahrsten Sinne des Wortes, über den nächsten Vortrag, über Politik, einen Freund, ein Buch, einen Film, mit einem letzten Glas Wein und einem kleinen Snack – oder oft schon vor dem morgendlichen Kaffee mit den Restgedanken vom Vortag, die über Nacht eigenständig neue Wege beschritten haben. Das gemeinsame Decodieren, das Ent-Schlüsseln und Ent-Wickeln aus so unterschiedlichen Blickwinkeln, aus Denis' naturwissenschaftlich-analytischer und meiner kunsthistorisch-künstlerischen Perspektive hat viele Themen, Ereignisse und Entwicklungen in ein neues Licht gesetzt.

So ist eine tiefe Freundschaft zwischen uns entstanden. Denis ist mir sehr ans Herz gewachsen. Ich habe viel von ihm gelernt, er hat mich oft beraten, zum Beispiel, als ich als „Eine-Welt-Beauftragte" für die nordrhein-westfälische Landesregierung gearbeitet habe. Dabei ist Denis nicht „objektiv" und gibt irgendwelche Ratschläge, sondern er geht immer von meinen Intentionen aus. Bei diesem gemeinsamen Nachdenken sind unsere Verbundenheit und eine harmonische emotionale Wellenlänge entstanden. Denis ist ein wunderbarer Lehrer, weil er sehr viel mehr ist als ein Experte auf seinem Gebiet. Er betrachtet eine Sache aus verschiedenen Perspektiven, stellt Zusammenhänge her, zum Beispiel beim Thema Verteilungsgerechtigkeit von Ressourcen und Friedenssicherung. Er ist außerordentlich flexibel im Kopf, auch wenn wir manchmal unterschiedlicher Meinung waren, etwa beim Thema HIV/Aids, das in seiner Tragweite vom ANC und so auch von Denis und anderen in Südafrika lange unterschätzt worden war. Denis' Positionen waren auch in der Solidaritätsbewegung manchmal umstritten.

Etwa in der Frage, wie die Grundbedürfnisse der Bevölkerung am besten zu befriedigen seien. So hatte Denis Anfang der 2000er Jahre als Berater im Ministerium für Wasser die Ansicht vertreten, auch die armen Einwohner sollten – über ein freies Kontingent hinaus – für die Kosten der Wasserversorgung aufkommen. Das hat manche in der deutschen Solidaritätsbewegung furchtbar aufgeregt. Aber unsere Freundschaft hat es nie belastet.

Vor 17 Jahren sind wir uns das erste Mal begegnet. Einige Monate vorher hatte ich einen Anruf von Edelgard Nkobi, der zweiten Frau Denis Goldbergs, erhalten, die mich fragte, ob wir in unserer EXILE-Kulturkoordination Interesse an der Arbeit als Literaturagenten für Denis hätten. Zur Vorbereitung eines Treffens mit ihm hatte ich mich dann vorab mit Edelgard zu einem unvergesslichen Nachmittag in einem Restaurant am Ufer des Baldeney-Sees in Essen getroffen. Sie hatte Denis bei einem Interview in London kennengelernt, den Mann, den sie aus den DDR-Zeitungen der 60er Jahre kannte. Die hatten südafrikanische Fahndungsplakate mit seinem Konterfei abgedruckt. Offensichtlich bewunderte Edelgard den Befreiungskämpfer. Unvergesslich war unser Treffen, weil mir in Edelgard eine Frau begegnete, die aus ihrer eigenen bewegten Lebensgeschichte eine Fülle bemerkenswerter Erlebnisse in ihrer Heimat DDR und später in Afrika erzählen konnte: etwa ihre Ausbildung als Journalistin und ihre Arbeit für den DDR-Nachrichtendienst ADN oder ihr Zusammentreffen und ihre Ehe mit Zenzo Nkobi, dem Fotografen und Sohn des ANC-Schatzmeisters Thomas Nkobi. Zenzo hatte sie in Leipzig als Studentin kennengelernt und war ihm 1975 mit ihren beiden kleinen Mädchen in verschiedene Länder und ANC-Vertretungen Afrikas gefolgt, um dort als Journalistin über die politische Entwicklung zu berichten.

Die Verabredung mit Edelgard wiederum hatte Sabine Kebir vermittelt. Die Politologin und Nordafrika-Expertin bildete mit Edelgard und mit Brigitte Haage-Husseini ein Trio von Frauen, die in der DDR Ehen mit afrikanischen Männern eingegangen waren. Das war damals keine Selbstverständlichkeit für diese drei bestens ausgebildeten und selbstbewussten DDR-Bürgerinnen, konnten sie sich doch leicht bei der Stasi verdächtig machen, andere als nur die ehelichen Interessen zu verfolgen.

Sabine Kebir hat diese Entwicklung wunderbar in ihrem Roman „Eine Bovary aus Brandenburg“ beschrieben: Die Kleinstadt Brandenburg unterhielt eine Partnerschaft mit einer französischen, kommunistisch regierten Kleinstadt, und bei einem Besuch in der DDR stiegen nun Frauen im Minirock sowie Männer Gauloises rauchend und fröhlich lärmend vor den Augen der 16-Jährigen aus dem Reisebus. Sofort war ihr Interesse an der großen, weiten Welt geweckt, und sie nahm unverzüglich Französischunterricht bei der alten jüdischen Bibliothekarin im Ort, einer Überlebenden des Nazi-Regimes. Heimlich. Wie die Protagonistin des Romans hat Sabine Kebir auch im wirklichen Leben mit ihrem Mann Sadek, dem algerischen Künstler und Märchenerzähler, die DDR verlassen und als Politologin bis 1988 zehn Jahre an der Universität von Oran gearbeitet.

Die Kebirs gehörten Anfang der 90er Jahre zu dem Stamm von Künstlerinnen und Experten, mit denen wir bei der EXILE-Kulturkoordination den Menschen in Deutschland den Alltag, die Kultur und die politischen Entwicklungen in den Ländern des Südens nahebringen wollten. Seit unserer Gründung im Jahre 1982 verfolgen wir den Ansatz, Theater, Musik, Literatur, Fotografie und Bildende Kunst als Medien zu nutzen, um die Lebensumstände dieser Menschen und der bei uns lebenden Migrantinnen und Migranten, ihre Sorgen und Nöte, aber auch ihre Visionen und Potenziale aufzuzeigen und die Globalisierung so verstehbar zu machen.

Anfang der 80er Jahre hatten die Proteste gegen das Apartheidregime eine breite Bewegung in Europa ausgelöst. Die Kampagnen der Anti-Apartheid-Bewegung erreichten eine breite Öffentlichkeit, zum Beispiel „Kauft keine Früchte aus Südafrika“ mit Aktionen in Geschäften und Großmärkten, getragen und organisiert von der Evangelischen Frauenarbeit in Deutschland. Der Höhepunkt schlechthin war 1988 ein Konzert im Londoner

Wembley-Stadion, bekannt geworden unter dem Namen „Free Nelson Mandela Concert", legendär durch die Unterstützung der bekanntesten Künstler der Zeit[18]. Das Konzert wurde in 63 Länder übertragen und von 600 Millionen Menschen auf der ganzen Welt verfolgt. Der Musikkritiker und BBC-Moderator Robin Denselow schrieb später über das Konzert: „It was the biggest and most spectacular pop-political event of all time, a more political version of Live Aid with the aim of raising consciousness rather than just money."[19] Die Initiatoren dieses Riesenerfolges glaubten wie wir, dass Kunst und Politik sich nicht ausschließen, sondern dass Kunst einen wertvollen und nachhaltigen Beitrag für eine gerechtere und menschenwürdigere Welt leisten kann. Damals wusste ich noch nicht, dass neben dem Musikproduzenten Tony Hollingsworth auch der damalige Sprecher des ANC, Denis Goldberg, in die Vorbereitungen dieses Mega-Events involviert war. Nach seiner Freilassung aus der 22-jährigen Haft im Hochsicherheitsgefängnis im südafrikanischen Pretoria war Denis endlich zu seiner Familie, die inzwischen in London lebte, zurückgekehrt und bald darauf im ANC-Büro aktiv geworden. Er wurde Sprecher des zeitweise bedeutendsten ANC-Postens weltweit, informierte in vielen Ländern über die Verbrechen des Apartheidstaates und mobilisierte den Widerstand dagegen.

Meine erste berufliche Berührung mit der Kultur Südafrikas war ein eindrucksvolles Konzert der Band „Ladysmith Black Mambazo". 1980 hatten wir das Festival „Kleiner Mann – Was Tun?!" gemeinsam mit dem WDR in Duisburg veranstaltet und Musiker verschiedener emanzipatorischer politischer Bewegungen eingeladen. In Erinnerung sind mir neben ihren melodischen

18 Eine Auswahl der Künstler: Hugh Masekela, Miriam Makeba, Sir Richard Attenborough, Whoopi Goldberg, Sting, Harry Belafonte, Stevie Wonder, Joe Cocker, Peter Gabriel, Simple Minds, Youssou N'Dour, Whitney Houston, Jessye Norman.

19 Denselow, Robin: When The Music's Over: The Story of Political Pop. London 1990, S. 276.

und anrührenden Gesängen ihre faszinierenden Tanzbewegungen vor den Mikrophonen, die den Stereoeffekt der Stimmen ungemein verstärkten.

Durch die Tournee-Organisation von Musikern wie den Ladysmith Black Mambazo, auch ins benachbarte europäische Ausland, entwickelte sich ein Netzwerk von Veranstaltern und das war die Basis für die Gründung der EXILE-Kulturkoordination.

Südafrika wurde neben Lateinamerika ein Schwerpunkt unserer Arbeit. Auf der Suche nach Finanzierungsmöglichkeiten waren wir 1985 in Brüssel bei der Europäischen Kommission gelandet. Zu der Zeit wussten wir noch nichts von den geheimen Verhandlungen, die in diesem Jahr zur Freilassung von Denis Goldberg führten. Auf dem Rückweg machten wir Stop in Maastricht, um dort eine Ausstellung aus Südafrika zu besichtigen. „The Hidden Camera" zeigte Fotos unvorstellbarer Grausamkeiten im Alltag Südafrikas. Alle Fotos waren von der Zensur verboten und außer Landes geschmuggelt worden, um die Öffentlichkeit zu alarmieren. Für uns in Deutschland damals ungewöhnlich, hing die Ausstellung im altehrwürdigen Rathaus mitten in der Stadt. Das war für uns Ansporn, unsere entwicklungspolitische Kultur- und Bildungsarbeit zu professionalisieren und dafür Lobbyarbeit zu betreiben. Mit meinem kleinen Sohn im Schlepptau besuchte ich das Büro der niederländischen Anti-Apartheid-Bewegung in Amsterdam und die Ausstellung konnte bald, begleitet von einem großen Medienecho, in vielen Städten Deutschlands gezeigt werden.

1992 fand der Evangelische Kirchentag im Ruhrgebiet statt und EXILE sowie das Düsseldorfer Kulturzentrum ZAKK bekamen den Auftrag, Künstler und Künstlerinnen aus Südafrika einzuladen. Wir sollten zeigen, wie sich die dortige Kunstszene mit der aktuellen politischen Situation auseinandersetzte. Das Apartheidsystem stand kurz vor dem Kollaps. Bei meinem ersten Besuch in Südafrika zur Vorbereitung dieses Festivals war ich überrascht, wie vielfältig und engagiert Künstler und Intellektuelle dort den Alltag des Apartheidstaates und mögliche Optionen in einem befreiten

Land diskutierten und reflektierten. Rund um das Market-Theatre in Johannesburg arbeiteten Künstler aller Couleur miteinander, quasi wie in einem Zukunftslabor, und auch in dem Stadtteil Hillbrow, wo wir wohnten, war die offizielle strikte Trennung zwischen Schwarz und Weiß schon längst nicht mehr aufrechtzuerhalten. Dort lernte ich bei einer Podiumsdiskussion, u.a. mit Nadine Gordimer, über die aktuellen politischen Gewaltexzesse die Journalistin Birgit Morgenrath kennen. Sie befragte mich nach meinen Eindrücken und seitdem verbindet uns neben einer engen Freundschaft das gemeinsame Commitment für das wunderschöne Land am Kap und die intensive Zusammenarbeit bei der Erstellung von Denis' Autobiographie, bei der Produktion von Peter Hellers Film „Comrade Denis"[20] und auch an dem vorliegenden Buch. Das Festival „Sol'buyisa – We will bring it back" beim Kirchentag präsentierte mit über vierzig Aufführungen, Konzerten und Lesungen in den Städten des Ruhrgebietes dann auch diesen Alltag in Südafrika, teils bewegend ernst, aber auch mit den absurd-komischen Blüten, die das abwegige Apartheidsystem hervorbrachte.

Heute, wo Denis als Träger des Bundesverdienstkreuzes und als Zeitzeuge für sein beharrliches Wirken in der hiesigen entwicklungspolitischen Bildungsarbeit und als Brückenbauer zwischen Deutschland und Südafrika in zahlreichen Goldenen Büchern in deutschen Städten verewigt ist, erscheint es unbegreiflich, dass viele Veranstaltungen zu Südafrika und anderen Ländern des Südens damals lediglich in „Hinterzimmern" der Kultur stattgefunden haben. Erst die Erfahrungen der vielen Menschen aus Eine-Welt-Initiativen, Kirchengemeinden, Gewerkschaften, Schulen und Weiterbildungseinrichtungen, die über viele Jahre Ausstellungen, Theateraufführungen, Filme oder Lesungen bei EXILE (und anderen Agenturen) buchten, haben dazu geführt, dass Kultur und die Begegnung mit Künstlern ein wichtiger und förderungswürdiger Bestandteil unserer Arbeit, z. B. des Globalen

20 Bezug: www.filmkraft.de

Lernens, geworden ist: weltweite Interkulturalität als Teil und Medium nichtrassistischer, humaner Globalisierung.

Zurück zum Anfang der Geschichte: 1995 trafen also Denis Goldberg, Edelgard Nkobi, Dodo Schulz und ich zum ersten Mal aufeinander. In einem Café in Düsseldorf-Oberkassel besprachen wir vier aufregende Stunden lang, in welcher Form wir miteinander arbeiten wollten. Dodo, die als Pädagogin vorwiegend die Zusammenarbeit im Bildungsbereich aufgebaut hatte, entwickelte sehr schnell eine Vorstellung davon, welchen Beitrag Denis in Sachen Antirassismus- und Menschenrechtsarbeit leisten könnte. Die Atmosphäre war familiär, herzlich und humorvoll. Beim gemeinsamen Essen redeten wir über unsere Lieblingsspeisen und Vorlieben, wir landeten bei der Kunst und natürlich bei der Geschichte Südafrikas. Wir erzählten uns Anekdoten über unsere Kinder und hatten einfach viel Spaß miteinander. Erst in den letzten Minuten beschlossen wir, im kommenden Jahr mit einer Lesereise zu Mandelas Autobiographie auszuprobieren, ob die Zusammenarbeit klappen würde.

Aber eigentlich hatte ich keinen Zweifel daran. Dodo und ich waren so fasziniert von Denis' umfangreichem Wissen, den unterschiedlichen Zugängen zu Themen, seinen sprühenden und überzeugenden Ideen. Er würde auch andere Menschen in seinen Bann ziehen. Und Edelgard hatte es auch diesmal geschafft, Menschen zusammenzubringen und auf eine gemeinsame Reise zu schicken. Dodo und ich rätselten hinterher über das Verhältnis der beiden zueinander, aber die Art, wie Denis Edelgard beim Verlassen des Restaurants den Arm stützte, war für uns Frauen eindeutig. Als Denis dann später charmant argumentierte, dass es auch aus „Kostengründen" lohne, häufiger in Düsseldorf zu übernachten (wo Edelgard wohnte), schlossen wir sie von da an einfach beide ins Herz und in unseren Freundeskreis ein.

Wir starteten also das Pilotprojekt, eine Tournee von Denis mit Auszügen aus Nelson Mandelas Autobiographie „Der lange Weg zur Freiheit". Thematische Schwerpunkte sollten die Lage im „neuen“ Südafrika sowie die historischen Stationen im südafrikanischen Freiheitskampf sein, in dem auch Denis eine wichtige Rolle hatte.

Eine zentrale Frage in unseren Gesprächen war auch, wie die Solidaritätsarbeit nach dem Ende der Apartheid zu neuem Leben erweckt und Aktivisten für die dringend notwendige Aufbauarbeit in Südafrika mobilisiert werden könnten. Südafrika stand vor der schwierigen Aufgabe, Infrastruktur und öffentliche Güter, wie Schulen und Krankenhäuser, die im Wesentlichen auf die Erfordernisse der zehn Prozent Weißen ausgerichtet waren, für die übrigen neunzig Prozent zu öffnen und auszubauen. Wie würde die Generation, die am „struggle“ teilgenommen und nie das Privileg einer Schul- oder Berufsausbildung geschweige denn eines Hochschulbesuchs genossen hatte, in der Lage sein, die Bedürfnisse der gesamten Bevölkerung zu befriedigen und das Land zu verwalten? Was passierte mit den Menschen, die durch die Rassentrennungspolitik und deren gewaltsame Durchsetzung seit mehreren Generationen eine für uns kaum vorstellbare Traumatisierung erfahren hatten? Die Schatten, die der Nationalsozialismus nach 1945 hinterlassen hat, sind in Deutschland bis heute spürbar, wie und wohin würde sich Südafrika also entwickeln? Gebannt hatte die ganze Welt die Freilassung Mandelas verfolgt, wohl einer der bewegendsten Momente des 20. Jahrhunderts. Der friedliche Verlauf der Wahlen 1994 überraschte und beruhigte die Weltöffentlichkeit ebenso wie diejenigen, die diesen Kampf gegen die Apartheid in vielen Ländern mit unterstützt hatten.

In England hatte Denis als Antwort auf diese Fragen 1995 eine Charity-Organisation gegründet. Community H.E.A.R.T. stand und steht für die Unterstützung von Selbsthilfeprojekten in den Bereichen Gesundheit, Bildung und Wiederaufbau. Aus historischen Gründen waren die Beziehungen zwischen Südafrika und Großbritannien immer enger als die zu Deutschland gewesen. Deshalb gab es dort schnell eine große Resonanz auf diese Initiative und zahlreiche Projekte konnten unterstützt oder auf den Weg gebracht werden, wie etwa „Rape Crisis“, ein Frauenprojekt in Western Cape, oder ein „Math-and-Science-Bus“, der Schulen in den ländlichen Regionen von Gauteng mit naturwissenschaftlichem Unterricht versorgen sollte. Wir beschlossen, während Denis' Lesereisen für dieses einleuchtende Konzept Spenden zu sammeln und gründeten einen eigenen Verein in Deutschland, „Community H.E.A.R.T. e.V.“ mit Sitz in Essen. Seitdem konnte der Verein zahlreiche Selbsthilfeprojekte im südlichen Afrika mit mehreren Hunderttausend Euro unterstützen.

Die Arbeit mit der britischen Schwesterorganisation gestaltete sich auch als ein interkultureller Lernprozess: Beispielhaft war ihre Kampagne „One Million Book and ten pence“, bei der englischsprachige Bücher für Schulen und Universitäten gesammelt und mit den „ten pence“ nach Südafrika verschifft wurden. Im Laufe der Jahre beteiligten sich die BBC und die Supermarktkette Tesco daran. So konnten fast drei Millionen Bücher auf die Reise nach Südafrika gebracht werden. Anders als bei uns konnten in London südafrikanische Theaterstücke, wie die südafrikanische Brecht-Adaption „The Good Women from Sharpville“, über sechs Wochen en suite gespielt werden. Ein kritisches Theater aus Südafrika hat damals die engagierte Szene motiviert und die Öffentlichkeit interessiert, auch die Feuilletons in den Zeitungen. Sogar die quotenträchtige TV-Charity-Veranstaltung „The red nose“ half mit Spenden. Das hatte die größte Gewerkschaft UNISON, vergleichbar mit der deutschen Gewerkschaft ver.di, bewerkstelligt. Sie stellt auch in Manchester seit vielen Jahren das Büro und die Infrastruktur für den Verein zur Verfügung und Denis ist seit langem ihr Ehrenvorsitzender. Von staatlicher Seite konnten britische NGOs dagegen wenig erwarten. Anders als in Nordrhein-Westfalen, wo die Landesregierung gemeinsam mit dem 1992 gegründeten Eine Welt Netz vier Jahre später das Eine-Welt-PromotorInnen-Programm entwickelt hat und so ein starkes Netzwerk für die entwicklungspolitische Bildungsarbeit fördert.

Den Unterschied zwischen den politischen Verhältnissen in den beiden Ländern macht auch ein kleines Ereignis deutlich: 1996 schrieb ein Schüler des Evangelischen Gymnasiums in Siegen einen Brief an den „Lieben Genossen Johannes Rau“ und fragte ihn nach Informationen über Südafrika. Die Schülerinnen und Schüler arbeiteten damals an einer Aufführung des Musicals „Sarafina“, das Mbongeni Ngema und Hugh Masekela Ende der 80er Jahre herausgebracht hatten. Das Musical beschreibt das Leben des schwarzen Schulmädchens Sarafina zwischen Protest und brutaler Polizeigewalt in den 70er Jahren in Soweto. Diese Anfrage des Jungsozialisten Christian an den Genossen und Ministerpräsidenten des Landes Nordrhein-Westfalen mit dem verständlichen Wunsch nach einer Erklärung für die grausamen Ereignisse leitete Klaus Brückner aus der Staatskanzlei an die EXILE-Kulturkoordination weiter. Denis Goldberg, gerade zufällig auf einer Lesereise unterwegs, reiste sofort nach Siegen und versuchte, den Jugendlichen das Unvorstellbare nahezubringen. Schließlich vermittelte Denis auch noch die Aufführungsrechte an die Schule, und am Ende erhielt Community H.E.A.R.T. die Erlöse aus den Aufführungen.

Diese Veranstaltung in Siegen war eine der zahlreichen Lesungen vor jungen Menschen. Dodo Schulz hatte der Arbeit mit Kindern und Jugendlichen ein eigenes Profil verschafft. Durch Projekte wie „School goes Ethno“ oder „Schulpool Eine Welt“ haben wir ein Netz von Schulen und Jugendeinrichtungen gesponnen, dem wir inzwischen regelmäßig pädagogisch geschulte Experten und Künstler zum globalen Lernen vermitteln. Seit 2007 existiert mit dem Projekt „Gesichter-Afrikas.de“ auch eine Internetplattform, die Informationen zu den Ländern und Themen Subsahara-Afrikas anbietet. Darüber werden auch afrikanische Künstler und Experten vermittelt, z. B. der Historiker Lutz van Dijk oder eben Denis Goldberg, die so als Zeitzeugen das globale Lernen eindrucksvoll begleiten.

Denis ist bei jungen Menschen vielleicht auch deshalb so beliebt, weil er ihrer Großelterngeneration angehört. Roman Frister, der polnische Holocaust-Überlebende, später als Journalist und Autor des ergreifenden Buches „Die Mütze oder Der Preis des

Lebens"[21] in Israel lebend, hat einmal in einem Interview beschrieben, dass er seinen Erfolg dem beharrlichen Bohren und Nachfragen seiner Enkelkinder verdanke, die alles restlos verstehen wollten. Kinder wünschten sich offenbar als Eltern keine Opfer, sondern Helden, sagt Frister, und diese Wunschvorstellung beeinflusse auch die Wahrnehmung der Eltern durch ihre Kinder. Denis ist ein unprätentiöser Held, ein „Großvater", der keine Tabus kennt und auf alle Fragen eine klare Antwort gibt, so deutlich wie nötig und so humorvoll wie möglich.

Diese Faszination haben auch unsere eigenen Kinder, Dodos Tochter Luisa und mein Sohn Janosch, erlebt. Während vieler Besprechungen und Vereinssitzungen von Community H.E.A.R.T. in unserem Haus bastelte und malte Denis mit ihnen. Er vermittelte den Kids „by the way", während er gleichzeitig mit uns diskutierte, Eindrücke von den Problemen und Entwicklungen in Südafrika. So hinterließ der Lehrer Denis, ein Naturtalent, nachhaltige Spuren in ihrem späteren Leben. Überdies war er mehrfach Gast an Luisas Schule, und ihre Klasse war mit einem Besuch an einer Schule in der Provinz Mpumalanga am Aufbau einer Schulpartnerschaft[22] in Südafrika beteiligt. Janosch ist durch diese Begegnungen und durch unsere Reise nach Südafrika anlässlich Denis' 70. Geburtstag in seiner Entscheidung bestärkt worden, Internationale Politik zu studieren. Immer wieder berichten uns noch heute junge Menschen, wie Denis und auch andere von EXILE vermittelte Experten und Expertinnen unmerklich, aber dauerhaft ihr Leben geprägt haben.

„Ex-Terrorist liest in VHS", so kündigte vor einigen Jahren eine Lokalzeitung eine Veranstaltung mit Denis in der Volkshochschule an. Man weiß manchmal nicht, ob man da lachen oder weinen soll.

---

21 Frister, Roman: „Die Mütze oder Der Preis des Lebens: Ein Lebensbericht", Berlin 1998.

22 Zwischen der Provinz Mpumalanga im Nordosten Südafrikas und Nordrhein-Westfalen besteht seit 2001 eine Länderpartnerschaft.

Immerhin fand die Lesung überhaupt die Gnade einer Veröffentlichung. Aber solch eine eigenwillige Ankündigung ist die Ausnahme. Viele Lesungen und Vorträge sind mittlerweile Anlass für ernsthafte Berichte über Südafrika. Zum Beispiel war Denis Goldberg Gastredner der Abschlussdiskussion beim „Global Media Forum" der Deutschen Welle in Bonn 2012. Rund 2.000 Fachleute aus aller Welt waren gekommen. Denis' Zuhörerinnen und Zuhörer verfolgten mit großem Interesse, wie er in einfachen, aber deutlichen Worten beschrieb, dass der Zugang zu Kultur, Bildung und Medien äußerst ungleich und ungerecht auf der Welt verteilt sei und dass „lebenswerte Zukunft" stets im Zusammenhang mit ökonomischen Gestaltungsmöglichkeiten jedes Menschen definiert werden müsse. Auf seinen Beitrag hin fragten viele Journalisten, u.a. aus Bangladesch, Ghana und Argentinien, Interviews mit ihm an.

Kunst spielt in Denis' Leben eine immer größere Rolle. Als er zum Abschluss unseres Wandmalprojektes „Farbe bekennen"[23] auf der Weltausstellung EXPO 2000 in Hannover eine Rede hielt, schlug er, der Ingenieur, sogar einen historischen Bogen von der ersten Höhlenmalerei vor 30.000 Jahren bis zum öffentlichen Raum heute, der mit den Mitteln der Kunst auch weiterhin als Plattform für Verortung und Verständigung, für Analysen, Kritik und Visionen kreativ zu nutzen sei. Denis hat sich – lange ersehnt – auch persönlich der Bildenden Kunst zugewandt. Mittlerweile hat er eine kleine Privatsammlung zusammengetragen. Im Mittelpunkt stehen Bilder und Plastiken, die, wie nicht anders zu erwarten, Menschen zeigen. Menschen, denen man ansieht, wie hart die Arbeit auf dem Feld ist, Menschen, die lesen, die schreiben, die musizieren, die nachdenklich, fürsorgend und miteinander tanzend fröhlich sind.

---

23 Das hatte Farbfieber e.V 1996 anläßlich des 500. Jahrestages der Eroberung Lateinamerikas initiiert. In 70 Städten weltweit waren öffentliche, gemeinsame Wandgemälde von Künstlerinnen und Künstlern aus Ländern des Südens und des Nordens entstanden, die die Kolonisierung und ihre Auswirkungen darstellten.

Vermittelt über Denis unterstützt EXILE seit einigen Jahren die „Kronendal Music Academy" (KMA) ein Projekt in Hout Bay, Denis' Wohnort. Schwarze, Weiße und „Farbige" sollen über Musik – sei es Jazz oder Klassik – zueinander finden. Mittellose Kinder erhalten kostenlosen Musikunterricht. Chöre oder Ensembles geben Konzerte. Wir lachen manchmal darüber, dass Denis jetzt praktisch EXILE-Arbeit in Hout Bay macht. Die Jugendjazzband der KMA hat 2012 eine fulminante Tournee in Deutschland absolviert.

Lieber Denis, Comrade, bleibe mir und uns allen, so wie du bist, noch lange, lange erhalten, gesund und munter, schwatzend und lachend, nachdenklich und weise, anteilnehmend und beratend oder einfach still sinnierend. Das Leben soll für dich wundervoll bleiben!

Tina Jerman, *M.A., studierte Kunstgeschichte, Philosophie und Literaturwissenschaft. Sie war Landesfachkoordinatorin für Kultur und Entwicklung im Eine-Welt-Netz NRW. Seit 1982 ist sie Geschäftsführerin der EXILE-Kulturkoordination. Sie arbeitete als Projektleiterin (u.a. bei interkultur.pro), als Lehrbeauftragte und Vorstandsmitglied des Eine Welt Netzes NRW und 2004/2005 als Eine-Welt-Beauftragte der Landesregierung NRW.*

„We are witnesses“:[24] Für Denis Goldberg

GEOFFREY V. DAVIS

„Dead White Males“ lautet der Titel einer sehr erfolgreichen Komödie des australischen Dramatikers David Williamson, die 1995 im Theater des Opernhauses zu Sydney uraufgeführt wurde. Der vielverheißende Titel bezieht sich vor allem auf Shakespeare, der mit einem echten „coup de théâtre“ in der ersten Szene dieses sehr witzigen Stücks auf offener Bühne erschossen wird. „Dead white males“ lässt sich aber ebenso gut auf die zahlreichen anderen, längst verstorbenen weißen männlichen Autoren beziehen, die die englischsprachige Literaturszene seit Jahrhunderten bevölkert und beherrscht haben. Für Studenten der anglistischen Literaturwissenschaft ist ein besonderer Nachteil die bedauernswerte Tatsache, dass all die vermeintlich wichtigsten Autoren ihres Faches längst tot und somit auch nicht mehr zugänglich sind, außer auf den Seiten ihrer Bücher natürlich.

Beim Studium der sogenannten postkolonialen Literatur, also grob formuliert der Literatur, die nach der Unabhängigkeit der ehemaligen britischen Kolonien von Autoren aus Australien und Kanada, Neuseeland und der Karibik, Indien und Afrika geschaffen wurde, tritt dieses Problem eher selten auf. Die meisten wichtigen Autoren sind nicht nur am Leben, sie engagieren sich auch öffentlich und oft auf sehr lebendige Art und Weise in den Debatten um die wesentlichsten literarischen und gesellschaftlichen

---

24 „We are witnesses“ ist der Titel eines Bildes vom damals jungen Künstler Matsemela Manaka, das in einer Wanderausstellung schwarzer Kunst aus Südafrika („Soweto: Flames of Resistance“) Anfang der 80er Jahre in Dänemark und Deutschland zu sehen war.

Probleme unserer Zeit. Und sie sind vor allem da. Der Studentin, die mich auf einer Literaturtagung in Aachen auf schüchterne Art fragte, ob sie den karibischen Autor Caryl Phillips ansprechen dürfte, konnte geholfen werden. Er sei anwesend, sagte ich, er sei sehr freundlich, und er sei sicher bereit, ein paar Fragen zu beantworten, wenn sie nur ihre verständliche Scheu überwinden könnte. Was dann gleich geschah. In der Folge schrieb die Studentin eine ausgezeichnete Arbeit über die Romane eines der interessantesten zeitgenössischen Schriftsteller der anglophonen Welt. Bei einem noch so spannenden Thema zu Shakespeare wäre das nicht möglich gewesen.

Für Studenten und natürlich auch für die Lehrenden ist diese Gegenwart der Autoren, diese persönliche Zugänglichkeit von unschätzbarem Wert. Bei den Tagungen und Seminaren, die wir als Dozenten postkolonialer Literatur abhalten, haben wir uns deswegen immer bemüht, Autoren einzuladen – und zwar nicht nur die bekannten, deren Werke wir ohnehin schon studierten, sondern auch die jüngeren, die neue Wege einschlagen und deren Bücher noch zu entdecken sind. Wie oft ist man von solchen Zusammenkünften mit einer ganzen Liste neuer Literaturempfehlungen zurückgekehrt, die man später in Kursen einsetzen konnte. Und wie oft hat man Überraschungen erlebt – bei einer Lesung zweier Vertreter der „First Nations" Kanadas, Tomson Highway und Drew Hayden Taylor, in Mainz zum Beispiel, wo Highway, der in einem eingeschneiten Zelt fernab von jeder Stadt im nördlichen Manitoba geboren wurde, sich zuerst einmal an einen Flügel setzte und über die Bedeutung von Schubert und Mahler sprach. Highway, der auch am Royal College of Music in London studiert hatte, wo er sich zum Konzertpianisten ausbilden ließ, war imstande, durch seinen ungewöhnlichen Lebenslauf für die studentischen Zuhörer die Sicht auf eine hybride Kunstauffassung zu eröffnen, die unbekannte einheimische Traditionen mit herkömmlichen westlichen Kunstformen produktiv vereinigte.

Im Rahmen der anglophonen postkolonialen Kulturen und

Literaturen spielt Südafrika eine wesentliche Rolle. In der Schule und in der universitären Anglistik war das nicht immer so. Als ich mich nach einer Reise durch Südafrika Ende der 1970er Jahre bemühte, einen bekannten deutschen Schulbuchverlag für die Idee einer Textanthologie über die Apartheidgesellschaft für den schulischen Gebrauch zu gewinnen, schlug diese Anregung vollkommen fehl. Man teilte mir mit, die Lehrer an deutschen Schulen hätten mit Großbritannien und den USA genügend zu tun, ohne sich mit Randgebieten beschäftigen zu müssen. Glücklicherweise ließen sich später ein anderer Verlag und auch andere Lehrer darauf ein.

Als wir anfingen, Kurse zur südafrikanischen Literatur an der Rheinisch-Westfälischen Technischen Hochschule (RWTH) Aachen zu veranstalten, hatten wir die Möglichkeit, auch südafrikanische Schriftsteller zu Vorträgen und Lesungen einzuladen. Und sie kamen reihenweise. Über die Jahre hatten unsere Studenten das Glück, Autoren zu begegnen, die sich in ihrem literarischen Schaffen sehr unterschieden, die aber ein Gesamtbild der südafrikanischen Literatur darstellten und Unvergleichliches zu erzählen hatten.

Es waren Autoren wie André Brink, dessen Roman „A Dry White Season" („Weiße Zeit der Dürre") und erst recht dessen Verfilmung mit Donald Sutherland und Marlon Brando, die nach wie vor auf einprägsame Weise die Schrecken einer Gesellschaft verdeutlichen, in der zahlreiche Gegner des Systems wie Steve Biko ohne Prozess inhaftiert wurden und im Polizeigewahrsam umkamen.

Lewis Nkosi sprach 1988 am 12. Jahrestag des Aufstands von Soweto scharfzüngig und geistreich wie immer zum Thema „Krisen und Konflikte in den neuen englischsprachigen Literaturen."

Auch Don Mattera besuchte uns, nachdem er seine bewegende Autobiographie „Gone with the Twilight – A Story of Sophiatown" verfasst hatte, in der er sein Leben in dem gleichnamigen und berühmten gemischtrassigen Viertel Johannesburgs erzählte.

Hier befand sich zur Zeit der Apartheid auch das Zentrum der städtischen schwarzen Kultur, bis das Viertel im Zuge der rassistischen Gesetzgebung dem Erdboden gleichgemacht wurde und die schwarzen Bewohner nach Soweto zwangsumgesiedelt wurden. Und was für eine aufwühlende Zeit hatte Mattera erlebt! Vom Mitglied einer gewalttätigen Gang zum politischen Aktivisten und angesehenen Lyriker.

Es kam auch der Satiriker Christopher Hope, der die Apartheidgesellschaft wie kaum ein anderer zu geißeln verstand und dessen prägnante Bemerkung mir in Erinnerung geblieben ist, es sei in Südafrika im Grunde ganz einfach Satiriker zu sein, da die Regierung einem die entsprechenden Texte stets selbst liefere.

Es waren Lyriker wie Sipho Sepamla, der aus seinem verbotenen und in England veröffentlichten Gedichtband „The Soweto I love" vortrug, sowie James Matthews aus Kapstadt, der in einem Studio der Deutschen Welle in Köln mit einem Glas Wein in der einen Hand und einer Rose in der anderen aus seinem selbstverlegten Band „Cry Rage!" las, dem ersten Lyrikband, der in Südafrika verboten wurde.

Es waren Dramatiker wie Maishe Maponya und Matsemela Manaka, deren Theatergruppen „Bahumutsi" und „Soyikwa" wiederholt durch die Bundesrepublik zogen und mit Hilfe von Dozenten, Lehrern, Theaterleuten und Mitgliedern von Anti-Apartheid-Organisationen ihre teilweise in Südafrika verbotenen, aber oft im Ausland prämierten Stücke wie „The Hungry Earth oder Egoli" auf großen und kleinen Bühnen sowie in Schulen und Universitäten aufführten.

Es waren gelegentlich auch Autorinnen wie Sindiwe Magona und Gillian Slovo. Magona trug Passagen aus ihrem autobiographischen, an ihre Urenkelin adressierten Erstling „To My Children's Children" vor, wobei sie den Zuhörern erläuterte, trotzig wie sie war, habe sie sich als junge Frau aus der ländlichen Transkei „in spite of the government, despite the government, to spite the government" („trotz der Regierung und um der Regierung zu trotzen") vorgenommen, im Leben weiterzukommen. Das gelang auf beeindruckende Weise – sie sollte später bei der UNO in New York arbeiten.

Gillian Slovo ging auf Lesereise, als ihr Roman „Red Dust", „Roter Staub", ins Deutsche übersetzt wurde. Sie sprach über ihren Roman, der die Auswirkungen der Anhörungen der Wahrheits- und Versöhnungskommission, TRC, in einer Kleinstadt behandelt, aber auch über die Geschichte der eigenen, sehr berühmten Familie. Ihr Vater, Joe Slovo, war Generalsekretär der südafrikanischen Kommunistischen Partei und Mitbegründer der bewaffneten Organisation des ANC; ihre Mutter, die Literaturwissenschaftlerin und politische Aktivistin Ruth First, wurde durch eine Briefbombe getötet. Nach dem Ende der Apartheid fuhr Gillian Slovo mit bewundernswertem Mut nach Südafrika zurück, wo sie denjenigen interviewen konnte, der im offiziellen Auftrag die Briefbombe verschickt hatte.

Zur Zeit der Apartheid und auch danach, als man anfing, das Erlebte aufzuarbeiten, erwies sich die Berichterstattung über das eigene Leben sowie deren literarische Umsetzung durch solche südafrikanischen Zeitzeugen als besonders geeignet, den Studenten die Realität der Apartheidgesellschaft und deren Folgen auf eine Art nahezubringen, wie es niemand besser hätte leisten können.

Als ich im Sommersemester 2006 an der Universität in Essen Kurse zu südafrikanischen Themen hielt, kam Denis Goldberg durch die Vermittlung des Vereins „EXILE-Kulturkoordination" zu uns, um zum Thema „Die Verwandlung Südafrikas und das Erbe der Vergangenheit" zu sprechen. Man hätte sich keinen besseren Zeitzeugen wünschen können. Ich hatte im Vorfeld im Seminar einiges zu seinem Leben und seinem Einsatz für karitative Zwecke erzählt, um zu verdeutlichen, um welch außergewöhnliche Veranstaltung es sich handeln würde. Das wäre nicht nötig gewesen. Der Saal war überfüllt, wir erlebten Denis in bester Form, die Studenten waren von seinem Vortrag begeistert.

Mit einer Autorität, die er aus den Härten seines Lebens

schöpfte, und einem Scharfsinn, dem er seine politischen Analysen verdankte, lieferte Denis zunächst einen beeindruckenden Bericht über die Apartheidgesellschaft, in dem er deutlich machte, dass die Trennung der Rassen in Südafrika gesetzlich festgelegt wurde. Sie war nicht historisch gewachsen, sie war gewollt. Es ging, hielt er fest, vor allem um billige Arbeitskräfte, die satte Gewinne versprachen. Er sprach über die unzähligen Menschen, die Jahr für Jahr wegen Vergehen gegen die Pass-Gesetze inhaftiert wurden. Er zeigte auf, wie Menschen im damaligen Südafrika sich ihr Leben lang bemühten, die Gesetze zu umgehen, und fand sehr einprägsame Formulierungen, um den Alltag der Unterdrückung zu beschreiben: „Hormone hören nicht auf Gesetze" hieß es beispielsweise zu den Gesetzen, die Beziehungen zwischen Mitgliedern unterschiedlicher Rassen verboten. „How does a child give social meaning to black and white?", fragte er, – „wie entwickelt ein Kind ein Verständnis von der sozialen Bedeutung von schwarz und weiß?"

Er erinnerte an die Demonstration von Sharpeville 1960, die von der Polizei gewaltsam aufgelöst wurde, 69 Menschen das Leben kostete und die Haltung der Außenwelt zu Südafrika schlagartig änderte. Das Land wurde isoliert, das Regime verbot die Befreiungsbewegungen und deren Führer gingen in den Untergrund. Wie hätten Schwarze sonst protestieren können, wo sie im Parlament nicht vertreten waren, fragte Denis. Der bewaffnete Kampf, der nach 1960 einsetzte, war seiner Ansicht nach ein legitimes Mittel des Widerstandes. Es sei legitim gewesen, Einrichtungen wie Polizeireviere anzugreifen, da die Polizei ohnehin als Besatzungsarmee fungierte und solche Aktionen eine große symbolische Kraft entfalteten. Wo „jeder weiße Arbeitgeber zum Agenten des Staates wurde", empfand er als Weißer die Privilegien, die daraus entstanden, als falsch, und er entschloss sich, auf sie zu verzichten. Er wurde, wie er humorvoll sagte, zum „Hersteller von Waffen, die zunächst nicht funktionierten".

Denis berichtete auch über seine lange Zeit im Gefängnis. Trocken stellte er fest: „Das Leben im Gefängnis war nicht sonderlich schön.“ Überlebt hätten die Inhaftierten, weil sie auch im Gefängnis immer Widerstand leisteten, Respekt als Mensch forderten. Er erinnerte sich daran, wie sie die Gefängnisbehörden sogar verklagten, da ihnen Zeitungen verwehrt wurden – sie reichten Klage ein, in dem Wissen, dass sie unterliegen würden. Die zynische Bemerkung des Richters lautete, das Gefängnis sei kein Fünf-Sterne-Hotel, dem nur noch der Schlüssel fehle. (Sechzehn Jahre später wurden ihnen endlich Zeitungen zugestanden und daraus konnten sie erfahren, wie stark der Widerstand mittlerweile geworden war). Und am Ende, stellte er fest, hätten sie ohnehin die Regierung besiegt.

Zum Schluss kam Denis auf das Erbe der Vergangenheit zu sprechen, mit dem die Postapartheid-Gesellschaft sich auseinanderzusetzen habe. Er betonte mit dem ihm eigenen Realitätssinn, dass man eine neue Sicht auf die Welt entwickeln muss, wenn man in der globalisierten Welt die eigene Politik durchsetzen will. Er hob die Bedeutung von Verbesserungen der Lebensumstände in den Townships hervor, wies auf die vielen Fortschritte beim Wohnungsbau und die Probleme der Wasserversorgung hin. Er beklagte die Unfähigkeit von Regierungsbeamten, das Fehlen von qualifizierten Managementkräften, die Tatsache, dass „viele Menschen die Regierung noch als Feind betrachten“. Es sei nötig, betonte er, die riesige Dimension der bevorstehenden Aufgabe zu verstehen.

Denis Goldberg hat in seinem Leben sehr viel Negatives erlebt, aber durch seinen Einsatz sehr viel Positives erreicht. Er hebt stets die Bedeutung von Zivilcourage und die Notwendigkeit hervor, die Menschenwürde wieder herzustellen. Menschenwürde und Zivilcourage kennzeichnen seit jeher sein Wirken – nirgendwo kommt dies besser zum Vorschein als in dem Satz, mit dem er in seiner Essener Rede an seine bekannte Reaktion auf die lebenslängliche Haftstrafe erinnerte, die er zusammen mit Nelson Mandela und den anderen Befreiungskämpfern erhielt. Das Urteil

„life“ („lebenslänglich“) sei für ihn „the greatest pun“ („das großartigste Wortspiel“) – es habe ihm zwar eine lebenslängliche Strafe beschert, aber auch das Leben selbst.

Die Bereitwilligkeit Denis Goldbergs und all der anderen südafrikanischen Zeitzeugen, an die ich hier erinnert habe, Zeugnis von ihrem Leben und von ihrer Zeit abzulegen, ist für nachkommende Generationen von unschätzbarem Wert. In ihrem Vorwort zu „To My Children's Children“ schreibt eine von ihnen, Sindiwe Magona, folgendes:

When I am old, wrinkled and grey, what shall I tell you, my great-granddaughter? What memories will stay with me of days of yesteryear? Of my childhood, what shall I remember? What of my young womanhood, my wifehood, and motherhood? Work has been a big part of my life. Of that, what memories will linger, what nightmares haunt me forever? How will you know who you are if I do not or cannot tell you the story of your past?

Wenn ich eines Tages alt und grau und runzlig bin, was werde ich dir, meiner Urenkelin, dann erzählen? Welche Erinnerungen werde ich dann noch an die vergangenen Jahre haben? Was werde ich noch über meine Kindheit wissen? Was über die Jahre als junge Frau, als Ehefrau, als Mutter? Arbeit hat in meinem Leben stets eine große Rolle gespielt. Welche Erinnerungen werden mir daran bleiben, welche Alpträume werden mich immer wieder heimsuchen? Wie sollst du je erfahren, wer du bist, wenn ich dir nicht meine Geschichte, deine Geschichte, erzähle?[25]

25 Übersetzung von Petra Post und Andrea von Struve nach der deutschsprachigen Ausgabe *An die Kinder meiner Kinder* (Reinbek bei Hamburg: Rowohlt, 1992), S.7.

Geoffrey Davis *war Professor für postkoloniale Literatur in Aachen und lehrt derzeit in Innsbruck. Außerdem Mitherausgeber einer Buchserie über postkoloniale Literatur und Kultur und eines Journals über Afrikanische Studien. Er kennt Denis Goldberg von vielen Veranstaltungen in Deutschland und durch seine eigene wissenschaftliche Arbeit zu Südafrika und zur Apartheid.*

Denis Goldberg – ein Gesicht Afrikas

KARIN KOPSHOFF, DAVINA DONALDSON,
CHRISTINE LINK

„Sehr geehrter Herr Goldberg, Ihr Vortrag hat mir sehr gefallen, weil Sie uns in allerlei Details eingeweiht haben. Vieles wussten wir noch nicht und Sie sind auf alle Fragen eingegangen und haben uns zugehört." (Schüler der Klasse 9a der Gesamtschule Volksgarten, Mönchengladbach). Immer wieder hat Denis Goldberg Jung und Alt mit seiner Freundlichkeit und seiner Aufgeschlossenheit allen Menschen gegenüber – unabhängig von Alter, sozialem Status, Nationalität, Hautfarbe – berührt und dauerhaft für sich und vor allem für seine Sache gewonnen.

Seit Beginn des Projektes „gesichter-afrikas" im Jahr 2009 ist Denis Goldberg eines der ersten „Gesichter", die unsere Arbeit unterstützen. Er ist der ideale Botschafter, um die Ziele des Projektes zu vermitteln: ein ausgewogenes und differenziertes Bild des afrikanischen Kontinents sowie Einblicke in die Lebensbedingungen und Erfahrungen von Menschen in Subsahara-Afrika.

Zuerst Karin Kopshoff und seit 2011 Christine Link und Davina Donaldson haben Denis' Vortragsreisen in der ganzen Bundesrepublik organisiert. Häufig hatten Menschen, die Denis in Südafrika oder andernorts kennen und schätzen gelernt hatten, bei uns angefragt, um auch anderen Leuten Gelegenheit zu geben, Denis' zum Teil erschütternde Geschichte kennenzulernen und seine ganz individuelle Darstellung der Geschichte seines Landes auf sich wirken zu lassen.

Immer wieder hat Denis Goldberg es vermocht, Ausschnitte und Berichte seiner eigenen Lebensgeschichte auf überraschende Art mit Informationen über die Geschichte der Anti-Apartheid-

Bewegung bzw. des Freiheitskampfes des ANC zu verknüpfen. Ebenso betont er immer wieder die gewaltigen Herausforderungen, nach Ende der Apartheid einen gesellschaftlichen Wandel zu einem demokratischen Staat mit gleichen Rechten für alle Menschen herbeizuführen. Die eindrucksvolle und reflektierte Schilderung seiner eigenen Beweggründe, frei von Verbitterung, bleiben jungen und älteren Teilnehmenden oft besonders in Erinnerung.

Fast einzigartig ist auch Denis' Bereitschaft, sehr Persönliches zu erzählen. Zum Beispiel von den Entbehrungen und Problemen, die seine ständige Abwesenheit der Familie bereiteten. Seine Tochter sagte einmal dazu: „Vielleicht sollten Freiheitskämpfer keine Familie haben". Bewegt durch diese offene Schilderung bekannte eine Schülerin auf einer Düsseldorfer Veranstaltung, dass sie selbst jahrelang unter der vermeintlichen Missachtung und scheinbaren Lieblosigkeit ihres Vaters gelitten habe, der sich für ein gleichberechtigtes Kurdistan engagiere. Denis Goldbergs offene Worte weckten in ihr ein besseres Verständnis für ihren Vater und sein Engagement.

Durch seine Glaubwürdigkeit erfüllt Denis Goldberg „altbekannte" Einsichten mit neuem Leben, unter anderem die Erkenntnis, dass Missstände und Ungerechtigkeiten nicht hingenommen werden müssen, sondern dass es sich lohnt, selbst aktiv zu werden. Denn Veränderungen sind möglich! Dabei stellt Denis stets klar, dass dies gleichermaßen für die Länder des Nordens wie des globalen Südens gilt. Vor allem aber lässt er die Verantwortung eines jeden Einzelnen für ein friedliches, gerechtes und gleichberechtigtes Miteinander aller Menschen wieder selbstverständlich erscheinen. Darum empfinden ihn Jugendliche wie Erwachsene als modernes Vorbild, das einen prägenden Eindruck hinterlässt und manch einem sogar den Anstoß zu eigenem Engagement gibt.

Denis Goldbergs ansteckender Humor tut ein Übriges. Unser Internetportal www.gesichter-afrikas.de kommentierte er so: „I logged on to it and I was amazed by the exciting way it presents so many interesting things of life in Africa: people, music, art, economy (...) all at the click of a mouse."

Wir sind glücklich und stolz, mit Denis Goldberg einen so großartigen Botschafter unseres Projektes gefunden zu haben. Für die Zukunft und zum Geburtstag wünschen wir alles erdenklich Gute, weiterhin viel Energie, Tatkraft und gute Gesundheit, die noch so einige Projekte ermöglichen. Denis, wir freuen uns auf weitere gemeinsame Stunden mit dir, in denen du uns und alle Interessierten an deinem Leben, deinen Erfahrungen und Gedanken teilhaben lässt.

Christine Link *studierte Kulturwissenschaften, Medien und Medienkulturanalyse. 2008 und 2009 Aufenthalte in Südafrika für ein Fotoprojekt und ihre Masterarbeit. 2009–2010 Praktikum bei gesichter-afrikas. Seit 2011 Projektleitung gesichter-afrikas.*

Davina Donaldson *studierte Germanistik und Romanistik. Sie arbeitete als Theaterpädagogin mit Schul- und Hochschulprojekten u.a. zum Thema „Fairer Handel". 2010–2011 Praktikum bei gesichter-afrikas.*

Karin Kopshoff *war von 2008 bis 2010 als Projektleiterin bei Exile in Essen tätig: Aufbau, Betreuung und thematische Erweiterung des Projektes gesichter-afrikas.de. Seit 2011 freiberuflich aktiv in der Projektberatung und Supervision von gesichter-afrikas.*

Das EXILE-Team, rechts Karin Kopshoff und Christine Link

Mehr als ein Held – ein Vorbild

MARIA ROSERY

„Ich weiß zwar nicht, ob ich jemals so viel für eine Idee opfern würde, aber ich habe zum ersten Mal einen Menschen erlebt, der bestimmt ein Held ist, obwohl er auf den ersten Blick ja eher wie ein ganz normaler Opa wirkt." So oder so ähnlich reagieren Jugendliche spontan, nachdem sie Denis Goldberg in einer Schulveranstaltung kennengelernt haben.

Seit 2002 stattet Denis Goldberg der Essener Realschule am Schloss Borbeck in regelmäßigen Abständen einen Besuch ab. Genauso regelmäßig fragen mich die jüngeren Schülerinnen und Schüler, die vom Auftreten des weißen Freiheitskämpfers gehört haben, ob sie auch eines Tages dabei sein können, wenn ein „echter Nationalheld" von seinem Einsatz für Freiheit, Menschenrechte und aus seinem Leben berichtet.

In gut zehn Jahren haben fast alle unsere Schüler und Schülerinnen sowie Kollegen und Kolleginnen Denis Goldberg in Lesungen und anschließenden Fragerunden erleben können. Im Laufe der Zeit hat er sich stetig vom reinen Zeitzeugen hin zum engagierten Weltbürger entwickelt, der sich für Versöhnung, Solidarität, Respekt und Toleranz einsetzt.

Und dann sitzt eine solche historische Figur leibhaftig vor einem! Ein älterer Herr spricht zwei Schulstunden lang in einer Turnhalle an einem improvisierten Rednerpult und schafft es kraft seiner Persönlichkeit, rund 120 Vertreter und Vertreterinnen der „Generation Casting-Show" in den Bann zu ziehen: Freundlich und gelassen schildert er Begebenheiten aus seinem Leben, das untrennbar mit dem Drama der Weltgeschichte verwoben ist: „Den langen Weg zur Freiheit" hat nicht nur Nelson Mandela beschritten. Auch Denis Goldberg, sein weißer Weggefährte, hat gegen das menschenverachtende Apartheidsystem in Südafrika gekämpft und einen hohen persönlichen Preis gezahlt: 22-jährige Gefangenschaft im Hochsicherheitsgefängnis mit unzähligen Hafterschwernissen, langjährige Ablehnung von Weißen, die ihn als Verräter an der bislang herrschenden „Ordnung" diffamierten – gestohlene Lebenszeit. Das junge Publikum quittiert diese Einblicke mit Hochachtung und der oft ausgesprochenen Überlegung: „Wie würde ich in einer solchen Situation reagieren?"

Wenn Denis Goldberg von der Zeit der Apartheid und auch seiner Gefangenschaft berichtet, sieht man offene Münder und offene Ohren. Hier spricht einer, der dabei war, der sich aufgelehnt und gekämpft hat. Doch damit nicht genug. Er bleibt nicht bei seiner Rolle im Geschichtsbuch stehen. Er sieht die neuen Herausforderungen des jungen demokratischen Südafrika und macht weiter – als Aufbauhelfer in Sachen Respekt und Versöhnung, als Mitbürger, der vor allem benachteiligten Jugendlichen neue Perspektiven ermöglicht.

„Cooler Opa! Der Mann kann nicht nur reden, er hat auch was zu sagen. Und er tut immer was, obwohl er doch locker chillen könnte." Zitat eines Schülers, der sonst Mühe hat, den Unterricht in seiner 45-Minuten-Taktung mitzugestalten. Und so schafft unsere medienaffine Schülerschaft es tatsächlich, einer einzigen Person 80 Minuten am Stück zuzuhören und ihrerseits durch Fragen mit Tiefgang zu beeindrucken. Wenn dann noch Zeit für Autogramme, ein gemeinsames Foto auf dem eigenen Handy oder eine Antwort auf eine persönliche Frage bleibt, die man lieber ohne großes Publikum stellt, dann war dies wahrhaftig „Schule fürs Leben"!

Denis Goldbergs Auftreten bleibt keine „Eintagsfliege" im Bewusstsein der Kinder und Jugendlichen: Zwei Sponsorenläufe hat es seit seinem ersten Besuch an unserer Schule gegeben. Dabei wird auch ein Teil des Erlöses für außerschulische Zwecke gespendet – und die Schülervertretung wählte beide Male Community

H.E.A.R.T. als Empfänger. „Wir haben verstanden, dass viele Menschen in Südafrika auch nach der Abschaffung der Apartheid Unterstützung brauchen. Auch wenn wir in Deutschland oft über die Schule maulen, wissen wir, wie wichtig Bildung und Erziehungsfragen sind. Wir sind davon überzeugt, dass Denis Goldberg mit seiner Organisation Gutes bewirkt. Daher vertrauen wir ihm unser Geld an." Die stellvertretende Schülersprecherin Carina Mumm hat den Südafrikaner im Rahmen ihrer Arbeit mehrmals erlebt und wirbt beredt für Veranstaltungen mit Denis Goldberg und für seine aktuellen Projekte.

Etliche Ehemalige besuchen als Gymnasiasten ihre „alte Realschule", einige Lehrende motivieren ihre eigenen Kinder ebenfalls zu kommen, wenn Denis Goldberg zu Gast ist. Vor Kurzem kam eine ehemalige Schülerin, um sich Filme und andere Materialien auszuleihen. Sie wollte ihrem Religionskurs in der Oberstufe eine bedeutende Persönlichkeit der Zeitgeschichte vorstellen und hatte sich für Denis Goldberg entschieden. Als ihre Religionslehrerin danach auch Interesse bekundete, den Südafrikaner an ihre Schule einzuladen, fragte sie sofort nach. Wochen nach der Präsentation meldete sie sich noch einmal per Mail: „Ich möchte Sie bitten, mir Bescheid zu geben, falls er noch einmal an unserer Schule, RSB, ist oder eine Veranstaltung in Essen hat. Ich bin immer noch von ihm begeistert und würde mich freuen, wenn Sie mich auf dem Laufenden halten." Wie schön, wenn „Nachhaltigkeit" nicht nur eine Floskel darstellt!

Einem Jubilar bleiben Rückblicke nicht erspart. Seit zehn Jahren besucht Denis Goldberg unsere Klassen und Unterricht wird zum Globaltermin. In den ersten Veranstaltungen orientierte er sich hauptsächlich an der Autobiographie Nelson Mandelas, aus der er zitierte und der er seine eigenen Schwerpunkte zuordnete. Hier unterstrich er stets die visionäre Kraft von Freiheit und Gleichheit und verdeutlichte die Langfristigkeit des „Projektes Freiheit". Natürlich sind die Schüler und Schülerinnen oft Lichtjahre von den geschichtlichen, sozialen und politischen Implikationen entfernt. Aber wenn Denis Goldberg schlicht nachfragt, ob die deutsche Wiedervereinigung denn nun alle historischen Wunden geheilt habe, sieht man in den Mienen der Zuhörenden, dass er an den Erfahrungs- und Fragehorizont der Jugendlichen angedockt hat.

Zunehmend mehr vertraute Denis Goldberg auf seine autobiographischen Notizen und verlieh seinen politisch-philosophischen Botschaften dadurch sein ganz persönliches Profil:

- Alle Menschen sind gleich: Sein liberales weißes Elternhaus prägte sein Menschenbild, seine umschwärmte junge Lehrerin vermittelte ihm eine Lektion in Sachen Toleranz.
- Geschichte wird von Menschen gemacht: Er erzählt anschaulich und nachvollziehbar, wie er sich der Freiheitsbewegung um Nelson Mandela anschloss – obwohl er als Weißer in seiner Gesellschaft zu den Privilegierten zählte, obwohl ihm als Diplom-Ingenieur eine glänzende Zukunft offen stand: „Es war aber nicht fair. Meine Arbeit sollte immer nur den Einfluss der weißen Minderheit stärken. Für die schwarze Bevölkerung konnte ich nichts bauen."
- Gegen Rassismus muss man kämpfen: Denis Goldberg schildert eigene Beobachtungen von symptomatischen rassistischen Handlungen und das mutige Bestehen auf Menschenwürde. Hier gibt es auch für die Borbecker Jugend schnell genügend Anknüpfungspunkte aus dem eigenen interkulturellen Alltag.
- Die politische Entwicklung Südafrikas zu einer Demokratie mit Gleichberechtigung für alle ist schwierig: Es bleibt viel zu tun, bis alle Menschen mit Strom, fließend Wasser, menschenwürdigen Wohnungen und alle Schulen mit Büchern versorgt sind. Um vor allem Kindern und Jugendlichen zu helfen, gründete Denis Goldberg den Verein Community H.E.A.R.T., der auch in Deutschland aktiv ist. Diese Arbeit unterstützt die Borbecker Schülerschaft gerne.
- Innensichten zum Überstehen der langen Gefängniszeit: Hier wird seine Einladung, ihn mit „wirklich allen nur denkbaren

Fragen zu löchern“, immer intensiv genutzt. Ob er je an seiner „Sache“ gezweifelt habe, ob er an Selbstmord gedacht habe, ob seine Kinder ihm nicht vorgeworfen hätten, er habe sie im Stich gelassen. Denis Goldberg gibt keine vorgefertigten Antworten, er beschönigt nichts, kneift nie. Manchmal atmet er tief durch, bevor er wieder spricht. Jedes Mal bestärkt er die Jugendlichen, dass genau diese persönlichen Fragen von großer Wichtigkeit sind. Dann bettet er seinen „Einzelfall“ sowohl in seine persönlichen Lebensbedingungen als auch in den Kontext eines bewusst handelnden Menschen, der Verantwortung übernimmt, der unhaltbare Zustände verändern will, der bereit ist, dafür persönliche Opfer zu erbringen und dem gleichzeitig schmerzlich bewusst ist, dass er seiner Familie, besonders seinen Kindern, große Opfer abverlangt hat.

Wer so offen, ehrlich und authentisch auftritt, dem öffnen sich Herzen und der stößt neue Denkweisen an. So fragte unlängst ein Schüler mit kongolesischer Herkunft: „Herr Goldberg, Sie sind ja ein Weißer. Sehen Sie sich denn nun eher als Europäer oder als Afrikaner?“ Der angesprochene weiße Südafrikaner schaute den schwarzhäutigen deutschen Schüler intensiv an und entgegnete lächelnd: „Nun, ich erlaube mir die Freiheit, von allen Kulturen das Beste zu verwenden.“ In diesem Moment ging auch bei anderen ein Leuchten über ihr Gesicht: „Migrationshintergrund“ mal nicht als Stigma, sondern als Bereicherung?! Da tun sich neue Horizonte im Bewusstsein auf!

„Da denkt man, da kommt jemand aus einem armen Kontinent und klärt uns über die Notlage auf, die dort herrscht. Doch am Ende von zwei Stunden habe ich den Eindruck, da hat mir jemand ganz neue Ideen und Mut geschenkt.“ Diese Schülerreaktion ist kein Einzelfall. In den Nachbesprechungen zu Veranstaltungen mit Denis Goldberg zeigt sich immer wieder, dass die persönliche Begegnung mit einem engagierten Weltbürger nachhallt. Die Jugendlichen würdigen dabei auch besonders seinen Humor, seine feine Ironie und sein Interesse an ihrer Lebenswelt.

Denis Goldberg ist ein Brückenbauer. Brücken schaffen Begegnungen und eröffnen uns neue Wege. Der Ingenieur Goldberg schafft auch Verbindungen zwischen Kulturen, macht (junge) Menschen neugierig und mutig, andere Wege zu denken und vielleicht sogar zu beschreiten.

Die Gemeinschaft der Realschule dankt Denis Goldberg an dieser Stelle für alle Fundamente, Bausteine und Verbindungen, die er solide geschaffen hat. Wir erleben die Begegnungen mit ihm als Bereicherung und freuen uns jetzt schon auf die nächste!

Maria Rosery *unterrichtet an einer Realschule in Essen Deutsch, Erdkunde und Politik. Denis Goldberg lernte sie 1998 am Küchentisch von Dodo Schulz (gemeinsame WG) kennen. Er verzehrte mit großem Vergnügen einen deftigen Wintereintopf.*

Maria Rosery, rechts neben Denis Goldberg, und ihre Schüler.

Zeitzeuge und Kämpfer – Eine ganz besondere Lehrstunde

GÜNTHER HENSCH

Wer ist dieser mutige Mann? Wie fühlt es sich an, jemandem zu begegnen, der in unvergleichlicher Weise für die Freiheit gekämpft hat – für die Freiheit eines ganzen Volkes? Werden sich junge Menschen von heute für den südafrikanischen und internationalen Kampf gegen die Apartheid interessieren und sich auf diesen besonderen Menschen einlassen? Zahlreiche Fragen bewegen mich, als ich Denis Goldberg vor rund zehn Jahren an einem warmen Frühsommertag am Siegener Bahnhof in Empfang nehme. Aus dieser ersten Begegnung sollte eine Freundschaft werden.

Denis Goldberg war damals in Siegen zu Gast, um gemeinsam mit mir einige Veranstaltungen an Siegener Schulen durchzuführen. Aus der Autobiographie Nelson Mandelas „Der lange Weg zur Freiheit" sowie aus anderen Büchern war er mir seit längerem als dessen prominenter weißer Mitstreiter bekannt. Auch in den Medien wurde bereits über ihn berichtet. Sein Name war mir außerdem aus meiner aktiven Zeit in verschiedenen Kampagnen gegen das Apartheidregime in Südafrika ein Begriff. Aber erst unsere persönliche Begegnung hat diesen Namen mit Leben gefüllt – eine Begegnung, die für mich unvergesslich bleiben wird und meine Arbeit nachhaltig geprägt hat.

Ich bin ein wenig unsicher vor dieser ersten Begegnung. „Willkommen im Siegerland", begrüße ich Denis Goldberg auf dem Bahnsteig. „Oh, wo bin ich? Im Siegerland? What a funny name. Ich dachte, ich komme aus einem Siegerland. In meinem Land haben wir das Unterdrückungssystem der Apartheid besiegt. Ich lebe auch in einem Siegerland." Über sein Gesicht geht ein freundliches und stolzes Lächeln. Seine Augen leuchten. Welch ein Erstaunen erfasst mich spontan! Sympathische Gelassenheit und zugleich erkennbarer Tatendrang gehen von ihm aus. In wenigen Minuten finden wir eine verbindende Ebene. Große Neugier auf seine Person, auf seine späteren Ausführungen packt mich. Freude über seinen ansteckenden Humor umfängt mich. Mein Respekt vor seiner Zielstrebigkeit und Aufrichtigkeit wächst von Minute zu Minute.

Worin die Ausstrahlung und Anziehungskraft dieses geachteten Kämpfers für die Freiheit seines Landes gründet, beginne ich erst im weiteren Verlauf dieses sonnigen Vormittags genauer zu verstehen. Wir sind zu einer „Autoren-Lesung" in einer Gesamtschule im Zentrum von Siegen verabredet. Die Aula füllt sich geräuschvoll mit mehr als 120 Schülern und Schülerinnen, der kompletten Oberstufe. Die jugendlichen Cliquen suchen und finden sich.

Der Gast aus Kapstadt betritt lächelnd den Ort des Geschehens. Es macht mich ein wenig stolz, dass ich als außerschulischer Bildungsreferent der Evangelischen Kirche von Westfalen diese Begegnung organisieren konnte. Das jugendliche Stimmengewirr verstummt recht schnell. „Guten Tag", begrüßt der ältere Herr mit dem interessanten, englisch klingenden Akzent seine Zuhörer. „Ich bin Denis, Denis Goldberg, und ich komme aus Kapstadt, Südafrika. Schön, dass ich hier bei Euch sein kann; ich freue mich." Beim letzten Wort zieht er seine Stimme ein wenig hoch; das klingt gut gelaunt. In der Aula ist es jetzt ganz still. In den Gesichtern spiegelt sich Spannung, Neugier und auch spontane Sympathie für den Gast. Wer ist das? Was hat der zu erzählen? Hoffentlich wird es nicht langweilig! Ihre Gedanken sind nicht schwer zu erraten.

Nach der Begrüßung durch den Schuldirektor und einigen persönlichen Worten an den Referenten stelle ich kurz die bewegte und bewegende persönliche wie politische Vita des Ehrengastes vor. Ich erläutere, warum er derzeit auf „Deutschland-Tournee" ist und erzähle kurz über die Apartheid in Südafrika und über den aufopferungsvollen Anti-Apartheid-Kampf. Als ich Denis Goldbergs 22-jährige Haftzeit erwähne, geht ein deutliches Raunen durch den Saal. Alle blicken nun regelrecht aufgeschreckt auf diesen älteren Mann mit seinem freundlichen Lächeln und seinem offenen Gesichtsausdruck. Jetzt besucht er sie persönlich. In Siegen! Kampfgefährte und Mitgefangener von Nelson Mandela! Wow!

Ruhig setzt der nach wie vor unerschrockene Kämpfer für Freiheit und Menschenrechte mit seiner biographischen Erzählung ein. Er beginnt mit der Schilderung seiner frühen Kindheit. Seine Eltern, Mitglieder der Arbeiterbewegung und aktive Gewerkschafter, lehrten ihn, nach sozialer Gerechtigkeit und Chancengleichheit zu streben und sich gegen Unterdrückung und Ausbeutung zu wehren. Im Gegensatz zu vielen anderen unterschieden sie ihre Mitmenschen nicht nach Hautfarben oder Ethnien. Ihre Maxime war vielmehr die praktizierte Solidarität in der arbeitenden Bevölkerung gegen jede Form der Diskriminierung und Ausgrenzung. Mit eindrucksvollen Worten beschreibt Denis Goldberg Demonstrationszüge durch Kapstadt, an denen er, auf den Schultern seines Vaters sitzend, schon als kleines Kind teilnahm. Er erinnert sich auch an Begegnungen mit Menschen „aller Farben", die oft in der elterlichen Küche zusammensaßen und beim gemeinsamen Essen Probleme des gewerkschaftlichen Kampfes diskutierten.

Er trägt die kleine Geschichte von seiner ersten Lehrerin „Fräulein Cook" vor. Sie lehrte ihn durch ihre gerechte und konsequente Art, sich nicht den weitverbreiteten Vorurteilen gegen „Andersartige" hinzugeben und diese zu stigmatisieren oder gar auszugrenzen. Sie lehrte das Kind Denis, jeden einzelnen Menschen, unabhängig von Hautfarbe, Aussehen, Behinderung, Größe, Geschlecht oder Religion wertzuschätzen. Damit habe „sein liebes Fräulein Cook" ihn schließlich für 22 Jahre ins Gefängnis gebracht. Etwas irritiert hören die jungen Zuhörer diesen kurios anmutenden Satz.

In weiteren biographischen Episoden aus seiner Kindheit und Jugendzeit beschreibt Denis Goldberg verschiedene Erlebnisse mit der systematischen gesellschaftlichen Ausgrenzung schwarzer oder farbiger Menschen in Südafrika. Er kontrastiert diese Erfahrungen mit seinen eigenen Entwicklungs- und Lebensmöglichkeiten als Weißer. Für ihn war es keineswegs gerecht, dass er seinen Berufswunsch Bauingenieur realisieren konnte, während die gleichaltrigen Schwarzen nicht einmal zur Schule gehen durften, dass er eine Familie gründen konnte, die Schwarzen aber sozial ausgegrenzt, von ihren Familien räumlich getrennt und systematisch entrechtet wurden.

Höchst konzentriert lauschen die Jugendlichen dem Zeitzeugen mit seinen persönlichen und historischen Schilderungen über den langen Freiheitskampf Südafrikas. Sie ahnen, dass sie einer einmaligen „Geschichtsstunde" beiwohnen. Sie lernen höchst authentisch wichtige Fakten und Hintergründe zum viele Jahrzehnte währenden weißen Unrechtsregime der Apartheid. Sie beginnen, deren gesellschaftliche Konsequenzen für die nichtweiße Bevölkerungsmehrheit nachzuvollziehen und zu verstehen.

Dabei gewährt Denis Goldberg den Jugendlichen mit seiner einfachen und klaren Sprache in seiner unnachahmlich charmanten und unaufdringlichen Art tiefe Einblicke in seine persönliche Entwicklung. Er zeichnet seinen Weg nach, von der ethischen Empörung angesichts des alltäglichen Unrechtes hin zum politischen Kampf für Demokratie – schließlich sogar bis zum bewaffneten Widerstand im ANC gegen die rassistische Diktatur der weißen Minderheit.

Die Schüler bekommen dabei die Chance, zu verstehen, dass gesellschaftliches Unrecht niemals von Dauer sein kann und dass soziale Unterdrückung irgendwann immer Gegendruck und Gegenwehr der Unterdrückten provoziert. Zugleich wird die ethische Grundüberzeugung deutlich, dass auf Dauer auch die Verursacher oder die Nutznießer von Unterdrückung selber nicht in Frieden leben können. Unrecht, Diskriminierung und Ausgrenzung können keinen wahren Frieden begründen und auch nicht Demokratie und Rechtsstaatlichkeit ermöglichen.

In kurzen Sequenzen stellt Denis Goldberg weitere Stationen seines Lebens dar. Er schildert, wie er 1963 gemeinsam mit Nelson Mandela und anderen ANC-Kämpfern verhaftet und ein Jahr später im berüchtigten Rivonia-Prozess zu lebenslanger Haft verurteilt wurde. Er berichtet aus seiner Zeit im Hochsicherheitsgefängnis in Pretoria, in dem ausschließlich Weiße inhaftiert waren. Über die zahlreichen Schikanen des dortigen Wachpersonals, über diverse Fluchtversuche seiner politischen Mitgefangenen. Er beschreibt diese Zeit der Inhaftierung ohne jedes falsche Pathos, verklärt sie damit nachträglich nicht zum Abenteuergeschehen und inszeniert sich nicht als Helden.

Er geht auch auf seine „Begnadigung" ein, die ihn unmittelbar anschließend ins Exil zwang. Er erzählt vom Wiedersehen mit seiner in London lebenden Familie und seinen ersten und unsicheren Schritten in der Freiheit. Und schließlich auch von seinen politischen Aufträgen beim Aufbau der Demokratie unter dem ersten von der großen Mehrheit aller Südafrikaner gewählten Präsidenten Nelson Mandela.

Zum Ende berichtet Denis Goldberg über seine karitativen Beiträge zur sozialen Entwicklung und zur gesellschaftlichen Restrukturierung des „neuen Südafrika". Es sei auf dem Weg, die Topographie des Unrechts zu ergründen und die Verwundungen in den Seelen der schwarzen Menschen zu heilen.

Im anschließenden Gespräch stellen die jugendlichen Zuhörer viele, sehr unterschiedliche Fragen. Dabei lassen alle einen tiefen Respekt für das Leben Denis Goldbergs wie auch eine große Betroffenheit über die gesellschaftlichen Konsequenzen der Rassentrennung erkennen. Sie fragen den Gast nach seinen persönlichen Entscheidungen und Erfahrungen vor dem bewaffneten Kampf, während der Inhaftierung, nach seiner Familie und seinen Erlebnissen im Exil. Einige fragen auch nach dem aktuellen Südafrika, den Leistungen und Misserfolgen auf dem langen Weg zur Freiheit und Demokratie.

Gegen Ende der Veranstaltung spricht Denis Goldberg über

sein aktuelles Engagement in seinem Heimatland: Es gilt zum einen der historischen Aufarbeitung des inzwischen beseitigten weißen Unrechtsregimes, zum anderen der Überwindung der tiefen sozialen Gräben und der noch lange fortwirkenden gesellschaftlichen Verwerfungen.

Denis Goldberg betont auch die Notwendigkeit der Bekämpfung von Unrecht, Unterdrückung und Diskriminierung in deren unterschiedlichsten Formen weltweit. Er will die Menschen sensibilisieren für die Universalität der Menschenrechte und zur engagierten und demokratischen Gegenwehr überall dort ermuntern, wo gegen diese verstoßen wird. Mit seiner natürlichen Autorität und authentischen Persönlichkeit setzt er sich mit großer Glaubhaftigkeit für die Freiheit und den gegenseitigen Respekt ein, unabhängig von Hautfarbe, Religion oder Weltanschauung, von Geschlecht, Alter oder Bildungsabschluss.

Wie im Fluge sind zwei Schulstunden vergangen. Nicht einmal die Klingel findet am Ende wirkliche Beachtung. Ohne Aufforderung spenden die jungen Menschen Denis Goldberg zum Abschluss stehend Applaus. Zahlreiche Schülerinnen und Schüler kommen zu ihm und danken ihm in zum Teil sehr bewegenden Worten für diese ganz besondere Lehrstunde.

Seit dieser ersten Begegnung mit Denis Goldberg vor mehr als zehn Jahren ist er regelmäßig für jeweils mehrere Tage ins Siegerland gekommen. In unserem Programm zur politischen Jugend- und Erwachsenenbildung im Auftrag der Evangelischen Kirche von Westfalen gehören die Veranstaltungen mit ihm zu den absoluten Highlights. Die Begegnungen mit Denis Goldberg werden von zahlreichen Schulen und anderen Bildungseinrichtungen in und um Siegen nachgefragt. Auch werden gelegentlich öffentliche Abendveranstaltungen oder Wochenendseminare mit ihm organisiert.

Zum Oberstufen-Kollegium und zur Leitung der Bertha-von-Suttner-Gesamtschule haben sich seit der ersten Begegnung tiefe freundschaftliche Beziehungen entwickelt. Im Schulprogramm ist die vielfältige Beschäftigung mit Afrika, seiner Geschichte, seinen Ländern, Kulturen und Entwicklungen seit langem fest verankert. Dabei bildet Südafrika einen besonderen Schwerpunkt. Denis Goldberg gibt dazu nicht nur durch seine regelmäßigen Lesungen immer wieder wichtige Impulse.

Im Sommer 2012 besuchten junge Musiker aus Denis Goldbergs Wohnort Hout Bay für einige Tage die Siegener Gesamtschule. Sie gehören zu einem von ihm gesponserten Kultur- und Musikprojekt für Kinder und Jugendliche aus allen Bevölkerungsschichten und Wohnquartieren. In Siegen musizierten sie gemeinsam mit deutschen Schülern. Sie übten mehrere südafrikanische und internationale Stücke aus Folk, Pop und Jazz ein. Am Ende gaben die Jugendlichen ein fantastisches gemeinsames Konzert, bei dem Denis Goldberg als Ehrengast und „heimlicher Schirmherr" anwesend war. Die Musiker sprühten vor Freude und zeigten ihre musikalischen und künstlerischen Talente. Das Publikum war begeistert und feierte sie frenetisch. Die Jugendlichen aus Hout Bay und Siegen umarmten sich mit Stolz und tiefer Sympathie.

Aus allen regionalen Schulen, in denen Denis Goldberg bislang zu Gast war, kommen immer wieder Anfragen. Er hat in Siegen und im Siegerland viele Freunde gewonnen, die ihm in Respekt vor seinem Mut und seiner Menschlichkeit und mit großer Dankbarkeit für sein unermüdliches Engagement verbunden sind. Sie gratulieren ihm in aufrichtiger Anerkennung für seine Lebensleistung aufs Herzlichste zu seinem 80. Geburtstag und freuen sich auf weitere persönliche Begegnungen.

Auch ich verneige mich aufrichtig und ehrlich vor diesem großen Mann, vor diesem mutigen Kämpfer für die Freiheit Südafrikas und für die Menschenrechte in aller Welt. Ich danke ihm für das Geschenk, ihm gemeinsam mit meiner Familie in Freundschaft verbunden zu sein und von ihm unendlich viel lernen zu dürfen.

Denis Goldberg hat Brücken gebaut, Brücken auf denen unzählige Schüler einen Weg zum Verständnis für den Freiheitskampf Südafrikas gehen konnten. Er hat eine Brücke von Südafrika ins

Siegerland – vom Siegerland nach Südafrika gebaut. Eine Brücke aus Respekt für die Menschen, aus Achtung vor dem Anderssein und dem Mut zum Kampf gegen Rassismus – damals wie heute.

Günter Hensch *ist seit 1978 Referent für politische Jugend- und Erwachsenenbildung im Auftrag der Evangelischen Kirche, mit den Schwerpunkten Arbeit mit Zuwanderern, internationale Begegnungsarbeit sowie europäische Bildungsarbeit. Er leitet das Büro Siegen des Instituts für Kirche und Gesellschaft der Evang. Kirche von Westfalen und vertritt den Kirchlichen Dienst in der Arbeitswelt in der Region Siegen.*

Denis Goldberg im Unterricht – Didaktische Überlegungen

DODO SCHULZ

Vergleichbare Standards, Kompetenzraster, Wirkungsketten, Qualitätskriterien, das sind nur einige Begriffe, die im Bildungsdiskurs derzeit hoch im Kurs stehen. In diesem Kontext zu analysieren, welche Bedeutung die Begegnung mit Denis Goldberg für die Persönlichkeitsentwicklung von jungen Menschen haben kann, ist nicht einfach, weil sehr komplex. Kolleginnen erzählen aus der pädagogischen Praxis. Sie beschreiben den Respekt der Kinder und Jugendlichen vor Denis Goldbergs Lebensleistung, seine Rolle als Vorbild für einen aufrichtigen, vorurteilsfreien und menschlichen Umgang miteinander, für das persönliche Einstehen für die Würde aller Menschen. Und sie schildern die nachhaltigen Wirkungen, die die Begegnungen mit Denis Goldberg entfalten, die Aktivitäten der Schülerinnen und Schüler, die seine Arbeit für die Menschen in Südafrika unterstützen. Das sind konkrete, individuelle und persönliche Berichte.

Hier soll es um die didaktische Begründung gehen, warum Begegnungen mit einem Zeitzeugen wie Denis Goldberg im Unterricht heute wichtig sind.

Zielbeschreibungen von Lern- und Bildungsprozessen der formalen und non-formalen Bildung finden sich unter anderem in den „Kernlehrplänen" für die Schule, dem „Orientierungsrahmen Globale Entwicklung" und dem Konzept „Bildung für nachhaltige Entwicklung". In allen genannten Dokumenten werden sie als Kompetenzen beschrieben. Nach Weinert sind Kompetenzen

„die bei Individuen verfügbaren oder von ihnen erlernbaren kognitiven Fähigkeiten und Fertigkeiten, bestimmte Probleme zu lösen, sowie die damit verbundenen motivationalen, volitionalen (vom Willen gesteuert) und sozialen Bereitschaften und Fähigkeiten, um Problemlösungen in variablen Situationen erfolgreich und verantwortungsvoll nutzen zu können".[26] In den Dokumenten geht es um unterschiedliche Kompetenzkonzepte, die aber Schnittmengen haben. (Für eine intensive Analyse der Schnittmengen scheint mir hier nicht der richtige Ort zu sein.) Eine Schnittmenge lässt sich meines Erachtens mit Hilfe des didaktischen Würfels zur Strukturierung globalen Lernens von Prof. Christel Adick[27] fassen. Dieses Analyseinstrument hilft, Argumentationslinien für die Auswahl und Gestaltung geeigneter Lernsituationen zur Entwicklung von Kompetenzen herauszuarbeiten. Es beinhaltet drei Dimensionen, die gemeinsam ein miteinander verwobenes Netz von Aspekten bilden.

Die erste Dimension des didaktischen Würfels fordert, dass Lernen zur Weitergabe von Kultur beitragen, dabei Wissen vermitteln und zur Gewissensbildung beitragen soll. Denis Goldberg bringt in seine unterrichtlichen Begegnungen ein profundes Wissen nicht nur als Bauingenieur ein. Vor allem bringt er sein reflektiertes zeitgeschichtliches Wissen und seine persönlichen Erfahrungen aus der Zeit der Apartheid und der Zeit der Transformation Südafrikas in eine freie und demokratische Gesellschaft ein. Dabei weiß er sehr gut die Perspektive der individuellen Geschichte auf dem Hintergrund des sozialen, politischen und gesellschaftlichen Kontextes darzulegen. Dies nachvollziehbar zu leisten ist ihm ein Anliegen sowohl bezogen auf sein Heimatland Südafrika als auch auf seine Rolle als aktiver, gestaltender Weltbürger. Dabei vermittelt er sein Wissen über die Geschichte

26 Franz E. Weinert 2001, Leistungsmessungen in Schulen, 271 f.

27 Ein Modell zur didaktischen Strukturierung des globalen Lernens. Bildung und Erziehung 55, 2002, Heft 4, S. 397–416.

Südafrikas, des ANC, die aktuelle politische Lage und/oder reflektiert, in Abstimmung mit dem jeweiligen Publikum, über die Vergleichbarkeit der Unrechtsregime in Südafrika in der Zeit der Apartheid und in Deutschland während des Nationalsozialismus. Gleichzeitig macht Denis Goldberg deutlich, warum er sich für den Widerstand gegen das Apartheidsystem entschieden hat, wie und warum er sich noch heute aktiv in die Gestaltung von Gesellschaft einbringt und wie er zu dieser Haltung gefunden hat. Mit seiner reflektierten Erfahrung über die Entwicklung der südafrikanischen Gesellschaft beschreibt und analysiert er die Herausforderungen, Chancen und Potenziale des friedlichen Zusammenlebens unterschiedlicher Kulturen und der verschiedenen sozialen Milieus in seinem Land. Denis Goldberg schlägt immer auch einen Bogen in die Gesellschaft der Zuhörenden und Gesprächspartner und zeigt die verbindenden Themen auf.

Lokal-globale Wechselwirkungen und die Wechselwirkungen zwischen Individuum und Gesellschaft zu verdeutlichen, ist als zweite Dimension im didaktischen Würfel gesetzt. Denis Goldberg verbindet sein individuelles Handeln als Kämpfer für gleiche Lebenschancen von Menschen gleich welcher Herkunft, Religion, welchen Geschlechts, welches sozialen Status' in Südafrika mit der Analyse globaler Strukturen von Ungleichheit beim Zugang zu Bildung, zu Ressourcen und zu Wohlstand. „Wechselwirkungen verschiedener sozialräumlicher Kontexte vom Einzelnen bis zur Weltgesellschaft" werden darüber hinaus deutlich, wenn er etwa die Frage der Wasserversorgung für die benachteiligte Bevölkerung Südafrikas zusammen mit den Privatisierungsstrategien öffentlicher Güter in anderen Ländern und den Profiten globaler Wasserkonzerne diskutiert.

Die dritte und letzte Dimension des didaktischen Würfels hebt auf die historische Achse ab. Diese soll dem vermittelten Wissen eine Perspektive geben, in der Vergangenheit, Gegenwart und Zukunft vielfach miteinander verwoben sind.[28] Mit je nach Zielgruppe ausgesuchten Ausschnitten aus seiner eigenen Biographie legt Denis Goldberg Zeugnis davon ab, dass Geschichte und Zukunft von Menschen gemacht wird. Er hat persönlich die Entscheidung getroffen, dass der Befreiungskampf an erster Stelle und die Familie erst an zweiter Stelle sein Leben bestimmt. Bis heute setzt Denis Goldberg sich für die Überwindung des Apartheid-Erbes ein, etwa durch sein vielfältiges Engagement an seinem Lebensmittelpunkt in Hout Bay, einem Stadtteil von Kapstadt, in dem die sozialen und ethnischen Milieus immer noch sehr getrennt voneinander leben. Damit, aber auch mit seinen Lesereisen, seinen Vorträgen in pädagogischen Kontexten, beteiligt er sich an der Gestaltung von Gegenwart und Zukunft in Südafrika, hier in Deutschland und überall auf der Welt, wo Denis ebenfalls auf Lese- und Vortragsreise war und ist.

Denis Goldberg ist Zeitzeuge des politischen Widerstandes in Südafrika und setzt sich für die Transformation seines Landes in eine freie, gleiche, demokratische Gesellschaft ein. Insbesondere dieses Moment seiner Persönlichkeit, dass er aus individuell erworbenem Wissen und Erfahrungen einen eigenen Standpunkt bezieht, daraus das eigene Handeln ableitet und konsequent lebt, so die Gesellschaft mitgestaltet – auch unter schmerzhaftem Verzicht auf einige Selbstverständlichkeiten des Lebens, z. B. des Zusammenlebens mit der Familie – ist das, was bei Jung und Alt den Respekt vor diesem älteren weisen Südafrikaner wachsen lässt. Die in den Begegnungen mit ihm häufig aufkommende Rückbesinnung darauf, dass er auch andere Wege hätte gehen können, macht Zuhörenden und Gesprächspartnern deutlich, dass es bei der Gestaltung des eigenen Lebens im Kleinen, im Privaten oder Großen, als Weltbürger, darauf ankommt, begründet Entscheidungen zu treffen, um dann handeln zu können. Ich selbst habe oft genug erlebt, dass Denis Goldberg in diesen Sequenzen der

28 Vgl. Christel Adick

verschiedensten Gespräche sehr ausdrücklich betont, dass auch Nichtstun eine Alternative ist und weitreichende Wirkungen haben kann. Hier knüpft er gerne an die Lebenswirklichkeit der Schülerinnen und Schüler an: Wie steht es mit dem Miteinander, dem solidarischen Füreinandereintreten, dem Widerstand gegen Mobbing, gegen soziale oder religiöse Ausgrenzung zum Beispiel, und ist damit mitten in ihrem Alltag.

Wenn Denis Goldberg die Situationen aus seinem Leben beschreibt, die für seine Haltungen prägend gewesen sind, erfahren die Zuhörenden ganz konkret, wie Einstellungen und Motive als Fundament für individuelles Handeln entstehen können. Er zeichnet nach, wie die Unmenschlichkeit der Apartheid und sein von der Familie geprägtes tiefes Gerechtigkeitsempfinden seine Bereitschaft geweckt haben, Verantwortung für soziale und politische Ziele zu übernehmen. So schließen wir wieder an die erste Dimension des didaktischen Würfels an. Unterricht soll normative Reflexion anleiten, zur Gewissensbildung beitragen. Dass dies nicht eindimensional und linear angeleitet werden kann, sondern dass hierfür eine Vielzahl von Einflüssen, von Lernsituationen zusammenwirken, schildert Denis Goldberg durch seine Vielfalt an persönlichen Erfahrungen, sachlichen Analysen und glaubwürdigen Lebensweisheiten. Damit zeigt er, ohne es offenbar zu intendieren, beispielhaft, wie komplex Lernprozesse angelegt sind und sein müssen, damit Menschen bereit und in der Lage sind, Verantwortung zu übernehmen, Handlungs- oder auch Gestaltungskompetenz zu erlangen. Damit bin ich zurück beim Ausgangspunkt der Betrachtungen, den Zielbeschreibungen von Lernprozessen, den Kompetenzen.

Begegnungen mit dir, Denis, sind Lernerfahrungen, die individuell verschieden wirken. Sie unterstützen das Ziel, in der globalen Welt Handlungsfähigkeit zu erwerben, sein Leben in Verantwortung für sich und die Gesellschaft im Kleinen und Großen mit einer solidarischen Haltung, mit dem Einstehen für Gerechtigkeit zu gestalten. Das sind gute und ausreichende Gründe, dich in den Unterricht einzuladen.

Dir, lieber Denis, wünsche ich weiterhin Gesundheit und Kraft, deine Begegnungen mit Menschen in pädagogischen Kontexten fortzuführen. Es bereichert mein Leben, dass ich dich als Freundin schon so lange dabei begleiten darf. Dafür dir meinen herzlichen Dank!

Dodo Schulz *studierte für das Lehramt Pädagogik/Sport Sek II sowie für den MBA Sustainability-Management. Sie arbeitet seit vielen Jahren im Kultur-und Bildungsmanagement im Kontext Globalen Lernens und aktuell als Mitarbeiterin der Agentur „Bildung für nachhaltige Entwicklung" der Landesregierung NRW sowie ehrenamtlich als Mitarbeiterin der EXILE-Kulturkoordination e.V.*

Botschafter für Solidarität

Die Brücke – Das Bauwerk eines Humanisten

PETER SENFT

„Im 21. Jahrhundert müssen wir versuchen, die Fehler des 20. Jahrhunderts zu vermeiden. Daran arbeite ich." Diese Sätze von Denis Goldberg haben mich fasziniert. Welche Wucht haben sie, wie einfach klingen sie und wie deutlich machen sie, welche Mühen wir gemeinsam auf uns nehmen müssen, um diese Botschaft in die Realität umzusetzen.

Für mich war Denis über Jahre „der Angeklagte Nummer 3 im Rivonia-Prozess", eine politische Ikone, als einer der Helden dieses Prozesses mit Nelson Mandela an der Spitze.

Wenn ich über Denis etwas sage, dann muss ich zuerst etwas über Edelgard Nkobi-Goldberg sagen. Ohne sie wäre ich Denis nie so nahe gekommen, ohne sie würde ich wenig über das südliche Afrika und den Kampf gegen die Apartheid wissen. Über Jahre war Edelgard „meine Stimme aus dem südlichen Afrika." Um das zu verstehen, muss ich erwähnen, dass ich über Jahrzehnte regelmäßig das „Neue Deutschland" gelesen habe – als Sozialdemokrat, im Westen, mitten im sogenannten Kalten Krieg. Es gab vieles in dieser Zeitung, das ich politisch ablehnte, aber sie war eben für mich ein Fenster in die DDR. Das war auch der Grund für meine vielen Reisen in die DDR. Edelgard berichtete aus dem südlichen Afrika und prägte mein Bild eines anderen Südafrika, eines Landes, das nicht mit dem übereinstimmte, was man „in den Westmedien" hörte und las oder im Fernsehen sah.

Im Jahr 2006 ging ich als Diplomat mit meiner Familie nach Südafrika. Wenige Wochen danach, bei einem Kurzaufenthalt in Deutschland, traf ich Edelgard, wie schon mehrmals vorher, in Berlin. Wir waren Gäste auf dem Landesparteitag der Berliner SPD. Sie lud mich mit meiner Familie nach Kapstadt ein und kurz darauf besuchten wir sie und Denis am Kap der guten Hoffnung. Während meiner ersten Begegnung erkannte ich in diesem ungewöhnlichen Mann und Kommunisten vor allem einen Humanisten, den die Umstände in einem menschenverachtenden System zum politischen Aktivisten gemacht hatten und den die Ausweglosigkeit des jahrzehntelangen gewaltlosen Widerstandes gegen die Apartheid Offizier in der Armee des ANC werden ließ. Ein Pazifist, der mit Waffen und Dynamit für die Freiheit gekämpft hatte.

Unser erstes Treffen am „Mariner's Wharf" am Hafen von Hout Bay werde ich nie vergessen. Wir hatten uns noch nie gesehen und kamen uns auf Anhieb mit einem Lächeln und einigen witzigen, fast flapsigen Bemerkungen näher. Es sprang ein Funke über. Das werden viele vor mir auch gespürt haben: Denis strahlt eine enorme Wärme, ein offenes Herz und eine ansteckende Lebensfreude aus. In Sekunden erinnerte ich mich, was dieser Mann alles hinter sich hatte und dass seine schlimmsten Feinde eines nicht erreicht hatten, ihn zu brechen. Welche Freude, dass ich das sehen konnte und welche Freude, dass wir alle das bis heute erleben können.

An dem Tag und in den wenigen Monaten, die Edelgard 2006 noch mit ihrem Denis blieben, konnte ich sehen, dass sie eine der Quellen der Kraft war, die Denis nach so vielen Jahren des politischen Kampfes und der Entbehrungen zu dem machten, den wir kennen, schätzen und lieben.

In meiner Zeit als Diplomat in Südafrika, von Januar 2006 bis Dezember 2009, bin ich Denis sehr häufig begegnet. Unsere politischen Streitgespräche erinnere ich mit großem Respekt. Mit seinem enormen Wissen, seinem Verstand, seiner humanistischen Grundhaltung und mit seinem Respekt vor seinem Gegenüber kann er seinen politischen Standpunkt mit einer klaren und wo notwendig auch scharfen Argumentation vertreten. Häufig platzte es aus ihm heraus, wenn er mir – enttäuscht von der Politik der SPD in Deutschland – entgegenschleuderte: „Wie kannst Du mit Deinem politischen Verstand und Deinen Ansichten in dieser Partei sein?" Meine Argumente hörte er immer mit Interesse an. Weniger heftig, aber ebenso häufig kritisierte ich ihn, weil er die Politik seiner Genossen in den kommunistischen Parteien in Südafrika und Deutschland mit zu geringer Distanz betrachtete.

Es ist für das Bild von Denis wichtig, dass der Grund für einen politischen Streit immer sein Bestreben nach einer konstruktiven Lösung war und ist. Kein Gespräch, keine Diskussion, keine Aktion ist mit Denis denkbar, ohne dass es ein Ziel, eine Idee, einen Kompromiss zum Erreichen dieses Zieles gibt. Einige Prinzipien allerdings sind für ihn nicht kompromissfähig: Dazu gehören die Menschenrechte und der Kampf gegen Rechtsextreme und Faschisten.

Als Diplomat muss man beobachten und berichten, darf sich nicht aktiv politisch einmischen. Für einen Gewerkschafter wie mich eine Herausforderung. Mit Denis' Hilfe, mit seinen Hinweisen, seiner politischen Analyse, sind viele meiner Berichte entstanden. Damals in Südafrika gelang es mir, meinen Kolleginnen und Kollegen mit Denis einen „ehrenamtlichen Diplomaten" näherzubringen. In Gesprächen mit ihnen Jahre später wurde mir deutlich, wie stark er auch sie geprägt hat.

Denis' Einsatz für seine politischen Ziele lässt sich am besten kurz damit beschreiben, wie er sich für Kinder engagiert, für arme, benachteiligte, geschundene, kranke Kinder, für Kinder, denen mit Bildung die geistige Grundlage für ein selbstständiges, selbstbestimmtes Leben ermöglicht werden soll.

Es sind die kleinen, fast unscheinbaren Sätze, die Denis' Liebe zu den Menschen prägnant beschreiben. Er und ich fuhren vor einigen Jahren im Auto von dem wunderschön am Hang gelegenen Haus der Goldbergs hinunter ins Tal nach Hout Bay und kamen an einer Schule vorbei. Die Schulkinder stürmten nach Schulschluss lärmend auf die Straße. Wir mussten den Wagen anhalten, um niemanden zu verletzen. Mit einem Lächeln sagte Denis: „Für diese Kinder habe ich 22 Jahre im Gefängnis gesessen.“ Man kann dicke Bände über diesen Satz schreiben. Jeder Schritt in Denis' Leben ist mit diesem Satz in irgendeiner Weise verbunden und doch erfasst er nicht seine ganze Persönlichkeit. Der Weg von Denis' Großeltern und Eltern, von Litauen über England nach Südafrika Ende der 1920er Jahre, ist verbunden mit der Geschichte eines Jahrhunderts. Das Leben von Denis' Familie zeigt eine Facette von Südafrika, die in Europa wenig Beachtung gefunden hat: Weiße nicht als Unterdrücker von Schwarzen, sondern als Emigranten aus Europa, als Kommunisten und Gewerkschafter. Die Goldbergs setzten sich mit politischen Gefährten gegen Rassendiskriminierung, Unterdrückung und politisches Unrecht ein, ohne Ansicht der Hautfarbe, der Religion und der politischen Überzeugung. Hier ist die Grundlage für Denis' Biographie zu finden: Der Auftrag – The Mission.

Lässt man diese unvollständige Aufzählung Revue passieren, dann kann für ein Kind dieser Familie nur ein Beruf in Frage kommen: Brückenbauer. Heute würde man sagen, Denis hat mit seiner Berufsausbildung an der Universität in Kapstadt die Formalqualifikation als Brückenbauer, als Bauingenieur, erworben. Wie überall auf der Welt reicht aber eine Formalqualifikation nicht aus, um Hervorragendes zu leisten. Der Ingenieur muss die Pläne für die Errichtung der Überführung in die Tat umsetzen. Zum erfolgreichen Brückenbau gehört jedoch mehr: Man muss die Verkehre, die zur Brücke hinführen und von ihr weiterführen, bedenken. Das gilt auch für einen Brückenbauer, der Menschen verbindet, der politische Ideen verbindet. Eine Brücke ohne Zufahrten und Abfahrten ist ein stumpfes Bauwerk. Mit diesem Bild wird erst deutlich, welche Qualität den Brückenbauer Denis Goldberg auszeichnet.

Die politische Geschichte des 20. Jahrhunderts ist eine Reihe von Brüchen in vielen Ländern der Welt. In Südafrika bedeutet das eine Reihe von Brüchen aus 300 Jahren Kolonialzeit, aus fast 45 Jahren erbitterter Apartheid mit unvorstellbarer wirtschaftlicher Unterdrückung verbunden mit roher Gewalt von Polizei und Armee. Kaum vorstellbar zu Zeiten des Rivonia-Prozesses 1963/1964, dass sich das Blatt ändern könnte.

In Südafrika teilte sich die Gesellschaft in Weiß und Nicht-Weiß. In Deutschland teilte der Ost-West-Konflikt als Folge zweier Weltkriege und als Folge der diametralen Gegensätze von Weltanschauungen das Land mittendurch und trennte Deutsche von Deutschen. An dieser Trennung haben die Deutschen selbst eine hohe Mitschuld, als Auslöser von zwei Weltkriegen. Mit seinem Kampf in Südafrika hat Denis für die Überwindung der Trennung im eigenen Land, aber eben auch für die Überwindung der Trennung in Deutschland gearbeitet.

In beiden Ländern sind nach dem Ende der Trennung couragierte Menschen aufgestanden und haben aus den Trümmern Brücken gebaut. Denis Goldberg war und ist einer von ihnen. Der Glanz des sogenannten Wirtschaftswunders, den viele mit harter Arbeit und Entbehrungen erst ermöglicht haben, der Glanz der Wiedervereinigung der beiden deutschen Staaten, den viele in beiden Teilen des heutigen Deutschlands aber gar nicht erleben, der Glanz des neuen Südafrikas, der zwar in Johannesburg und Kapstadt und in wenigen weiteren Zentren zu sehen ist, aber viele Townships noch gar nicht erreicht hat, macht viele glauben, die Brückenbauer hätten ihre Arbeit abgeschlossen. Denis wird in dieser Zeit zum Mahner, wird zum Lehrer für diejenigen, die vom Glanz geblendet sind.

Auch in Deutschland. Er ist in allen Teilen des Landes geschätzt, respektiert, von vielen geliebt. Denis benutzt die Sprache als Werkzeug. Englisch und Afrikaans, Xhosa und Zulu, und er hat sich sogar die Mühe gemacht, Deutsch zu lernen. Sprachen sind für ihn Instrumente für den reibungslosen Fluss von Gedanken. Was würde uns verloren gehen, wenn Denis kein Deutsch könnte!

In unermüdlicher Kleinarbeit baut Denis, der weiße Südafrikaner, an den politischen Straßen in Deutschland. Er kommt als Zeitzeuge in Schulklassen, er hält Vorträge in Akademien und Universitäten, er diskutiert mit seinen Genossinnen und Genossen, er diskutiert mit Menschen, die ihm politisch nicht nahestehen, er spricht mit Arbeitern, mit Gewerkschaftern und er unterstützt die Kunst in vielen Formen, dann, wenn Kunst mehr erreichen kann als Worte.

Auf diesem Weg hat der Kommunist Denis Goldberg bei vielen Gelegenheiten mit Sozialdemokraten diskutiert, kritische Anmerkungen gemacht, ausgelotet, wie man gemeinsam Ziele erreichen kann, die die Welt lebenswerter und bunter machen, weil eine Welt ohne Diskriminierung farbiger, reicher ist.

Generalsekretäre der SPD hören ihm ebenso zu wie einfache Parteimitglieder. Er ist glaubwürdig, wenn er mahnt, dass die Lehren aus der Weimarer Republik dazu beitragen müssen, gemeinsam für einen demokratischen Staat einzustehen. Die Gespräche im Willy-Brandt-Haus und im Bundestag mit führenden Sozialdemokraten haben mich nachhaltig beeindruckt. Es war mit Händen zu greifen, dass Denis eine Vision hat, die weit über tagespolitische Ziele hinausgeht. Dieser Meinungsaustausch hat mich in meinem eigenen politischen Leben bestärkt, fernab von politischen Einzelproblemen die damit verbundenen Frustrationen hintanzustellen, das politische Ganze zu sehen und gegen die Feinde der Demokratie gemeinsam zu kämpfen.

Nach politischem Kampf in Südafrika, 22 Jahren Haft und erzwungenem Exil ist aus dem Bauingenieur Denis Goldberg und Mitglied des Oberkommandos des „Speer der Nation", dem bewaffneten Arm des ANC, ein Diplomat geworden. Als Repräsentant des ANC bei den Vereinten Nationen war sein Talent ganz besonders gefragt. Er musste viele Grundsteine legen, einen auch in Deutschland, genauer in der Bundesrepublik. Die sollte den ANC als politische Repräsentanz anerkennen. Nicht leicht, denn im Gegensatz zur DDR hatte die Bundesrepublik zum Apartheidregime ununterbrochen enge Kontakte.

Die kritische Haltung gegenüber der Bundesrepublik, die seine Freunde in der Bundesrepublik mehrheitlich teilten, hielt Denis nicht davon ab, die DDR, nach seiner Meinung nach dem Zweiten Weltkrieg „das bessere Deutschland", zu kritisieren – von Genosse zu Genosse –, wenn er dies für erforderlich hielt. In stillen Momenten machte es ihn tieftraurig, nicht bitter, denn das kann Denis nicht sein.

Langer Atem, den man für den Bau einer tragfesten Brücke braucht, war nötig, um den ANC endgültig 1994 mit der Wahl von Präsident Nelson Mandela zum Ziel zu führen. Langer Atem war auch nötig, damit die Bundesregierung Ende der 80er Jahre zu einem Umdenken gegenüber Südafrika, zum Beispiel in der Frage von Wirtschaftssanktionen, bereit war. Daran war Denis Goldberg entscheidend beteiligt. Die Entwicklung in Deutschland nach 1989 beobachtete er mit großer Aufmerksamkeit, manchmal mit Sorge, aber immer mit einer gehörigen Portion Mut und Zuversicht. Ich erinnere mich an eine Begebenheit im Haus der Rosa-Luxemburg-Stiftung 2007 in Berlin. Unter den 150 Zuhörern im Publikum war ich der einzige, der nicht zur Partei Die Linke gehörte. Auf die Frage eines langjährigen politischen Gefährten, warum es 13 Jahre nach Ende der Apartheid immer noch Armut in Südafrika gebe, antwortete Denis ruhig mit dem Hinweis, dass die Wunden der Apartheid so tief seien, wie man es sich in Europa gar nicht vorstellen könne. Er erinnerte daran, wie lange es in Deutschland gebraucht habe, einen Sozialstaat aufzubauen und man sei ja selbst nach 150 Jahren Kampf noch nicht am Ende. Wo denn die Erfolge der Kommunisten und Sozialisten zu spüren seien, speziell im wiedervereinten Deutschland? Welche Mehrheiten hätte man denn in beiden Teilen des Landes erreicht und warum seien die Konservativen immer noch so erfolgreich? Seine Botschaft lautete, man solle Veränderungen akzeptieren und an der Zukunft mitbauen. Man müsse immer konkrete Lösungen anbieten und sich nicht auf die notwendige Kritik des Bestehenden beschränken. Es war sehr still im Saal nach seinem Beitrag.

Das heutige Miteinander in einem Deutschland im 21. Jahrhundert ist auch sein Werk. Dieses Gesamtwerk ist noch nicht vollendet. Der weiße Südafrikaner vom Kap – dem schönsten Ende der Welt – ist ein Internationalist, das, was Sozialdemokraten, Sozialisten und Kommunisten gerne von sich behaupten. Meistens aber bleiben sie ihrem kommunalen oder nationalen Umfeld verhaftet. Denis lebt uns den Internationalismus vor, der aktiv gelebt die Grundlage für Nichtdiskriminierung ist.

Wir, seine Weggefährten, seine politischen und persönlichen Freunde, haben ihm viel zu verdanken. Wenn Denis in einen Raum tritt, leuchtet es. Es sind seine strahlenden Augen, die seinen sprühenden Geist und seinen hinreißenden Humor sichtbar machen.

Der Brückenbauer Denis Goldberg wird auch in Zukunft in Südafrika und in Deutschland gebraucht.

Peter Senft *ist Jurist und Bankkaufmann; seit November 2011 Sozialreferent an der Deutschen Botschaft in Kairo. Vorher u.a. tätig im Europäischen Metallgewerkschaftsbund, als Sozialreferent an der Deutschen Botschaft in Pretoria, als Lehrbeauftragter an der HU Berlin und als Politischer Sekretär beim Vorstand der IG Metall. Seit 1971 aktives Gewerkschaftsmitglied und seit 1966 aktives Mitglied der SPD.*

Denis Goldberg: Impulsgeber, Partner und Freund

WOLFGANG EBERT

Indem ich diesen Beitrag zu Ehren von Denis Goldberg anlässlich seines 80. Geburtstages niederschreibe, gehen meine Gedanken zurück zu den ungewöhnlichen Umständen, unter denen ich Südafrika ein Jahr nach den ersten freien, allgemeinen, gleichen und geheimen Wahlen kennenlernen durfte. Dieser einwöchige Besuch sollte sowohl in privater als auch in beruflicher Hinsicht nachhaltige und bis zum heutigen Tage andauernde Impulse bei mir auslösen. Er zeigt zugleich auch den Weg zu einer inzwischen mehr als zehn Jahre währenden Zusammenarbeit mit Denis Goldberg auf, die nicht zuletzt zu unserer Freundschaft führte.

Durch einen Kontakt zum damaligen Wuppertaler SPD-Bundestagsabgeordneten und früheren Parlamentarischen Staatssekretär Rudolf Dressler erhielt ich im Frühjahr des Jahres 1995 die Gelegenheit, nach Südafrika zu reisen. Ein Mitglied einer kleinen Delegation von Sozial- und Arbeitsmarktexperten, die an einem Kongress der Friedrich-Ebert-Stiftung nahe Johannesburg teilnehmen sollte, erkrankte. Ich nahm dankbar das Angebot an, für den kranken Kollegen einzuspringen. Während unseres Aufenthaltes führten wir viele Gespräche mit Mitgliedern des ANC, Kirchenvertretern, Regierungsmitgliedern und hochrangigen Mitarbeiterinnen und Mitarbeitern aus den Ministerien. Konzentriert und umfassend wurden wir über die aktuelle Situation des Landes und seiner Menschen informiert. Daraus ergab sich für uns eine Vielzahl von Fragen: Wie sollte ein gelungener Übergang von einer über Jahrhunderte andauernden Politik der Apartheid zu einer demokratischen Gesellschaft, geprägt von Freiheit, Gleichheit und

Menschenwürde gestaltet werden? Wie sollte in der sich neu konstituierenden Demokratie das Sozialsystem aufgebaut und entwickelt werden – Altersversorgung, Krankenversicherung, Arbeitslosenversicherung? Welche staatlichen Impulse für den notwendigen Neubau von Millionen Wohnungen waren denkbar? Welche Rolle könnten genossenschaftliche Modelle im wohnungspolitischen und wirtschaftlichen Sektor spielen? Wie würde die neue Regierung mit den Verbrechen des Apartheidregimes umgehen? Wie würde sich das Verhältnis zwischen jenen, die für jahrzehntelange Menschenrechtsverletzungen verantwortlich waren und jenen, die unter ihnen gelitten hatten, entwickeln? Und nicht zuletzt: Auf welchen Grundlagen und mit welchen Zielen würde die zukünftige südafrikanische Verfassung erarbeitet werden?

Die große Intensität der Diskussionen, die Leidenschaft der Diskutanten, die Kraft der eingebrachten Argumente und die hohe Sachkompetenz unserer Gesprächspartner beeindruckten mich zutiefst. Die dramatischen Auswirkungen der Apartheidzeit mit der skandalösen Ungleichheit zwischen einer geschundenen Bevölkerungsmehrheit mit schwarzer Hautfarbe und einer in allen Lebensbereichen privilegierten weißen Minderheit konnten wir während unseres Aufenthaltes exemplarisch bei der ungleichen Gesundheitsversorgung im Baragwanath-Hospital in Soweto und dem Groote-Schuur-Hospital in Kapstadt nachvollziehen.

Ärzte und Vertreterinnen des Pflegepersonals vermittelten uns den Alltag im Chris-Hani-Baragwanath-Hospital: ein Krankenhaus mit über 3.000 Betten, in teilweise barackenähnlichen Flachbauten untergebracht; Krankensäle mit 60 bis 80 Patientinnen und Patienten; Abteilungen, in denen die Mindestausrüstung für die ärztliche Versorgung – Blutdruckmessgeräte, Stethoskope, Augenspiegel – nur in geringer Zahl zur Verfügung stand; eine Aids-Station mit ständig ansteigenden Patientenzahlen. Und letztlich doch der einzige Ort der Hoffnung für erkrankte oder verletzte Schwarze, die im rund vier Millionen Einwohner zählenden Soweto leben. Anderthalb Flugstunden entfernt das Groote-Schuur-

Krankenhaus in Kapstadt, 1967 bekannt geworden durch die weltweit erste Herzverpflanzung des südafrikanischen Herzchirurgen Christiaan Barnard. Dort erlebten wir mitteleuropäischen Standard: breite Flure, die Wände geschmückt mit Bildern südafrikanischer Künstlerinnen und Künstler, Ein- und Zweibettzimmer. Für die ärztliche Versorgung standen hochmoderne Technik, geschultes Personal und das Equipment bereit, das dem Stand der Zeit entsprach. Dies ist nur ein Beispiel für die ungleichen Lebensbedingungen und -chancen in der Gesellschaft der Apartheid.

Als regionaler Geschäftsführer und Pädagogischer Leiter der von DGB und Volkshochschule getragenen Erwachsenenbildungseinrichtung „Arbeit und Leben" hatte ich mich bereits zuvor mit Südafrika beschäftigt und in den 70er und 80er Jahren punktuell an Aktionen gegen die Apartheid teilgenommen. Die unmittelbaren, berührenden Erfahrungen vor Ort und die tiefe Scham über die menschenverachtende Politik des weißen Regimes führten zu dem Entschluss, Südafrika verstärkt zu einem Thema unserer politischen Jugend- und Erwachsenenbildung zu machen. Neben der Aufarbeitung der südafrikanischen Geschichte schien mir die aktuelle Entwicklung des Landes eine Fülle von Ansatzpunkten für die Bildungsarbeit zu bieten: neben den bereits erwähnten Fragen auch die Diskussion über die zukünftige Organisation der Wirtschaft, den landesweiten Aufbau einer Infrastruktur für die schwarze Bevölkerung, die Schaffung von Wohnraum, Arbeit und Bildungsmöglichkeiten für die junge Generation. Hinzu kam die Erkenntnis, dass Rassismus und die Verletzung von Menschenrechten auch in der bundesrepublikanischen Gesellschaft zunehmend eine Rolle spielten.

Zwischen 1997 und 1999 organisierte das in Wuppertal angesiedelte Regionalbüro „Berg-Mark" von Arbeit & Leben zunächst zwei Studienreisen nach Südafrika, die einerseits eine Auseinandersetzung mit der Zeit der Apartheid und ihren Folgen ermöglichten und andererseits Einblicke in die ethnische, kulturelle und landschaftliche Vielfalt vermittelten. Die Teilnehmenden führten

Gespräche mit Vertreterinnen und Vertretern des ANC, Parlamentsabgeordneten und Kirchenleuten, besuchten Townships und Projekte von NGOs und informierten sich über die Krankenversorgung im Chris-Hani-Krankenhaus in Soweto. Dies hinterließ so konkrete und nachhaltige Eindrücke, dass wir im Jahr 1999 einen Förderverein gründeten mit dem Ziel, einen Beitrag zur Verbesserung der ärztlichen Versorgung in der Kinderorthopädie des Krankenhauses zu leisten.

Weitere drei Jahre brauchte es, bis wir durch einen Flyer der EXILE-Kulturkoordination darauf aufmerksam wurden, dass mit Denis Goldberg ein enger Weggefährte und Mitstreiter Nelson Mandelas auf einer Lesereise über seine Erfahrungen im südafrikanischen Kampf um Menschenrechte und Demokratie berichtete. Trotz der offensichtlich großen Nachfrage nach Terminen mit ihm gelang es uns, Denis im Februar 2002 kurzfristig zu einer Veranstaltung in die Wuppertaler Volkshochschule einzuladen. Vor einem relativ kleinen Kreis von Mitgliedern unseres Fördervereins las Denis Goldberg zunächst aus den biographischen Notizen Nelson Mandelas, bevor er über die aktuelle Entwicklung der südafrikanischen Gesellschaft sprach. Noch heute spüre ich mein unangenehmes Gefühl, dass wegen der kurzfristigen Einladung nur rund 20 Interessierte gekommen waren. Musste unser Gast nicht den Eindruck gewinnen, dass die Veranstaltung schlecht vorbereitet war und wir seinen Besuch also geringschätzten? Schon sehr bald aber wurde mir deutlich, dass diese Fragen bei unserem Gast offensichtlich keine Rolle spielten. Mit großer Aufmerksamkeit und mit Interesse wendete sich Denis jedem Diskussionsteilnehmer zu und beantwortete sehr ausführlich Fragen. Schon bei unserer ersten Begegnung spürte ich, dass unser Gast grundsätzlich respektvoll und mit nachhaltigem Interesse an anderen Menschen, ihren Fragen und ihren Überzeugungen kommunizierte. Sehr schnell waren wir bei den Themen unserer Vereinsarbeit. In den ersten Jahren hatten wir erfahren müssen, dass spontane Hilfsbereitschaft, die aus der Außenansicht von Problemen vor Ort entsteht, nicht unbedingt zu wünschenswerten Ergebnissen führt. So hatten wir zunächst geglaubt, mit Sachspenden vom Blutdruckmessgerät bis zu orthopädischen Hilfsmitteln, von Augenspiegeln bis hin zu Krankenbetten und in Deutschland ausgemusterten Röntgengeräten helfen zu können. Schnell aber realisierten wir, dass die Transportkosten für solche Sachspenden große Summen der eingegangenen Spendengelder auffressen würden. Zudem machten uns Berichte über die inneren Zustände des Krankenhauses Sorgen. So sollten Spendengelder nicht unbedingt den von uns vorgesehenen Abteilungen zugutekommen, sondern in einen allgemeinen „Topf" für das Krankenhaus fließen. Auch von Korruptionsfällen und Diebstählen war nach unseren Recherchen die Rede. Fragen, die wir nun mit einem Mann diskutieren konnten, der die Situation vor Ort weit besser einschätzen konnte als ehrenamtlich tätige Mitglieder eines kleinen Vereins in Deutschland. Denis ging mit großer Geduld auf unsere Fragen ein. Fast noch wichtiger war sein Angebot, nach seiner Rückkehr in Südafrika weitere Informationen zur Situation des Baragwanath-Krankenhauses zu sammeln und uns zu schicken.

Ohne diese erste Begegnung mit Denis Goldberg, ohne seine bedingungslose Bereitschaft, unsere – bestenfalls mosaiksteinartigen – Aktivitäten zu unterstützen, wäre unser Verein sicherlich weniger erfolgreich gewesen. Sehr bald erreichten uns erste Nachrichten von Denis. Die Ergebnisse von Kontakten mit Verantwortlichen des Krankenhauses, mit Mitarbeitern des Büros der Friedrich-Ebert-Stiftung und diverse Zeitungsausschnitte, die über Probleme in der Verwaltung des Chris-Hani-Baragwanath-Krankenhauses berichteten, waren bedrückend. Nach intensiven Diskussionen im Förderverein beschlossen wir, dass wegen der unsicheren Entwicklung des Krankenhauses und der unklaren Strukturen eine weitere finanzielle Unterstützung gegenüber den Spendern nicht zu verantworten war. Das vorrangige Ziel des Vereins, einen Beitrag zur gesundheitlichen Versorgung von Kindern und Jugendlichen in kleinen Projekten sicherzustellen, wurde nun um die Bereiche Bildung und Ausbildung erweitert. So hofften wir, über den Kontakt zu Denis geeignete Projekte für eine dauerhafte Förderung zu finden. Die Hoffnung wurde nicht enttäuscht. Schon bald nach unserer Anfrage erreichte uns eine Mail, in der uns Denis das E.R.I.C.-Projekt im südlichen KwaZulu-Natal vorstellte, ein „Education, Resource and Information Centre". Er beschrieb ausführlich die Ziele des Projektes: Ausstattung der Schulen in der Region mit Lehr- und Lernmitteln, Aufbau einer von Schülern und Lehrern genutzten Bibliothek, Einrichtung eines Computerraumes sowie mittelfristig die Errichtung eines Waisenhauses für Kinder, die aus HIV-betroffenen Familien stammten. Denis informierte uns auch über die Projektinitiatoren Olive Goll und Mike Peacock und über die Lebenssituation der betroffenen Kinder und Jugendlichen. Dadurch erhielten die Vereinsmitglieder ein so umfassendes Bild, dass sie eine positive Entscheidung fällten. Eine lange, mühsame Zeit der Recherche, der Suche nach Kontakten und zuverlässigen Wegen des Transfers unserer Hilfen war vorüber.

Mit Hilfe von Denis war es gelungen, der Vereinsarbeit ein neues Ziel und damit auch neue Impulse für die weitere Arbeit zu geben. In den Folgejahren sollten wir weitere Projekte mit der Unterstützung von Denis kennenlernen. So wurden das Projekt „Ububele" im Township Alexandra, in dem neben der psychotherapeutischen Arbeit mit traumatisierten Kindern unter anderem Laien- und Gemeindeberaterinnen ausgebildet werden, ebenso wie das Projekt der „Kronendal Music Academy" in Denis' Wohnort Hout Bay zu Partnern des Fördervereins. Die unmittelbaren Erfahrungen vor Ort bei Gesprächen und Besichtigungen bildeten wiederum die Grundlage für weitergehende Informationen der Mitglieder und Förderer des Vereins „Baragwanath – Soweto". Sehr eindrucksvoll waren dabei die Begegnungen mit Tony Hamburger und seiner Frau Hillary, Menschen, die in der Zeit des Gefängnisaufenthaltes für Denis eine wichtige Rolle gespielt hatten.

Im Rahmen der bundesweiten Kampagne „Dein Tag für Afrika“ beteiligten sich im Sommer 2012 unter anderen die sechsten Klassen einer Wuppertaler Gesamtschule in ihrem Schulbezirk mit zahlreichen Aktionen. Ein besonderes Erlebnis für Schülerinnen und Schüler, aber auch für Eltern und Lehrer der Gesamtschule Barmen bildete der Auftritt der Jazz-Gruppe der Kronendal Music Academy unter der Leitung von Dwyn Griesel. Einerseits ein wichtiger Baustein, um den kulturellen Austausch zwischen Südafrika und Deutschland voranzubringen, zugleich aber auch ein Dokument der nachhaltigen Integrationsarbeit dieser ungewöhnlichen Musikschule.

Jenseits der Zusammenarbeit zwischen Denis und dem Wuppertaler Förderverein ergaben sich für die Bildungsarbeit des Wuppertaler Regionalbüros von Arbeit & Leben im Laufe der Jahre vielfältige Vortragsveranstaltungen in der Region. Termine für Denis' Vorträge und Lesungen in Schulen, Einrichtungen der Erwachsenenbildung oder in Buchhandlungen waren und sind bis heute heißbegehrt und von vielen oft sehnlich erwartet. „Mundpropaganda“ führte zu immer mehr Anfragen interessierter Einrichtungen und Multiplikatoren. Wer die Arbeitssituation in deutschen Schulen kennt, weiß um die Schwierigkeit, Kinder und Jugendliche über eine Unterrichtsstunde hinweg zu interessieren. Lesungen mit Denis, selten mit einer Teilnehmerzahl von weniger als einhundert Schülerinnen und Schülern, zeigen unabhängig von Schulformen und Altersgruppe ein anderes Bild. „Man konnte über die Dauer von anderthalb Stunden eine Stecknadel fallen hören“, so der Eindruck fast aller beteiligten Kolleginnen und Kollegen. Denis kann sich hervorragend in Sprache und Abstraktionsniveau auf die jeweiligen Altersstufen einstellen. Auf die Frage, wie es ihm denn gelinge, die Aufmerksamkeit seiner Hörerschaft über einen längeren Zeitraum zu fesseln, sagte er einmal sinngemäß: „Ich sehe an den Augen meiner Zuhörer, ob jemand zu Hause ist.“ Bei Abwesenheit, so möchte man ergänzen, stellt er mit kleinen Anekdoten unmittelbare Bezüge zu Alltagssituationen der Zuhörer her, bringt sie mit humorvollen Einschüben zum Lachen oder moduliert seine Stimme so geschickt, dass Abwesende schnell wieder „nach Hause zurückgeholt werden". Ernst genommen und mit Respekt behandelt zu werden, sind Erfahrungen, die Menschen im Umgang mit Denis immer wieder machen können. „Es gibt keine dummen Fragen, es gibt nur dumme Antworten" lautet sein Mutmacher, gerade bei Veranstaltungen mit jüngerem Publikum. Die Selbstverständlichkeit, mit der Denis sich für die gestellten Fragen bedankt, seine ehrlichen und im Einzelfall auch politisch brisanten Stellungnahmen lassen sein Auditorium spüren, dass ein Mensch mit festen Grundüberzeugungen vor ihm steht, der authentisch und in seinem Engagement und seiner Bescheidenheit Vorbild ist. Betroffenheit und Nachdenklichkeit erzeugen seine Hinweise auf Entwicklungen in der bundesrepublikanischen Gesellschaft. Dem in vielen Bereichen gelungenen multikulturellen Miteinander, das durch Freiheit und Toleranz geprägt sei, so Denis in seinen Vorträgen, stehen immer wieder auch rassistische Tendenzen und menschenfeindliche Aktionen entgegen. Dies gelte national, aber auch international: „Wer den Blick nicht verschließt für die Ungerechtigkeiten, die nach wie vor noch Millionen quälen, der weiß, dass unser Weg noch lang ist." Die vielen positiven Rückmeldungen nach Lesungen und Vorträgen und die Wünsche, Denis erneut einzuladen, gaben auch der Arbeit des Regionalbüros neue Impulse und Anregungen.

Immer wieder fragten wir uns: Wie können wir jungen Menschen auch jenseits der Lesungen von Denis Goldberg die Geschichte Südafrikas und die Bedeutung des Kampfes um Freiheit, Menschenrechte und Demokratie nahebringen? 2009 starteten wir aus gegebenem Anlass mit der Realschule Hohenstein in Wuppertal-Barmen ein Projekt mit dem Titel: „Südafrika vor der Fußballweltmeisterschaft". In einer Arbeitsgemeinschaft der siebten und achten Klassen bereiteten Schülerinnen und Schüler eine Ausstellung vor: Ausgehend von den Austragungsorten mit ihren neuen Stadien stellten die Schüler u.a. Informationen zur Geschichte

Südafrikas, zur Zeit der Apartheid, zum Kampf des ANC und zu Kultur und Bildung zusammen. Außerdem hatten die Schüler vier Südafrikaner – Tony Hamburger, Denis Goldberg, Mandla Mthembu und Silke Fobbe (Guides bei unseren Studienseminaren) – um ihre Einschätzung zur zukünftigen Entwicklung ihres Landes gebeten. Ihre Stellungnahmen bildeten den Abschluss der kleinen Ausstellung. Zeitgleich bastelten die Sechstklässler im Musikunterricht Musikinstrumente aus Abfallstoffen. Zum Abschluss beider Projekte wurden die Ergebnisse in einer gemeinsamen Veranstaltung präsentiert, ein Teil der Musikinstrumente versteigert und der erzielte Gewinn dem Projekt Ububele gespendet.

Einen besonderen Stellenwert hatte in jüngster Zeit auch der Besuch von Denis Goldberg in der Realschule Blücherstraße im Wuppertaler Stadtteil Vohwinkel, einer Schule mit vielen Kindern aus Migrantenfamilien, die immer wieder von Übergriffen neonazistischer Jugendlicher betroffen waren. „Die Lesung", so ein Lehrer der Realschule, „war für unsere Schüler ein wichtiger Beitrag zur Stärkung ihres Selbstbewusstseins und zur Stärkung ihres Engagements für ein friedliches und tolerantes Miteinander."

In Anerkennung des besonderen Engagements von Denis im Bergischen Land beschlossen die Städte Remscheid und Wuppertal, ihn mit einer Eintragung in das Goldene Buch der Stadt zu ehren. Im Juni 2007 würdigte der Wuppertaler Oberbürgermeister Peter Jung seinen Einsatz für Demokratie und Menschenrechte. Die Lesungen an weiterführenden Schulen, Einrichtungen der außerschulischen Jugendarbeit und in der Erwachsenenbildung seien beispielgebend. Ein festlicher Moment, über den sich, neben Denis, all jene freuten, die in vielen Jahren mit ihm zusammenarbeiten durften.

Häufig war ich mit meiner Familie, meiner Frau Gabriela und unserer Tochter Christina, Gastgeber für Denis. Er bekam das ehemalige Zimmer unserer erwachsenen Tochter im Souterrain der Wohnung. Das war aber nur über eine nicht unproblematische „Raumspartreppe" zu erreichen, was Denis klaglos in Kauf nahm. Leider hatten wir vergessen, ihn auf eine tröpfelnde Dusche vorzubereiten, wenn gleichzeitig in anderen Geschossen geduscht wurde. Nach der ersten Nacht kam Denis zum Frühstück. Wir grüßten uns freundlich und dann fragte er mit einem leisen Lächeln: „Wolfgang, gibt es bei deiner Dusche ein Geheimnis?" Solche Situationen, in denen etwas nicht klappte, erlebten wir beide immer wieder: untaugliche Telefonverbindungen nach Südafrika, kurzfristige Änderungen im Tagesablauf, nicht eingeplante Umwege. Denis nahm diese Situationen mit Humor und einem oft verblüffenden Perspektivwechsel auf. Seine Anekdoten und Geschichten bei unseren abendlichen Gesprächen, zu denen wir gelegentlich Mitstreiter aus unserem Förderverein und aus der Politik einluden, wären eine gesonderte Publikation wert. Trotz seines harten Lebensweges und der bitteren Erfahrungen, sowohl politisch wie auch privat, war es für uns immer wieder beeindruckend, wie viel positive Energie, wie viel Begeisterung und wie viel Lebensmut von seiner Person ausgehen.

Ich erinnere mich an einen Abend im November des Jahres 2003. Statt südafrikanischem Sommer mit angenehm warmen Temperaturen herrschten im Bergischen Land Tage des Nebels, der Kälte und Nässe. Denis hatte sich eine massive Erkältung zugezogen, die Hausapotheke wurde aktiviert, zunächst ohne Wirkung. Eine Bronchitis quälte ihn und ich schlug ihm vor, den abendlichen Termin abzusagen. Ich würde mit seinem Einverständnis dafür sorgen, dass der Termin nachgeholt werde, er gehöre jetzt ins Bett. Denis schaute mich an und stellte nur kurz fest: „Wolfgang, wenn ich auf der Bühne bin, kommt das Adrenalin." Widerspruch war zwecklos, wir fuhren in die Elberfelder Innenstadt und ein gut gefülltes Plenum dankte einem lebhaften und eindrucksvollen Zeitzeugen.

Freude an der Natur, an den dichten Wäldern des Bergischen Landes und der abwechslungsreichen Topographie brachte ihn bei einer Fahrt in das benachbarte Solingen zu der spontanen Äußerung: „Diese Landschaft hier erinnert mich an die Umgebung von Kapstadt." Bei allem Lokalpatriotismus denke ich nach wie vor, dass dies eine (leichte) Übertreibung war, aber es zeigte mir, wie in vielen anderen Situationen, dass Denis auch scheinbar kleinen Dingen Bedeutung beimisst und sich an ihnen freuen kann. Wenn wir nach Veranstaltungen nach Hause kamen und er nach einem Wunsch gefragt wurde, dann kam – oft erst nach mehrfacher Nachfrage – die Antwort: „Gaby, kochst Du mir ein Teechen?" Das „Teechen" ist inzwischen fest in den Sprachgebrauch der Familie eingegangen, verknüpft mit vielen guten Erinnerungen an Denis' Besuche in Wuppertal.

Mit großer Freude durften wir besondere Momente im Leben unseres Freundes teilen. Es war schön, bei seiner Feier zum 75. Geburtstag in Essen sein zu können und Freunde und Kontaktpartner (wieder) zu sehen, sich mit ihnen auszutauschen und über neue Projekte ins Gespräch zu kommen.

Das Jahr 2010 brachte gleich zwei Highlights: In München konnte ich die Uraufführung des Films „Comrade Goldberg" miterleben, außerdem durften wir die Präsentation der deutschen Ausgabe seines autobiographischen Buches „Der Auftrag" in der südafrikanischen Botschaft in Berlin erleben. Wir freuten uns sehr, dass dieses Buch auf den Markt kam, zumal wir über viele Jahre hinweg nicht sicher waren, ob Denis seine Lebenserfahrungen und seine Gedanken würde zu Papier bringen können. Eine Arbeit, dessen waren wir uns bewusst, die mit einem erheblichen Aufwand an Energie und mit (erneuten) schmerzhaften Erinnerungen verknüpft sein würde. Ein weiterer Anlass, „danke" zu sagen. Ein Dank an Denis, dass er sich dieser Mühe unterzogen hat, aber auch an diejenigen, die ihn bei dieser Arbeit unterstützt haben. Mit der zusätzlich bereitgestellten DVD stehen wichtige Materialien auch für die politische Jugend- und Erwachsenenbildung zur Verfügung.

Ich möchte meinen Beitrag nicht schließen, ohne dir, Denis, herzlich zu deinem Geburtstag zu gratulieren und dir von Herzen gemeinsam mit Gaby und Christina, den Mitgliedern des Fördervereins Baragwanath – Soweto, aber natürlich auch im Namen all derer, die dich in unserer Region kennenlernen durften, alles Gute zu wünschen! Viel Gesundheit und hoffentlich noch viele Jahre mit guten Erfahrungen und lieben Menschen in deiner Nähe!

Mein Dank geht darüber hinaus an die Kolleginnen der EXILE-Kulturkoordination, die mit ihrer Arbeit und ihrem Engagement eine Vielzahl von Begegnungen mit Denis ermöglicht haben. Es war toll, mit euch zusammenzuarbeiten.

***Wolfgang Ebert** war 26 Jahre lang Geschäftsführer des Regionalbüros Berg-Mark von „Arbeit und Leben". Er sorgte für die enge Zusammenarbeit mit lokalen Gruppen der Zivilgesellschaft, mit Bürgervereinen und Stadtjugendräten. Gründete den Wuppertaler Förderverein Baragwanath – Soweto, dessen Vorsitzender er ist.*

„Because it's always so locker!" – Denis und die Friedensstadt Osnabrück

REINHARD STOLLE

Als ich eingeladen wurde, einen Beitrag für diese Festschrift zu schreiben, gingen mir Fragen durch den Kopf: „Wo anfangen? Und wie kann ich die vielen Gespräche mit Denis über Mut und Zivilcourage, über Trauer, Demütigung und Angst, über unsere gemeinsamen politischen Aktivitäten in Südafrika und Osnabrück und auch über private Dinge in wenigen Sätzen aufs Papier bringen?" Sehr schwierig! Dennoch ein Versuch.

Seit mehr als 20 Jahren arbeitet das „Aktionszentrum 3. Welt Osnabrück" (A3W) mit der Stadt Osnabrück und dem Kinderhilfswerk terre des hommes (tdh) zusammen. Gemeinsam gründeten wir das Büro für Kommunale Entwicklungszusammenarbeit mit dem Ziel, entwicklungspolitisch an einem Strang zu ziehen. Schwerpunkt unserer Öffentlichkeitsarbeit sollte das südliche Afrika sein. Im Zuge meiner Recherchen über diese Region stieß ich in der Zeitschrift „Afrika Süd" vom Mai 1995 auf einen Artikel von Hanna Ndlovu mit dem Titel „Südafrika meine Leidenschaft". Darin warb sie für Projekte von Community H.E.A.R.T, einer englischen NGO mit Sitz in London, die Denis Goldberg gegründet hatte. Hanna Ndlovu wollte in ihrem Interview mit Denis Goldberg wissen, warum sich gerade Europäer so weit weg von Südafrika für seine Projekte interessieren sollten, trotz zunehmender Armut und sozialer Probleme in Europa. Denis antwortete: „Das neue Südafrika ist gegenwärtig eine große Hoffnung für die ganze Welt. Wir versuchen in einem Teil der Welt, wo über 350 Jahre nur Gewalt regierte, eine friedliche Umgestaltung. Deshalb appellieren wir mit unseren Projekten an ihre Herzen, um uns zu verstehen, mit uns Sympathie zu haben und unseren Aufbau zu unterstützen. Nicht weil Europa sich schuldig, sondern weil es sich menschlich fühlen soll." Diese warmherzigen und optimistischen Worte machten mich neugierig auf den kleinen, verschmitzt lächelnden Mann mit der großen Hornbrille.

Anfang 1996 kam Denis Goldberg das erste Mal auf Einladung des A3W aus London nach Osnabrück, um im Graf-Stauffenberg-Gymnasium (GSG) aus der Autobiographie von Mandela „Der lange Weg zur Freiheit" zu lesen. Die Schüler waren sehr aufgeregt, einen „richtigen" Revolutionär und Freund Nelson Mandelas kennenlernen zu können, der eher wie ihr eigener Opa aussah und nicht wie ein Terrorist. Sie wussten ja, dass Denis Goldberg wegen terroristischer Aktivitäten und Hochverrats 22 Jahre im Gefängnis gewesen war. Die Schüler hingen an seinen Lippen, als er über seine Zeit im Gefängnis erzählte, über die vielen Schikanen der Wärter, die Trennung von seiner Frau Esmé und seinen Kindern Hillary und David, über die langen Jahre der Entbehrung, über die Zeit im Hochsicherheitstrakt und die vielen Hinrichtungen, die er als Zuhörer in seiner Zelle miterleben musste. Zum Schluss seiner Lesung wurde Denis von einem Schüler gefragt: „Warum lesen Sie aus dem Buch eines anderen?" Und er antwortete: „Nelson Mandela ist mein politischer Führer, er hat ein fantastisches Buch geschrieben, und ich komme darin vor."

Wer so ehrlich und offenherzig, ohne jede Bitterkeit und ohne jedes Rachegefühl auftritt, der erobert schnell die Herzen seiner Zuhörer. Denis ist für die Schüler nicht nur ein lebendes Beispiel für Widerstand gegen Rassismus und Unterdrückung, sondern auch für gelebte Solidarität im Kampf für den Aufbau seines Landes. So vergeht keine Veranstaltung, in der er nicht für Community H.E.A.R.T. wirbt.

Einige Jahre später schrieb Denis Goldberg in seinen Erinnerungen über seine erste Lesung im GSG.„Ich war fasziniert davon, dass die Erzieher des nach Stauffenberg benannten Gymnasiums sein antifaschistisches Erbe ernst nahmen. Sie gaben mir ihre Studien über die Rolle der Gestapo in Osnabrück und zeigten mir die ‚Gärten der Erinnerung', die an die getöteten Juden erinnern."

Am gleichen Abend sprach Denis Goldberg im Kulturzentrum „Lagerhalle" vor großem Publikum. Er erzählte über die Zeit des Widerstands und seine Begegnungen mit Nelson Mandela. Immer wieder betonte er, dass sein Land auf einem guten Weg sei, wenngleich es noch lange dauern werde, den Rassismus vollständig zu überwinden. Der Rassismus sei fest in den Köpfen aller Menschen in Südafrika verankert. Als Beispiel führte er Nelson Mandela an, der sich beim Anblick eines schwarzen Piloten einmal gefragt habe: „Kann der überhaupt fliegen?" „Natürlich konnte er", so Goldberg, „aber es saß so tief in unseren Köpfen drin, dass er so eine Ausbildung gar nicht haben könnte, dass selbst Mandela stutzte." Am Schluss der Veranstaltung wurde Denis gefragt, wie er seine Zeit im Gefängnis empfunden habe und ob er nicht großen Hass auf seine Peiniger fühle. Denis antwortete darauf: „Ich bin nicht verbittert; Bitterkeit frisst einen von innen auf. Aber ich bin manchmal verärgert über Machtmissbrauch, die andauernde ungerechte Eigentumsverteilung und über einen Staat, der die sozialen Menschenrechte verletzt. Dennoch lasse ich mir die Freude über unseren Sieg und auf eine bessere Zukunft nicht nehmen." Diese „Lehrstunde in Lebensmut" hatte die Zuhörer so tief beeindruckt, dass schon kurz nach der Veranstaltung die ersten Lehrer anfragten: „Wann kommt denn dieser humorvolle und couragierte Kämpfer für die Menschenrechte wieder nach Osnabrück?" Dieser Abend war der Beginn einer sehr intensiven „Lesereihe", die vor 17 Jahren begann und ihn bis heute über zwanzigmal in unsere Stadt geführt hat.

Denis Goldberg hatte mein Interesse für Südafrika und den bunten „schwarzen" Kontinent geweckt. Ich traf ihn das nächste Mal auf dem ersten Osnabrücker Afrika-Festival 1997. Inzwischen hatte ich das Land am Kap besucht und mir ein eigenes Bild verschaffen können. Denis berichtete über die Fortschritte beim Aufbau einer neuen, nichtrassistischen Gesellschaft in Südafrika, ohne zu verschweigen, dass es große Schwierigkeiten gebe (Gewalt,

Arbeits- und Wohnungslosigkeit), die eine schnelle Transformation des Landes hin zu der von Bischof Desmond Tutu geforderten „Rainbow Nation“ verhinderten.

Denis war sehr angetan von den friedenspolitischen Aktivitäten der Stadt Osnabrück. Er besuchte das Felix-Nussbaum-Haus, das Erich Maria Remarque-Friedenszentrum und die Gedenkstätte Augustaschacht bei Georgsmarienhütte. Besonders beeindruckt haben ihn die Gedenktafeln für die von den Nationalsozialisten ermordeten Juden, Sinti und Roma am Rathausplatz. Für Denis war wichtig, sich an die Gräueltaten der Nazis zu erinnern und der Opfer zu gedenken, um ihnen dadurch ihre geraubte Menschenwürde zurückzugeben.

Bei einem gemeinsamen Abendessen mit Freunden erzählte er von seiner anstrengenden Arbeit für den ANC in London und wie glücklich er sei, wieder mit seiner Familie zusammenzuleben. Am nächsten Morgen sagte er vor der Abreise zu mir: „Ich mag diese Stadt, eure Gastfreundschaft, und ich komme gerne wieder.“ In den nächsten Jahren wurde Denis ständiger Gast der Stadt und besuchte alle zwei Jahre das Osnabrücker Afrika-Festival.

Seit Anfang 2001 konzentrierten wir unsere Entwicklungszusammenarbeit auf Südafrika und unterstützten gemeinsam mit terre des hommes und der Osnabrücker Ursulaschule drei Schulen in den Townships von Kapstadt. Nach einer aufregenden Reise mit Schülern nach Südafrika kamen die südafrikanischen Partnerschulen zum Gegenbesuch nach Osnabrück. Die Schülerinnen und Schüler waren sehr überrascht, als sie ihren berühmten Landsmann Denis Goldberg trafen, der gerade in Osnabrücker Schulen Vorträge hielt.

Damals lud Denis mich ein, ihn und seine deutsche Frau Edelgard zu besuchen und im November 2005 flog ich nach Kapstadt. Die beiden waren ein wunderbares „älteres“ Ehepaar und verhielten sich wie zwei verliebte Teenager. Ich war begeistert von ihrem Haus in Hout Bay und von ihrer fürsorglichen Gastfreundschaft. Denis war seit drei Jahren als Berater des Ministers für Wasser und Forsten tätig und Tag und Nacht unterwegs. Meistens musste er frühmorgens aufstehen, um den ersten Flieger nach Johannesburg zu nehmen und kam dann erst spät in der Nacht total erschöpft mit dem letzten Flieger von dort zurück. So unternahmen Edelgard und ich viele Ausflüge und besuchten ihre Freundinnen und Freunde in Kapstadt und Umgebung, denn sie hatte ja jetzt einen Fahrer, einen Bodyguard und das Beste war – der sprach auch noch deutsch. Wir besuchten gemeinsam das Haus für Aids-Waisen „Hokisa“ in Masiphumelele 20 Kilometer südlich von Hout Bay und waren Gäste bei der Eröffnung des Peacehauses im selben Township durch Erzbischof Tutu. Das Osnabrücker Büro für kommunale Entwicklungszusammenarbeit hat später seine Solidaritätsarbeit auf „Hokisa“ erweitert und auf ein weiteres Projekt ausgedehnt, in dem der Schriftsteller Lutz van Dijk ebenfalls engagiert ist: sozialen Wohnungsbau, den ehemalige Hütten-Bewohner selber verwalten. Natürlich gehört auch Denis Goldberg zu den Unterstützern.

Bei einem Besuch des Irma-Stern-Museums in Kapstadt erzählte mir Edelgard, dass sie in der ehemaligen DDR aufgewachsen war und dort Journalismus studiert hatte. Nach der Wende lebte sie einige Zeit in Düsseldorf und schrieb für verschiedene Fachzeitschriften unter dem Pseudonym Hanna Ndlovu über das südliche Afrika. Wir „kannten“ uns also schon länger. Die gemeinsame Zeit mit den Goldbergs ermöglichte mir einen ganz anderen, tieferen und differenzierteren Blick auf die Realität Südafrikas. Edelgards radikale Kritik an der Politik des ANC – Machtmissbrauch, Korruption und falsche HIV/Aids-Politik – gepaart mit einer großem Empathie für die Menschen war beeindruckend und führte nicht selten zu heftigen Diskussionen mit ihrem Ehemann, dem treuen ANC-Kader.

Im Sommer 2006, einige Monate vor einer weiteren Reise nach Südafrika, erfuhr ich von Denis, dass Edelgard sehr krank war und er sich große Sorgen um sie machte. Ich sollte aber trotzdem kommen. In Kapstadt besuchte ich Edelgard im Krankenhaus und mir war klar, dass sie den Kampf gegen den Krebs nicht mehr gewinnen konnte. Ich versuchte in dieser Zeit, Denis so gut es ging zu unterstützen und ihm beizustehen. Als ich kurz vor Weihnachten zurückreisen musste, hatte Denis Edelgard wieder zu sich nach Hause geholt. Sie starb am 26. Dezember 2006 im Krankenhaus.

Denis war wieder allein. Die kommenden Monate waren sehr schwer für ihn und er war sehr erschöpft. Trotzdem machte er sich im Sommer 2007 wieder auf den Weg nach Deutschland. Die Veranstalter des sechsten Osnabrücker Afrika-Festivals baten ihn, unter dem Titel „Afrika in Osnabrück" einen Artikel für „Das Magazin für AfroKultur" zu schreiben. Darin würdigte er die Bemühungen der Stadt, den Friedensgedanken lebendig zu halten und ihn mit Inhalt zu füllen. „Die regelmäßigen Afrika-Kulturveranstaltungen, wie das im Juni stattfindende Afrika-Festival, sind ein weiteres Zeichen dafür, dass es Osnabrück ernst ist mit dem Frieden und der Anerkennung der Menschen unterschiedlicher Länder, durch Respekt für unsere Kultur. (...) Das Afrika-Festival zeigt mir wieder einmal, dass wir die Unterstützung der Osnabrücker haben, da sie mit uns die Aufgabe teilen, aus vielen Nationen eine Welt zu machen."

Einige Monate später hielt Denis als Ehrengast eine bewegende Rede zum 25-jährigen Bestehen des A3W. Er erinnerte alle Gönner und Freunde mit nur einem Wort an das Wesentliche in ihrem Engagement. Wie so oft sprang er zwischen den Sprachen hin und her und wählte die deutsche Version des Begriffs: „Menschenwürde". Die Lokalzeitung berichtete an nächsten Tag: „Denis Goldberg (...) sprach wohl vielen aus der Seele, als er in seinem sympathischen deutsch-englischen Grußwort sagte: ‚It's always so locker'." Denis blieb noch einige Tage in Osnabrück und freute sich, beim Schlendern über den Marktplatz mit allen möglichen Menschen plaudern zu können. Man kennt ihn, und der „Weltbürger" Goldberg fühlt sich wohl in Osnabrück.

In den kommenden Jahren wurde das Afrika-Festival ein immer wichtigerer Bestandteil der Osnabrücker Friedenskultur und Denis Goldberg hatte einen großen Anteil daran. Durch seine

Besuche, seine guten Kontakte in Deutschland und Südafrika konnten wir unsere Bildungs- und Solidaritätsarbeit mit Südafrika ausbauen. Wir wiederum halfen Denis in seinen Bemühungen, Projekte wie das psychotherapeutische Ausbildungszentrum Ububele in Johannesburg oder die Kronendaal Music Academy (KMA) in Hout Bay zu unterstützen.

2010, im Jahr der Fußballweltmeisterschaft in Südafrika, sprach Denis Goldberg erneut auf der Eröffnungsfeier des Festivals: „Indem kulturelle Ausdrucksformen aus Afrika nach Osnabrück, einem zentralen Ort in Norddeutschland, gebracht werden, erreichen wir, dass bloße Toleranz zu Akzeptanz und Respekt wird. In unserer globalisierten Welt, die von verdummenden elektronischen Medien dominiert wird, erkennt Osnabrück die Relevanz kultureller Vielfalt an." Später stellte Denis seine Autobiographie „Der Auftrag" vor. Das Schreiben dieses Buches hatte ihn viel Zeit und Überwindung gekostet. Jahrelang hatte er nicht die Kraft und den Mut gefunden, sich so intensiv mit seiner Vergangenheit, seiner Zeit im Widerstand, der Gefängniszeit, dem Exil und den persönlichen Schicksalsschlägen auseinanderzusetzen. Jetzt war sein Auftrag erfüllt und mit der Geschichte seines Lebens zugleich die des langen, schwierigen und oftmals schmerzhaften Weges Südafrikas in die Freiheit geschrieben. Die Lesung war ein großer Erfolg.

In den nächsten zwei Jahren besuchte ich Denis mehrmals in Hout Bay und lernte dabei die KMA näher kennen, eine Musikinitiative, die Denis seit einiger Zeit unterstützte. 2007 hatte die Musiklehrerin Dwyn Griesel die KMA in Hout Bay gegründet, um durch Musik und Tanz den Jugendlichen aller Hautfarben eine Möglichkeit zu geben, Musik zu machen, Spaß zu haben und die geteilte Gesellschaft zusammenzubringen. Im Juni 2012 war es dann so weit. Die KMA-Jazz-Band gab vor großem Publikum ihr erstes Open-Air-Konzert in Deutschland auf dem Osnabrücker Afrika-Festival. Bei warmem Sommerwetter begeisterten die Musiker das Publikum und der tolle Abend endete mit gemeinsamem Fußballgucken, diesmal mit Spielen der EM.

Denis Goldberg erhielt 2011 das Bundesverdienstkreuz für seinen Einsatz für die Menschenrechte und gegen Rassismus in Südafrika und Deutschland. In seiner Laudatio brachte es der deutsche Botschafter Dieter W. Haller auf den Punkt: „Denis Goldberg steht für ein tief empfundenes Konzept von Menschlichkeit. Er kämpft für eine Gesellschaft, in der jeder Mensch unabhängig von seiner Hautfarbe, Religion oder Klassenzugehörigkeit die gleichen Chancen auf Partizipation am gesellschaftlichen Leben hat. Eine Gesellschaft, die die Menschenwürde aller Menschen beachtet und die konstruktiven und produktiven Kräfte fördert."

Denis Goldberg hat sich seinen Kindheitstraum erfüllt. Er ist ein „richtiger" Brückenbauer geworden. Einer, der mit seiner Menschlichkeit Brücken baut. Einer, der nicht davon ablassen kann, für ein freies und demokratisches Südafrika zu kämpfen, in dem alle Menschen in Frieden und Freiheit leben können.

Ich persönlich danke dir, lieber Denis, für deine warmherzige Gastfreundschaft, deine Aufrichtigkeit und Solidarität. For my dear friend and comrade Denis, Reinhard.

Reinhard Stolle *ist Geschäftsführer und Bildungsreferent im Aktionszentrum 3. Welt in Osnabrück, Mitorganisator des Osnabrücker Afrika-Festivals und langjähriger Freund von Denis Goldberg.*

Rainbow am Kap – Für ein neues Südafrika

uTata no uMelwane Denis – Denis Goldberg: Unser Vater und Nachbar

LUTZ VAN DIJK

Als mir in den 1980er Jahren noch die Einreise nach Südafrika verboten war, kannte ich seinen Namen nur aus der Literatur über den Prozess gegen Nelson Mandela, in dem er nicht nur der Jüngste, sondern auch einer der wenigen weißen Angeklagten war.

Und auch als ich seit 1997 regelmäßig nach Südafrika reiste und 2001 sogar mit meinem Lebenspartner von Amsterdam nach Kapstadt umgezogen war, begegneten wir uns zunächst nicht persönlich. Die erste „Beinahe"-Begegnung fand dann 2002 in einem Hotel in Osnabrück statt, als der nette Herr an der Rezeption fragte: „Ach, Sie sind auch aus Südafrika? Kennen Sie Denis Goldberg?"

„Ja, der ist berühmt in Südafrika. Aber warum fragen Sie?"

„Oh, weil er vor einem Monat hier war!" Und dann fügte er mit einem Lachen hinzu: „Er hat im gleichen Zimmer gewohnt und im gleichen Bett geschlafen, das Sie jetzt haben. Das macht Ihnen doch nichts aus?"

„Natürlich nicht", lachte ich zurück. Und ich nahm mir vor, ihm eines Tages, wenn ich ihn doch treffen sollte, zu berichten, dass wir schon mal ein Bett geteilt hätten, wenn auch nicht zur gleichen Zeit.

Über Denis' Freunde in Osnabrück und Essen war dann bald der Kontakt auch in Südafrika hergestellt – und ich erfuhr als schöne Überraschung, dass er gerade mit seiner Frau nach Hout Bay umgezogen war, eine gute halbe Stunde Autofahrt von unserem Township Masiphumelele entfernt. Dort hatten wir kurz zuvor das erste Haus für von HIV/Aids betroffene Kinder und Jugendliche eröffnet, unterstützt von örtlichen Aktivisten und einer leitenden Krankenschwester der dortigen Tagesklinik.

Dies war zu einer Zeit, als Thabo Mbeki Präsident Südafrikas war und seine Gesundheitsministerin Manto Tshabalala-Msimang noch öffentlich verkündete, dass antiretrovirale Medikamente (die bislang einzige Medizin, um die Verbreitung des Virus im menschlichen Körper zu verhindern) zu viele schädliche Nebenwirkungen hätten, für arme Leute viel zu kompliziert seien und außerdem sowieso nicht klar sei, ob HIV überhaupt Aids verursachen würde. Die Gesundheitsministerin propagierte dagegen frisches Gemüse als Heilmittel, vor allem Rote Bete, was ihr weltweit auch den Spottnamen „Dr. Rote Bete" einbrachte.

Konkret vor Ort bedeutete dies jedoch, dass jahrelang viele arme Menschen, Kinder wie Erwachsene, starben, weil sie in staatlichen Einrichtungen (wie Krankenhäusern oder auch staatlich anerkannten Kinderhäusern) keine lebensrettenden Medikamente bekamen. Die Harvard Universität in Boston kam später in einer unabhängigen Studie zu dem Schluss, dass aufgrund dieser Politik allein in jenen Jahren von 2000 bis 2005 über 330.000 Südafrikanerinnen und Südafrikaner sinnlos gestorben sind[29].

Im HOKISA-Kinderhaus setzten wir uns von 2002 bis 2004 über diese Regelung hinweg und begannen, den uns anvertrauten Kindern entgegen der staatlichen Anweisung Medikamente zu verabreichen. Alle diese Kinder haben überlebt und gehen heute

29 Harvard School of Public Health (HSPH), Boston, Report 20. Oktober 2008.

in Schulen und zum Teil bereits in Oberschulen. Ab 2004 konnten erwachsene Patienten bzw. Eltern und Erziehungsberechtigte für Kinder selbst über die Medikamente entscheiden. Aber die kostenlose Verteilung und regelmäßige Kontrolle für viele Patienten, vor allem in ländlichen Gebieten und Townships, ließen noch lange auf sich warten.

Nie werde ich Denis' ersten Besuch in unserem Kinderhaus im Township Masiphumelele, einem der ärmsten südlich von Kapstadt, vergessen, wo heute rund 40.000 Menschen in tiefster Armut leben müssen. Da kam der gewichtige, freundliche Mann herein und lachte aus ganzem Herzen, weil ein kleiner Junge ihn in Xhosa angesprochen hatte als „Tata Denis – Vater Denis", und antwortete: „Hayi, thamkhulu Denis – nein, ich bin Opa Denis!" Und so war das Eis schon gebrochen, bevor er auf unserem großen Sofa Platz genommen hatte und alle Kinder ihn umringten, um zu hören, wie das war, als er als Freund von Nelson Mandela gegen Apartheid gekämpft hatte. Denis berichtete den Kindern vom Leben im Untergrund und wie er dann mit Nelson und den anderen vor Gericht gestellt worden war. Auch die Kleinen, die nicht jedes Detail verstanden, lauschten, denn hier war jemand, der den von allen verehrten Madiba kannte und sogar mit ihm zusammengearbeitet hatte.

Dann erzählte Denis, wie der Richter bei der Urteilsverkündung so vor sich hinmurmelte, dass er kaum zu verstehen war. Und wie alle zitterten, ob sie zum Tode verurteilt würden. Die Urteile waren jedoch alle mehrfach lebenslänglich, bei Denis viermal lebenslänglich! Aber Denis' Mutter im Zuschauerraum hatte es immer noch nicht verstanden und rief voller Angst: „Denis, was hat der gesagt?" Und Denis rief unerlaubterweise den jüdischen Trinkspruch zurück: „Le Chaim – Prost! Auf das Leben!" Alle Kinder lachten erleichtert mit ihm. Was für eine Geschichtsstunde!

Denis besuchte uns im HOKISA-Kinderhaus immer wieder während der kommenden Jahre, oft mit seiner Frau Edelgard Nkobi oder Besuchern aus England und Deutschland, die er einfach mitbrachte, fast immer unangemeldet. Tata Denis durfte das!

Nicht nur für die Kinder, auch für die Erzieherinnen und Erzieher bedeutet es viel, Denis zum väterlichen Freund zu haben. Einmal bat ich ihn, unser englisches Exemplar von Mandelas „Long Way to Freedom" zu signieren. Am 27. November 2005 schrieb er uns auf die erste Seite: „Für Euch bei HOKISA – mit allen guten Wünschen für die wichtige Arbeit, die Ihr in Südafrika macht! Neue Situationen erfordern neue Ideen! Unsere Aufgabe war es, anderen zu ermöglichen, Neues zu bauen."

In den kommenden Monaten sahen wir ihn seltener und wussten anfangs nicht warum. Dann erfuhren wir die traurige Wahrheit: Seine Frau Edelgard war an Krebs erkrankt und die Aussichten waren nicht gut. Als Edelgard im Dezember 2006 starb, war Denis gerade aus dem Krankenhaus von seinem letzten nächtlichen Besuch bei ihr gekommen. Obwohl er sonst oft Gäste bei sich daheim hatte, war an diesem Morgen niemand da. Erst allmählich verbreitete sich die Nachricht. Ich packte spontan eine Tasche mit Lebensmitteln und fuhr nach Hout Bay, schließlich waren wir fast Nachbarn. So liebevoll sprach Denis von seiner Frau. Sie hatten beide noch so viel vorgehabt in dem schönen neuen Haus am Berghang mit Aussicht auf den Hafen.

Obwohl Denis viele Freunde hat und oft eingeladen wird, kam er auch manchmal zu uns zum Abendessen. Ein Abend jedoch wurde unerwartet schwierig. Irgendwie war das Gespräch auf die katastrophale Aidspolitik von Thabo Mbeki und seiner Gesundheitsministerin gekommen. Doch Denis' Meinung war an jenem Abend konträr zu unserer: Die Ministerin sei immer wieder nur falsch zitiert worden. Sie sei schließlich selbst Ärztin und wisse, wovon sie rede. Die Kritik an ihr sei samt und sonders Propaganda der Patienten-Organisation „Treatment Action Campaign". Es wurde still am Tisch. Als ich und andere Denis widersprachen, war er sichtlich verärgert. Der Abend endete früh und mit deutlicher Verstimmung.

Danach sahen wir einander für einige Zeit nicht. Und doch verfolgten wir, was der jeweils andere tat, über gemeinsame Freunde oder auch Artikel in der lokalen Presse.

Im Oktober 2006 war in Masiphumelele ein schrecklicher Brand ausgebrochen, bei dem in einer Nacht über 1.200 Menschen alles verloren hatten, wie durch ein Wunder jedoch niemand gestorben war, aber viele, auch Kinder, verletzt worden waren. Selbst die nationalen Abend-Fernsehnachrichten hatten darüber berichtet. Der Brand hatte in einem der beiden „Informal Settlements" unseres Townships begonnen, wo es weder Kanalisation noch Zugangswege gab. Die Feuerwehr war spät gekommen und hatte dann allein versucht, ein Übergreifen des Feuers auf andere Gebiete zu verhindern.

Es war nicht der erste Brand in dieser Gegend, wo die einfachen, häufig aus Abfallholz und Blech gebauten Hütten schnell Feuer fingen, wenn Menschen auf offenem Feuer kochten oder versuchten, sich nachts warm zu halten. Doch zum ersten Mal waren die Menschen nicht bereit, auf der Asche nur erneut Hütten zu errichten und auf das nächste Unglück zu warten. Eine Gruppe von Bewohnern begann, sich im Versammlungsraum des HOKISA-Friedenshauses zu treffen und über Wege aus der Not zu beraten.

Am Ende stand ein mutiger Plan: Mithilfe eines Architekten aus der benachbarten überwiegend „weißen" Kleinstadt sowie mit mir als Fundraiser sollte ein Antrag auf staatliche Bausubvention bei der Regierung gestellt werden. Für die Familien, die im Feuer alles verloren hatten und nun mitmachen wollten, sollten kleine 2-Zimmer-Mietwohnungen in zwei- und dreistöckigen Häusern auf dem abgebrannten Gelände entstehen. Kranke und alte Menschen, die kein Einkommen hatten, sollten mietfrei wohnen können. Nach vier Jahren Miete würden die Wohnungen in Eigentum übergehen. Von den 400 Familien entschlossen sich mehr als 350 zum Mitmachen.

Monatelang lief die Wohnungsbau-Initiative, die sich den Namen „Amakhaya ngoku – Wohnungen jetzt!" gegeben hatte, gegen schier unüberwindliche Hürden an. Die Beamten im zuständigen Wohnungsbauministerium lehnten die Initiative schlichtweg als „unrealistisch" ab. Im Township selbst demonstrierten jene, die woanders wohnten und fürchteten, dass sich dadurch ihr Platz auf den staatlichen Wartelisten verlängern würde.

Aber die Gruppe gab nicht auf. Das erste Büro wurde in Shack Nr 10, dem Wohnzimmer einer Bewohnerin, mit geliehenen Computern eröffnet. Dort begann die Registrierung derjenigen, die mitmachen wollten. Ein geplanter Brandanschlag auf das Büro wurde zweimal verhindert. Als alle Pläne ordnungsgemäß eingereicht waren und sich die zuständige ANC-Regierung weiter weigerte, den Antrag auch nur zu bearbeiten, entschlossen wir uns zu einer Blockade des Wohnungsbauministeriums in Kapstadt. Vor Tagesanbruch fuhren wir 30 Kilometer in die Stadt und standen dort mit Plakaten vor dem Haupteingang, noch bevor die ersten Beamten zur Arbeit kamen. Die Presse berichtete ausschließlich positiv über „Amakhaya ngoku" – und endlich kam Bewegung in den Behördenapparat.

Eine „vorläufige" Baugenehmigung und eine teilweise Bausubvention wurden Ende 2008 bewilligt und Anfang 2009 begannen die ersten Bauarbeiten. Zur Feier anlässlich des Baubeginns hatte der Minister kurzfristig abgesagt – aber Denis Goldberg kam und hielt neben der damaligen Bürgermeisterin von Kapstadt und prominenten Oppositionspolitikerin Helen Zille eine zukunftsweisende Rede. Noch vor dem tatsächlichen Baubeginn kam es erneut zu einem Überfall auf das Büro der Wohnungsbau-Initiative, bei der einige Mitarbeiter verletzt wurden. Eine südafrikanische Freundin, die während der Apartheidzeit selbst wegen ihres Engagements im Gefängnis gesessen hatte, hatte uns gewarnt: „Bei der großen Not und Konkurrenz um Wohnraum macht euch nichts vor – was Ihr beginnt, ist sehr wichtig, aber es wird auch ein Minenfeld sein!"

Bei diesem Weg durchs Minenfeld ist Denis Goldberg an unserer Seite. Über den Konflikt wegen der damaligen Gesundheitsministerin haben wir nie wieder gesprochen. Persönlich trafen wir uns wieder, als plötzlich ein Filmemacher anbot, einen Werbefilm für uns zu machen. Er wollte unbedingt Prominente dabei haben. Nach Erzbischof Desmond Tutu war Denis Goldberg der zweite, der zusagte.

Der Filmtermin vor Ort war mehrfach wegen Dauerregen und Sturm verschoben worden. An einem kalten Wintertag rief der Filmemacher frühmorgens an and bat trotzdem: „Kann Professor Goldberg heute kommen? Wir müssen morgen nach Johannesburg und heute ist die letzte Chance zu drehen!" Ich rief Denis an und begann mit langen Erklärungen und Entschuldigungen und schließlich der Bitte, ob er trotz des kurzfristigen Termins doch kommen könne. Denis antwortet ohne Zögern: „Na klar komme ich. Wann und wo?"

Und dann stehen wir beide im strömenden Regen vor Shack Nr. 10 und Denis hält ein bewegendes Plädoyer zur Unterstützung von „Amakhaya ngoku" vor laufender Kamera: „An alle, die Mittel haben, wie bescheiden auch immer: Jeder kann sehen, wie Menschen hier noch immer leben müssen, bei diesem Hundewetter und in überschwemmten Bruchbuden. Das darf nicht so bleiben. Bitte helft und unterstützt dieses Projekt!"

Bei der feierlichen Eröffnung des ersten Mietshauses für dreiunddreißig Familien ist es wieder Denis Goldberg, der kommt und eine Rede hält, neben der inzwischen zur Ministerpräsidentin des Westkap aufgestiegenen Helen Zille, die gleichzeitig nationale Vorsitzende der Oppositionspartei Democratic Alliance ist. ANC-Freunde kritisieren ihn dafür. Aber Denis hält ihnen entgegen: „Es geht hier nicht um Parteipolitik, sondern um Menschen, die ein Dach über dem Kopf brauchen!"

Ein alter Mann, der für die Mieter redet, sagt: „Ich bin jetzt über 70 Jahre und zum ersten Mal habe ich fließend Wasser und sogar eine warme Dusche. Am Wochenende kommt meine ganze Familie, alle werden zum ersten Mal in ihrem Leben daheim duschen."

Auch Dank Denis' Einsatz finden wir neue und wichtige Spender, unter anderem auch über seine Organisation Community

H.E.A.R.T. in Großbritannien. Er informiert sich regelmäßig über den Verlauf des Projektes und berät uns bei Problemen mit Lokalpolitikern, aber auch bei internen Auseinandersetzungen im Township. Bis heute sind über 230 der Familien, die damals Opfer des Brandes wurden, in eine der Wohnungen eingezogen, die mit Solaranlagen zur Warmwasserbereitung ausgestattet sind. Rund 120 Familien warten noch in Hütten auf einem nahen Feld. Wir werden nicht aufgeben. Über „Amakhaya ngoku“ wurde inzwischen auch in landesweiten Zeitungen berichtet und trotz vieler Probleme, die jedes Wohnungsbauprojekt kennt, sind die meisten Bewohner von Masiphumelele stolz auf dieses Viertel. Hier können Kinder sicher auf der Straße spielen. Eine Versammlungshalle wurde von der deutschen Bingo-Lotterie mittels des Aktionszentrums Dritte Welt in Osnabrück finanziert. Hochzeiten und Gottesdienste finden dort statt und in Zukunft soll hier der erste Kindergarten des Viertels tagsüber in der Halle seine Türen öffnen.

In Kapstadt treffen Denis und ich uns regelmäßig, so auch bei Veranstaltungen der Internationalen Deutschen Schule, des deutschen Generalkonsulats, bei politischen Diskussionen oder auch einfach zu einem Abendessen mit Freunden aus Europa und Südafrika. Und er kommt weiter regelmäßig zu Besuch ins HOKISA-Kinderhaus – jedes Mal eine schöne Überraschung. Noch immer übernachten wir in dem gleichen Hotel in Osnabrück, wenn wir zu Vorträgen in Deutschland sind. Noch immer haben wir uns dort nicht zur gleichen Zeit getroffen.

Alle kleinen und großen Menschen im HOKISA-Kinderhaus ebenso wie viele Bewohnerinnen und Bewohner von Masiphumelele danken Denis Goldberg für alles, was er für sie getan hat, und wünschen ihm noch viele Jahre mit Gesundheit und ungebrochen kritischem Geist. Ich persönlich danke dir, lieber Denis, für deine Freundschaft und Aufrichtigkeit, was einschließt, dass wir manchmal – selten – auch unterschiedlicher Meinung sind. Ich habe viel von dir lernen dürfen.

Danke dir sehr – enkosi kakhulu, uTata no u Melwane Denis!

Lutz van Dijk, *Dr.phil, Schriftsteller, war Lehrer in Hamburg und später Mitarbeiter des Anne Frank Hauses in Amsterdam. 2001 Gründungs-Kodirektor (gemeinsam mit Karin Chubb) von „HOKISA – Homes for Kids in South Africa" in Kapstadt. Sein Roman „Themba" wurde 2010 als südafrikanisch-deutsche Ko-Produktion fürs Kino verfilmt. Zuletzt erschien: „African Kids. Eine südafrikanische Township Tour" (Peter Hammer Verlag 2012).*

Community H.E.A.R.T. – Ein besseres Leben für Alle

ISOBEL MC VICAR

Denis traf ich zum ersten Mal, als ich sechs Monate nach den ersten demokratischen Wahlen als Mitglied einer schottischen Anti-Apartheid-Delegation nach Südafrika fuhr. Zu der Zeit war ich Gewerkschaftsaktivistin bei der Gewerkschaft UNISON, die im öffentlichen Sektor tätig ist. Ich war in der Wohnungsbauabteilung der Stadtverwaltung von Glasgow beschäftigt. Die Delegation bestand aus Gewerkschaftern, Stadträten aus allen bedeutenden schottischen Parteien sowie Anti-Apartheid-Aktivisten. Mit 33 Jahren war ich die Jüngste und die Rangniedrigste in der Delegation. All die anderen Gewerkschafter hatten Stellen auf nationaler Ebene inne, einige von ihnen waren ranghohe Mitglieder des schottischen Gewerkschaftsbundes. Ich fand die Aussicht auf eine Reise nach Südafrika sehr aufregend. Unser Ortsverband hatte die Anti-Apartheid-Bewegung in Schottland in größerem Umfang unterstützt und von unseren Mitgliedern viel Geld zugunsten des ANC-Programms für Wählererziehung aufgetrieben. Nun die Gelegenheit zu bekommen, das neue demokratische Südafrika zu besuchen, war eine Ehre. Worauf ich nicht vorbereitet war, war die Chance, Denis Goldberg, einen der Rivonia-Angeklagten, zu treffen – diese Begegnung hat mein Leben verändert.

Wir begannen unseren Besuch in Kapstadt. Während der beiden Tage dort hatten wir viele Termine mit Ministern und Vertretern von Gewerkschaften und Nichtregierungsorganisationen. Als ein Treffen mit Cyril Ramaphosa, dem damaligen Generalsekretär des ANC, länger dauerte als geplant, mussten sich einige von uns früher verabschieden, um rechtzeitig zu unserem nächsten Termin mit der Cape-Town-Beratungsstelle für vergewaltigte Frauen und Mädchen (Rape Crisis Cape Town) zu kommen. Während wir uns langsam sammelten, brach unter den weiblichen Delegierten ein Streit darüber aus, ob es Männern überhaupt gestattet werden sollte, teilzunehmen. Ich gehörte zu der Minderheit, die meinte, dass die drei Männer zugelassen werden sollten, da Denis das Treffen organisiert hatte und unsere Gastgeberinnen keine Vorgaben zur Zusammensetzung unserer Delegation gemacht hatten. Ich hatte meine Zweifel, ob ich als Youngster in der Delegation von den anderen Frauen mit sehr viel mehr Erfahrung ernst genommen werden würde. Dann gesellte sich Denis zu uns, in Begleitung der Männer, die an dem Treffen teilnehmen wollten. Er wies mit sanfter Stimme darauf hin, dass Vergewaltigung und Gewalt gegen Frauen keineswegs nur ein Problem der Frauen in einer Gesellschaft sei, sondern auch eins der Männer. Wenn die Gesellschaft als Ganzes sich ändern sollte, müssten wir zusammenarbeiten. Die Atmosphäre schlug um und gemeinsam nahmen wir an der Sitzung teil. Es ging nicht darum, ob jemand von uns recht oder unrecht hatte; die älteren Frauen hatten sich daran orientiert, wie solche Dinge in Großbritannien gehandhabt wurden. Denis, mit seiner Art, Menschen zur Zusammenarbeit für den gesellschaftlichen Wandel zu ermutigen, ohne jemanden zu verprellen, hatte den Tag gerettet.

In Port Elizabeth wurden wir nochmals Zeuge von Denis' ganz eigener Fähigkeit, Menschen zusammenzubringen, die Kommunikation anzuregen und Brücken zu bauen. Wir wurden von der NEHAWU (National Education, Health and Allied Workers Union) zu einer Gewerkschaftssitzung in einem Krankenhaus eingeladen. Ich hatte noch nie eine so große Versammlung von einfachen Gewerkschaftsmitgliedern gesehen – es waren mehr als 200 –, die nur deswegen gekommen waren, um sich mit einer ausländischen Delegation zu treffen. Als Denis vorgestellt wurde, sprangen die Südafrikaner auf und riefen „Amandla!" Was für ein Anblick! Uns wurden dann die Ehrenplätze auf dem Podest zugewiesen. Von dort aus konnten wir die Grillparty und die Musik genießen. Aber bis dahin hatten sich die Gruppen noch nicht gemischt. Die Musik wirkte ansteckend und die Südafrikaner hatten angefangen zu tanzen. Ich versuchte, einige der weiblichen Delegierten zum Mittanzen zu bewegen (schottische Männer sind nicht unbedingt dafür berühmt, bei Volkstänzen die Beine zu schwingen), aber keine stand auf. Plötzlich sagte Denis, er wolle mit mir tanzen. Mehr brauchte es nicht, schwupps waren alle auf der Tanzfläche, wuselten durcheinander, und sprachen miteinander. Als es Zeit zum Aufbruch wurde, dauerte es eine Stunde, bis wir das Gebäude verlassen konnten, da so viele, wenige Stunden zuvor einander noch völlig unbekannte Leute sich umarmten und voneinander verabschiedeten! Viele Geschichten waren erzählt worden und es war ein Verständnis für die Lage normaler Südafrikaner entstanden.

Ich werde immer dankbar sein für diese Zeit, die ich mit Denis verbracht habe, und ich bin sicher, dass mir die anderen Delegationsmitglieder zustimmen würden, auch diejenigen, die seine politische Meinung nicht teilten. „Gleichberechtigung für alle" ist seine Leidenschaft, und er hat verstanden, dass der Kampf um die Demokratie vielleicht gewonnen ist, dass dieser Sieg aber nur ein Abschnitt ist auf dem mühseligen Pfad zu einer neuen Nation, deren Grundpfeiler die Gleichberechtigung ist. Der Kampf muss weitergehen. Ich weiß, ich war nicht die einzige , die beeindruckt war und beeinflusst wurde von Denis' Gabe, Menschen zusammenzubringen, um einen Wandel zum Guten zu erreichen. Und er vermittelte uns das Gefühl, dass wir die Menschen in Südafrika in ihrem Kampf unterstützen müssen. Meines Erachtens war es wichtig, dass diejenigen, die Südafrika im Kampf gegen die Apartheid unterstützt hatten, auch verstanden, dass der Kampf nicht beendet war und es noch viel zu tun gab.

Denis' Anwesenheit in unserer Delegation hatte eine starke Wirkung auf uns. Fünf Monate nach unserer Rückkehr und ein Jahr nach den ersten demokratischen Wahlen wurde Community H.E.A.R.T. (Community Health Education and Reconstruction

Training) in der südafrikanischen Botschaft in London ins Leben gerufen. Zu meiner Überraschung und Freude wurde ich zur Auftaktveranstaltung eingeladen. Drei der vier Gründungsmitglieder – Brian Filling, Bob Bruce und Jane Coker – waren in der schottischen Delegation gewesen, andere hatten in den ersten Monaten der Organisation mitgewirkt. Denis hatte so viele aus der Südafrika-Reisegruppe inspiriert, über reines Mitgefühl hinaus auch wirklich zu handeln.

Direkt nach der Gründungszeremonie begann die Arbeit. Zwei weitere Aktivisten von UNISON, John McFadden und James Urquhart, waren Delegationsmitglieder gewesen. Sie saßen beide im Nationalen Vorstand der Gewerkschaft und konnten somit auf nationaler Ebene eine mögliche Unterstützung von Community H.E.A.R.T. auf die Tagesordnung der Gewerkschaft setzen. Die UNISON-Reisegruppe hatte einen Bericht verfasst und sprach nun mit Aktivisten über die Notwendigkeit, den Kampf gegen das Erbe der Apartheid zu unterstützen und deshalb Community H.E.A.R.T. zu fördern. Wichtig war, dass die Organisation nicht nur ein eingetragener, karitativer Verein war, sondern auch die Menschen in Südafrika nach ihren Vorstellungen fragte und ihre Aktivitäten danach ausrichtete. Sie unterschied sich daher von vielen anderen gemeinnützigen Organisationen, die einfach selbst entscheiden, was für die Empfänger „das Beste" sei; diese Organisation wurde von den Empfängern mitbestimmt. Die Gründung von Community H.E.A.R.T. war nur der Anfang eines Wegs, der Denis zu Veranstaltungen überall im Lande führte.

Das Besondere an Denis ist, dass er Menschen nicht nur inspiriert, sondern dass er ihnen das Gefühl gibt, zum Kampf für das Gute fähig zu sein und dass jeder Beitrag wichtig ist. Ich hatte keine besonders hohe Position in der Gewerkschaft, aber Denis hat mir das Gefühl gegeben, dass auch ich – noch am Anfang des Wegs – etwas verändern konnte. Mal ging es darum, Mittel aufzutreiben, etwa als mein Ortsverband unsere Mitglieder dazu aufrief, eine Spende von einem Pfund im Monat direkt von ihrem

Gehalt abbuchen zu lassen. Ein anderes Mal ging es darum, andere Ortsverbände einzuladen, um Denis zu treffen oder ihn reden zu hören. Denis vermittelte einem immer das Gefühl, dass jede dieser Kleinigkeiten wichtig war. Ich weiß, ich war nicht die einzige, die noch so kleine Dinge, wenn irgend möglich, auch tat.

Eine der ersten Aktionen, die Denis über Community H.E.A.R.T. ins Leben rief, war die „Ein Buch und 10 Pence-Kampagne". Sie entstand aus einer Diskussion mit Südafrikanern, die im Bildungsbereich arbeiteten. Sie wollten ihre Schüler zum Lesen erziehen, aber wie sollten sie das schaffen, wenn es keine Bücher gab, die den Kindern gefielen? Die Idee war, Kindern Zugang zu Büchern zu verschaffen, an denen sie Freude hätten. Dadurch würden sie besser lesen und schreiben lernen und so auch ihre schulischen Leistungen insgesamt und ihre Chancen auf ein gutes Leben verbessern. Mit den Büchern sollten Schulbibliotheken in Südafrika aufgebaut werden. Die Idee war einfach, und ich glaube, Denis wusste, wie schnell sie in Großbritannien Unterstützung finden würde. Mit der Aktion würde Community H.E.A.R.T. auch in britischen Schulen, Jugendorganisationen und Kirchen junge Leute erreichen. Denis brachte wieder einmal Menschen zusammen – diesmal junge Menschen in Großbritannien –, um die Dinge zum Besseren zu wenden.

Woodcraft Folk war eine der Gruppen, die die Idee aufgriffen. Die in den 1920er Jahren aus der Arbeiterbewegung hervorgegangene Organisation hat zum Ziel, Kinder und Jugendliche zu Selbstbewusstsein, Frieden und Kooperation zu erziehen. Die Bücherkampagne war genau die Art von internationaler Aktion, an der sie mitwirken wollten. Denis war einige Jahre ihr Ehrenvorsitzender, bis er sagte, diese Position sei ihm etwas zu hierarchisch. Viele Jahre später, bei der Präsentation seiner Autobiographie „The Mission" in Großbritannien, traf ich eine Ehemalige aus Woodcraft Folk. Sie war sehr aufgeregt, Denis wiederzusehen und erzählte mir, dass er sie seinerzeit sehr beeindruckt hatte.

Das ist es, was Denis ausmacht: seine Ausstrahlung ist umfassend. Seine Ideen, seine Überzeugung und seine Leidenschaft sprechen junge Leute genauso an wie Menschen mittleren oder hohen Alters. Ich führe das auf die Art zurück, wie er sich Menschen mitteilt. Ich erinnere mich, wie er vor einigen Jahren die Grundschule meiner Tochter Roisin besuchte, um für die Aktion „Ein Buch und 10 Pence“ zu werben. Der Raum war voll mit drei- bis elfjährigen Kindern. Denis fragte sie zuerst einmal, ob er sich setzen dürfe, um mit ihnen zu reden. Als er sich gesetzt hatte, fragte er sie, welches ihre Lieblingsbücher seien, und alle Kinder streckten die Hand in die Luft, um zu antworten. Sie fühlten sich alle bei ihm wohl, sie merkten, dass ihnen zugehört wurde und waren deshalb bereit, ebenfalls zuzuhören. Ich hatte die gleichen Kinder beobachtet, als der anglikanische Pfarrer aus dem Ort zu ihnen gesprochen hatte, aber da kam wenig Enthusiasmus auf. Ich glaube, der Unterschied lag darin, dass Denis wirklich ihre Meinung hören wollte und nicht Antworten, die man von ihnen erwartete.

Ziel der „Ein Buch und 10 Pence“-Aktion war es, eine Million Kinderbücher zu sammeln. Ich hielt das damals für sehr hoch gegriffen. Mittlerweile sind es beinahe drei Millionen geworden, nicht zuletzt dank Denis. Ich glaube, ich habe nie jemanden getroffen, der nach einer Begegnung mit ihm nicht das Gefühl hatte, bei der Überwindung des Apartheiderbes helfen und aktiv werden zu müssen.

Denis nahm seit 1994 an jeder Nationalen Konferenz von UNISON teil, bis er 2002 endgültig nach Südafrika zurückkehrte. Auf einer dieser frühen Konferenzen stellte ich ihn dem UNISON-Verband aus Manchester vor. Die Aktivisten dort waren von Denis, von seinem Enthusiasmus und seinem Charme fasziniert. Ich glaube, er hat auch deshalb eine solche Wirkung auf Menschen, weil sie einen Mann erleben, der 22 Jahre im Gefängnis verbracht hat und dessen einziger Wunsch es ist, weiter für eine freie und gleiche Gesellschaft zu arbeiten. Er ist nicht anmaßend, er wünscht sich nur ein besseres Leben für alle, nicht nur für die Wenigen.

1997 waren Denis und ich schon eng befreundet. Wir telefonierten häufig miteinander. In diesem Jahr heiratete ich den Gewerkschaftsaktivisten Brian Stangoe und wir zogen nach Manchester. Zu meiner großen Überraschung rief mich Denis kurz vor dem Umzug an und fragte, ob ich Lust hätte, drei Monate für Community H.E.A.R.T. zu arbeiten. Ich sollte die Aktivitäten im Norden des Landes koordinieren, insbesondere für die „Ein Buch und 10 Pence"-Aktion. Ich sagte sehr gerne zu und die Aktivisten in Manchester stellten mir bereitwillig die nötigen Büro- und Lagerräume zur Verfügung. Denis war ein sehr untypischer Chef. Wie in allen anderen Bereichen seines Lebens interessierte er sich für die Ideen der Mitarbeitenden und für das, was sie zu sagen hatten (vielleicht sollten sich andere von ihm eine Scheibe abschneiden!). Auf der anderen Seite sind Dummheit und Faulheit ihm ein Gräuel. Diejenigen, die wenig Konstruktives von sich geben oder wenig tun, erfahren, was er davon hält. Ich erinnere mich an ein Telefongespräch, bei dem er sich ziemlich deprimiert anhörte. Auf einer Versammlung nur wenige Jahre nach den ersten demokratischen Wahlen hatte eine Frau aus dem Publikum den geringen Fortschritt in Südafrika scharf kritisiert, es sei sehr wenig passiert, da zum Beispiel nicht alle Südafrikaner eine Innentoilette in ihren Häusern hätten. Denis antwortete, es habe in Großbritannien Jahrzehnte nach Einführung des allgemeinen Wahlrechts gedauert, bis jeder über eine Innentoilette verfügte; die Demokratie in Südafrika sei erst ein paar Jahre alt. Ich denke, er war so deprimiert, weil diese harsche Kritik keine Spur von Analyse oder Wohlwollen enthielt. Denis begrüßt Anregungen und auch konstruktive Kritik, aber die Bemerkung der Frau hatte nichts von beidem.

Denis' Engagement im Kampf gegen die Apartheid ließ auch nach den ersten demokratischen Wahlen nicht nach. Meines Erachtens wurde es sogar stärker. Die Lebenschancen der Menschen sollten sich verbessern und Kindern eine neue Zukunft eröffnen. Neue Projekte fanden sich schnell: „Rape Crisis Cape Town", ein mobiles naturwissenschaftliches Labor für Schulen in benachteiligten Gemeinden und eine mobile Klinik, deren Schwestern die Neugeborenen aus diesen Gemeinden impften. Dies alles sind Projekte, für die Denis in den ersten Jahren des Vereins Geld sammelte. Und er warb viele weitere Unterstützer an, darunter Nat und Elsa Perez und MmapulaTladi Small.

2002 entschloss sich Denis, in sein geliebtes Südafrika zurückzukehren, um einen Beraterposten beim Minister für Wasser- und Forstwirtschaft anzutreten. Die meisten von uns in Großbritannien waren traurig, weil wir uns daran gewöhnt hatten, unseren Freund und Genossen so nahe bei uns zu haben, aber es war eigentlich nur eine Weiterführung seiner lebenslangen Arbeit. Im Frühling jenes Jahres fragte mich Denis, ob ich seine Nachfolgerin als Direktorin von Community H.E.A.R.T. werden wollte. Ich schätzte sein Vertrauen in mich sehr, muss aber gestehen, dass mich diese Aussicht etwas einschüchterte. Ich wollte sein Vertrauen nicht enttäuschen. Aber obwohl Denis Tausende von Meilen entfernt war, konnte man ihn immer anrufen oder ihm eine E-Mail schicken, wenn man Rat oder Unterstützung brauchte. In gewisser Weise hat Denis Community H.E.A.R.T. nie wirklich verlassen; er wurde unser Präsident und er unterstützte unsere Arbeit auch, als er eine Vollzeitstelle bei der Regierung innehatte.

Ich glaube, Denis wird immer ein Aktivist im wahrsten Sinne des Wortes bleiben. Auch nach seiner „Pensionierung" engagiert er sich in Basisprojekten in Südafrika, und er hat Großbritannien häufig besucht, um uns beim Geldsammeln zu helfen. Zwei der Projekte, die ihm besonders am Herzen liegen, sind Ububele, ein Zentrum für Psychotherapie im Alexandra Township, und die Musikakademie von Kronendal. Denis erzählte mir neulich, wie glücklich er gewesen sei, als er Frauen aus allen Bevölkerungsgruppen aus der Umgebung von Hout Bay beim Singen im Chor der Musikakademie beobachtet hatte – was vor nicht allzu langer Zeit unvorstellbar gewesen wäre.

Das Ansehen und die Zuneigung, die Denis in Großbritannien

entgegengebracht werden, kann man an der Zahl der Menschen ablesen, die bei den Präsentationen seiner Autobiographie zugegen waren. Zu der Veranstaltung in der südafrikanischen Botschaft in London kamen mehr als 300 Personen, und es wären mehr gewesen, wenn nicht die isländische Vulkanwolke zur Annullierung von Flügen im ganzen Lande geführt hätte. Auch so bildeten sich lange Schlangen von Leuten, die ihre Exemplare signieren lassen wollten. Viele alte und neue Genossen sowie Menschen aus allen Schichten und Berufen waren dabei, darunter auch das ganze Personal unseres Spediteurs. In Glasgow und Manchester und bei der Jahresdelegiertenversammlung der Gewerkschaft UNISON gab es weitere Präsentationen. Bei der UNISON-Versammlung war der Saal so überfüllt, dass viele draußen stehen mussten, um Denis zuzuhören. Wir hatten nicht genug Bücher dabei und mussten uns weitere Exemplare per Kurier schicken lassen. Außerdem wurde Denis mit der Ehrenmitgliedschaft von UNISON ausgezeichnet. Er war erst der dritte, die beiden anderen sind Nelson Mandela und Aung San Suu Kyi.

1994 war ich als Anti-Apartheid-Aktivistin von der Sache begeistert, ich war auch leidenschaftliche Verfechterin der Sache der Palästinenser. Aber im Laufe der vielen Jahre, die ich Denis kenne, habe ich verstanden, dass es um mehr geht als um all die Anliegen, die unsere Unterstützung verdienen. Es geht um eine fundamentale Wahrheit: Wenn wir eine Welt wollen, die für alle gerecht ist, müssen wir Unrecht bekämpfen, wo und in welcher Form auch immer es auftritt. Ob es die Freiheit zu wählen ist, das Recht auf Bildung oder das Recht in Würde zu leben, unabhängig von Hautfarbe, Geschlecht, körperlicher Verfassung oder sexueller Orientierung – alle diese Rechte sind wichtig, sie lassen eine wahrhaft zivile Gesellschaft erkennen. Denis hat einmal gesagt, dass es vielleicht einfacher war, die Freiheit zu erringen als eine Nation aufzubauen. Ich weiß, dass mein Mentor, Freund und Genosse Denis alles in seiner Macht Stehende tun wird, um dabei zu helfen, dieses freie und gleiche Südafrika weiter aufzubauen.

Isobel McVicar *ist Direktorin von Community H.E.A.R.T. in Großbritannien. Sie war 25 Jahre lang in der Gewerkschaft für den öffentlichen Dienst, UNISON, aktiv und traf Denis Goldberg erstmals bei einer Delegationsreise nach Südafrika im Oktober 1994. Seit 1998 arbeitete sie mit Community H.E.A.R.T. zusammen. Im Juli 2002 wurde sie zur Direktorin berufen.*

Denis und die Kinder von Hout Bay

DWYN GRIESEL

Denis Goldberg: eine komplexe Persönlichkeit mit so vielen verschiedenen, interessanten Seiten. Ein Mann, dem ich erst vor vier Jahren begegnet bin, der mir aber schon geholfen hat, einige meiner Träume zu verwirklichen.

Wir haben uns getroffen, als ich gerade dabei war, die Kronendal Musikakademie von Hout Bay (KMA) zu gründen. Ein gemeinsamer Freund sagte mir: „Mensch, ich kenne diesen unglaublichen Typ in Hout Bay. Der wäre sicher begeistert von dem, was du planst! Er liebt Kinder und ist immer mit Feuereifer dabei, wenn Leuten geholfen werden soll, ihr Leben irgendwie zu verbessern. Sprich mal mit ihm!" Ich hatte keine Ahnung, dass ich mich in diesem Moment auf eine wunderbare Reise mit einer der liebenswertesten Persönlichkeiten Südafrikas begab.

Die KMA ist eine gemeinnützige Musikakademie, die 2007 gegründet wurde und die von einer Gruppe begeisterter Menschen geführt wird, die ihre Tage dem widmen, was sie am besten können: Sie teilen das Geschenk der Musik mit anderen. Besonders ist dieses Projekt jedoch, weil jeder an diesem Geschenk teilhaben kann, unabhängig von seiner Hautfarbe oder seiner wirtschaftlichen Situation. Musik machen ist kein Luxus mehr. Hout Bay ist ein interessantes und sehr gemischtes Dorf, dessen wunderbare Bewohner aus der ganzen Welt und aus allen Teilen Afrikas stammen. Die meisten von ihnen sind aber sehr, sehr arm und wohnen in extrem benachteiligten Gegenden. Die KMA ist stolz darauf, sich besonders in diesen Gebieten zu engagieren, um soziale und ethnische Integration voranzutreiben und die Persönlichkeitsentwicklung durch Freude an der Musik zu fördern.

Heute haben wir mehr als 120 Schüler, die an Musikkursen in allen Formen und Größen teilnehmen. Unsere dreizehn Lehrer unterrichten unterschiedlichste Musikrichtungen und 17 verschiedene Instrumente. Durch unsere vielen Aufführungen, die Workshops und den wöchentlichen Unterricht lernen die Schüler wichtige Werte wie Selbstachtung, Verantwortung und Selbstvertrauen. Die KMA bietet den jungen Menschen, die die Zukunft Südafrikas verkörpern, jeden Tag die einzigartige Gelegenheit, ihre Begabungen und ihr Potenzial zu entdecken sowie neue Freundschaften zu schließen.

Ohne Denis Goldberg würde es uns nicht geben. Seit 2008 hat Professor Goldberg unser Projekt unterstützt, nicht nur finanziell, sondern wie und wann er gerade kann. Seine Tür ist immer offen und er hört immer zu. Er ist eine wahre Schatztruhe, voller Ratschläge und kreativer Ideen.

Im Juni 2012 hatten wir die Ehre, mit einer Gruppe von sechs jungen Jazzmusikern auf eine zweiwöchige Tournee durch Deutschland zu gehen, wo sie an zwei Musikfestivals, an Workshops in Schulen, an Aufführungen und gemeinsamen Projekten teilnahmen. Die meisten dieser Jugendlichen waren noch nie geflogen, schon gar nicht außerhalb Südafrikas, und für sie alle war es das Abenteuer ihres Lebens. Sie hatten die Möglichkeit, Freundschaften zu schließen, andere Kulturen kennenzulernen und all das zu erfahren, was mit Reisen in fremden Ländern zusammenhängt. Am allerwichtigsten aber war, dass sie stolz auf ihre Begabungen sein konnten. Denn überall, wo sie hinkamen, wurden sie gefeiert.

Ohne Professor Denis Goldberg wäre ein solches Erlebnis nicht möglich gewesen. Er hat besondere Momente geschaffen, die man nie mehr vergisst. Zum Beispiel, als er am Ende der Tournee sagte: „Auf dieser Reise ist meine Liebe zur Musik gewachsen. Durch euch liebe ich mein Land noch mehr, denn ihr seid mein Land."

Denis Goldberg ist außerordentlich beschäftigt. Er widmet sich dem Vorankommen der Menschen, besonders in Südafrika, und wir sind nicht das einzige Projekt, das er väterlich begleitet und liebt, und für dessen Unterstützung er jahrein, jahraus unglaublich hart arbeitet. Aber wenn ich mich mit Denis zu einem Tässchen Tee und einem Plausch hinsetze, bin ich immer wieder erstaunt, dass er ganz offensichtlich permanent über uns und unsere momentanen Probleme nachdenkt. Er sucht immer nach Lösungen und überlegt ständig, wie wir uns verbessern und weiter wachsen können, damit wir unserem Auftrag gerecht werden: den Armen etwas zu geben und ihnen zu helfen, um so die südafrikanische Gesellschaft zum Besseren hin zu entwickeln.

Ein Gespräch mit Denis wird immer viel mehr sein als eine kurze Viertelstunde Planungssitzung! Denn Denis ist ein Denker und Philosoph. Er setzt sich leidenschaftlich ein, wenn es um den menschlichen Geist, um Unrecht oder Integrität geht. Diese Themen durchziehen alles, was er sagt und worüber er nachdenkt. Er ist ein ruhiger und würdevoller Mann, der aber auch einen bissigen Humor haben kann; es ist eine wahre Freude, wenn er bei etwas Lustigem in sein herzhaftes, fast kindliches Gekicher ausbricht.

Am ersten Tag, an dem ich Denis traf, erzählte er mir seine Geschichte mit unserem geliebten Land und ich saß da, den Mund offen vor Entsetzen und Ehrfurcht. Ich kann mir bis heute nicht vorstellen, was er durchgemacht hat und wie es sich anfühlte, all das zu ertragen, was ihm wegen seiner unumstößlichen Prinzipien und Überzeugungen angetan wurde. Ich werde nie vergessen, wie ich ihm an jenem Tag meinen Arm um die Schultern legte und ihn umarmte. Wir hatten beide Tränen in den Augen, als er sich an die Seelenqualen erinnerte, die ihm das Leiden seiner Frau und seiner Kinder bereiteten; ein Schmerz, der ihn noch heute begleitet und der ihn, meiner Ansicht nach, nie verlassen wird.

Und doch, als 80-Jähriger mit seinen vielen und vielschichtigen Erinnerungen, hat Denis eine reizende Art, mit Frauen aller Altersgruppen zu flirten, und er schafft es immer noch, viele von ihnen erröten zu lassen! Ich muss sagen, etwas an dir ist sehr sexy, Denis Goldberg, und ich glaube, es ist die Lebenslust, die du ausstrahlst, wo du auch hinkommst. Du verstehst intuitiv, wie man ein Lächeln auf das Gesicht eines Kindes zaubert und wie man mit jedem – egal mit wem, egal wo, egal wann – kommuniziert. Das ist deine Verbindung mit der täglichen Arbeit der KMA, und wir können uns immer auf dich verlassen, wenn es darum geht, einer Situation im jeweils richtigen Augenblick die passende Leichtigkeit oder auch Ernsthaftigkeit zu verleihen.

Professor Denis Goldberg ist ein sehr ungewöhnlicher Mensch in meinem Leben; er ist für mich Vaterfigur, Freund und Gefährte geworden. Danke Denis, dass du für uns alle da bist! Danke für deine Großzügigkeit und Güte, für deine Begeisterung, aber vor allem für deine Integrität, die du in meinen Augen niemals aufgegeben hast. Du bist ein echtes Vorbild, und es ist eine Ehre, dich zu kennen.

Alles Liebe! Dwyn

***Dwyn Griesel** studierte Musik, ist Life-coach und war viele Jahre Musiklehrerin. Gründete 2007 mit Mitteln aus dem väterlichen Erbe die Kronendal Music Academy in Hout Bay, die seitdem kontinuierlich wächst und mehrfach ausgezeichnet wurde. Auf Denis Goldbergs Initiative besuchte die KMA-Jazzband 2012 erstmals mit jugendlichen Musikern Schulen in Deutschland.*

Anhang

Zeittafel: Geschichte Südafrikas und Lebensgeschichte Denis Goldbergs

1912 Gründung des African National Congress (ANC).

1913 Landgesetze verbieten den Bodenerwerb für Afrikaner außerhalb der Reservate.

1914–1918 Erster Weltkrieg: Schwarze Südafrikaner auf europäischen Schlachtfeldern.

1921 Gründung der Südafrikanischen Kommunistische Partei (SACP).

1923–1927 Apartheidgesetze: Trennung der Wohngebiete nach Rassen; Einschränkung des Streikrechts für Afrikaner; Verbot des außerehelichen Geschlechtsverkehrs zwischen Schwarzen und Weißen.

1933 *11. April: Denis Goldberg (DG) wird in Kapstadt geboren. Vater und Onkel arbeiten als Kleinstunternehmer mit zwei* LKW.

1937 Verbot der jüdischen Einwanderung durch den „Aliens Act" gegen „nicht integrierbare Rassen".

1939 September: Kriegserklärung Südafrikas an NS-Deutschland, trotz großer Sympathie vieler Weißer für die deutschen Faschisten.
DG wird in Kapstadt eingeschult.

1944 Gründung der ANC-Jugendliga durch Nelson Mandela, Walter Sisulu, Oliver Tambo.

1948 Die burische Nationale Partei kommt an die Macht. Apartheid wird offizielle Staatsdoktrin.

1949 *DG letztes Schuljahr; danach Arbeit auf einer Obstplantage.*

1950 „Rassenklassifizierung“ aller Südafrikaner nach der Geburt gemäß der „Rasse“ des Vaters; endgültige Aufteilung der Siedlungs- und Wohngebiete nach „Rassen“, massenhafte Zwangsumsiedlungen; Verbot der Kommunistischen Partei. *DG beginnt ein Studium in Bauingenieurwesen an der Universität Kapstadt.*

1952 Einführung des Passbuches für alle Schwarzen. Zwischen 1948 und 1974 zehn Millionen Verfahren wegen Verstößen gegen die Passgesetze. Dagegen protestierte die „Defiance Campaign“ mit zivilem Ungehorsam.

1953 Einführung der „kleinen Apartheid“: Rassentrennung in öffentlichen Einrichtungen.

1954 *April: DG heiratet die Physiotherapeutin Esmé Bodenstein.*

1955 *24. Januar: Geburt der Tochter Hillary Goldberg, genannt Hilly.*
Bildung der Kongress-Allianz aus ANC, Congress of Democrats (COD), Indian Congress (SAIC) und Coloured Peoples Congress (CPC), den sogenannten Charteristen.
25. Juni Kliptown, Soweto: Volkskongress. 2884 Delegierte verabschieden die Freiheitscharta, Aufnahme der Charta in die Satzung des ANC.
Dezember: Verhaftung von 156 Aktivisten, fast alle Anführer der Allianz. Anklage: Hochverrat.

1956 Beginn des Hochverratsprozesses.

1957 *DG tritt in die im Untergrund arbeitende Kommunistische Partei ein.*
24. November: Geburt von Sohn David Goldberg.

1958 Hendrik Verwoerd wird Premierminister. Einführung von „Homelands“; die Bewohner verlieren automatisch ihre südafrikanische Staatsbürgerschaft.

1960 Friedensnobelpreis für den ANC-Vorsitzenden Albert John Luthuli und damit für den ersten Afrikaner.

21. März: Sharpeville: Bei einer gewaltfreien Demonstration gegen die Passgesetze tötet die Polizei 69 Menschen.
März: Erklärung des Ausnahmezustandes, Verhaftung von 18.000 Aktivisten.
DG und seine Mutter sitzen ebenfalls einige Monate im Gefängnis.

1961 Austritt der Südafrikanischen Union aus dem Commonwealth. Der Hochverratsprozess endet mit Freisprüchen aus Mangel an Beweisen.
16. Dezember: Gründung von UmKontho we Sizwe („Speer der Nation"), kurz MK, des bewaffneten Arms des ANC.

1962 Januar: Nelson Mandela geht nach der Freilassung im Hochverratsprozess in den Untergrund; Festnahme im August und Verurteilung zu fünf Jahren Gefängnis.
Juni: Der Staat reagiert mit neuen Gesetzen: Willkürliche Festnahme wird erlaubt.
Jahreswechsel: DG ist Kommandeur beim ersten MK-Trainingscamp in Mamre nahe Kapstadt.

1963 Gesetz zur 90-Tage-Haft: Verdächtige Personen können ohne Gerichtsbeschluss und ohne Zugang zu Anwälten drei Monate in Haft bleiben.
DG geht in den Untergrund nach Johannesburg.
11. Juli: Polizeirazzia auf der Liliesleaf-Farm in Rivonia: 18 Männer werden verhaftet, darunter DG. Anklage: Sabotage, kommunistische Aktivitäten und versuchter Umsturz.
November: Esmé Goldberg geht mit den Kindern nach London ins Exil.

1964 12. Juni: Urteilsverkündung im Rivonia-Prozess. Acht der Angeklagten werden zu mehrmals lebenslänglich verurteilt.
DG beginnt seine Haft im Hochsicherheitstrakt des „Pretoria Local"-Gefängnisses.

1966 Mord an Premierminister Hendrik Verwoerd, Nachfolger B.J. Vorster war Anhänger Hitlers. Beginn des bewaffneten

Kampfes der namibischen SWAPO gegen das südafrikanische Besatzungsregime.
DG trifft Bram Fischer im Gefängnis.
Dezember: UN-Vollversammlung erklärt Apartheid zum Verbrechen gegen die Menschheit.

1970 *Hillary Kuny beginnt ihre Besuche von DG im Gefängnis.*

1975 Nelkenrevolution in Portugal, Unabhängigkeit Mosambiks und Angolas.
8. Mai: Tod Bram Fischer. Tod von DGs Mutter Anni Goldberg.

1976 16. Juni: Schüleraufstand in Soweto.
Jeremy Cronin kommt in DGs Abteilung im „Pretoria Local"-Gefängnis (bis 1983).

1977 MK schleust Hunderte Kämpfer nach Südafrika ein.
Steve Biko stirbt in Polizeigewahrsam an Gehirnverletzungen aufgrund von Misshandlungen.

1977/78 *DG und andere führen einen Prozess gegen die Zensur im Gefängnis.*

1978 Pieter Willem Botha, bisheriger Verteidigungsminister, wird Premier.

1979 Erfolgreiche Flucht von Tim Jenkin, Stephen Lee und Alex Moumbaris aus dem „Pretoria Local".
Tod von DGs Vater Sam Goldberg.

1980 MK ändert die Strategie: Anschläge auf eine Ölraffinerie, ein Kraftwerk und militärische Anlagen. Zum ersten Mal gibt es zivile Opfer. Unabhängigkeit Simbabwes.

1981 *Guy Berger trifft DG im Gefängnis (Berger bleibt bis 1983 inhaftiert).*

1982 Mord an Ruth First, Frau von Joe Slovo, in Maputo (Mosambik) durch eine Briefbombe.
Hillary Kuny schickt ein Memorandum im Fall DG an Staatspräsident Botha.

1983 Gründung der United Democratic Front (UDF), sie wächst an auf zwei Millionen Menschen aus 600 Organisationen.

1984 Militante Proteste Jugendlicher machen das Land

„unregierbar". Der geheime „Sicherheitsrat" reagiert mit Ausnahmezuständen.
Dezember: Erzbischof Desmond Tutu erhält den Friedensnobelpreis.

1985 *28. Februar: DG wird freigelassen.*
26. Juni: DG hält seine erste große Rede in London auf dem Trafalgar Square.
15. August: „Rubikon-Rede" von Präsident Pieter Willem Botha über angebliche Reformen; Wirtschaftssanktionen beginnen zu greifen; Beginn der Geheimverhandlungen zwischen Mandela und dem Regime; Gründung des Gewerkschaftsdachverbandes Congress of South African Trade Unions (COSATU).
August: Aufhebung der Passgesetze.
Dezember: DG beginnt seine Tätigkeit als Sprecher des ANC in London; Reise nach Skandinavien. Mady Gray lernt ihn in Schweden kennen.

1986 Mai/Juni: Großdemonstrationen mit bis zu 1,5 Millionen Arbeitern. UDF unterstützt die „mass actions" im ganzen Land.
Brian Filling von der britischen Anti-Apartheid-Bewegung lädt DG nach Schottland ein.

1987 Januar bis März: Schwere Niederlage der südafrikanischen Streitkräfte bei Cuito Canavale (Angola), die größte Schlacht in Afrika seit 1943.
Juni: Mandela-Konzert im Wembley-Stadion in London.

1989 Erziehungsminister Frederik Willem de Klerk stürzt Pieter W. Botha; Intensivierung der Geheimgespräche mit Nelson Mandela.
Juli: Mandela trifft Präsident Botha in dessen Residenz „zum Tee".
Oktober: Freilassung von Walter Sisulu, Ahmed Kathrada, Govan Mbeki, Raymond Mhlaba, Andrew Mlangeni, Elias Motsolaedi, Wilton Mkwayi und anderen.

1990 11. Februar: Freilassung Mandelas.
März: Erste Gesprächsrunde zwischen der Regierung und dem ANC. Beginn gewaltsamer Auseinandersetzungen zwischen Inkatha und ANC in KwaZulu-Natal. Bürgerkriegsähnliche Kämpfe kosten mindestens 10.000 Menschen das Leben.
Mai: *COSATU, ANC* und *SACP* gründen die bis heute bestehende Drei-Parteien-Allianz unter der Führung des *ANC.*
Mai: DG trifft Nelson Mandela in Stockholm.

1993 September: Die Verhandlungspartner unterzeichnen eine Übergangsverfassung. Friedensnobelpreis für Nelson Mandela und F.W. de Klerk.

1994 27. April: Erste freie und allgemeine Parlamentswahlen. Nelson Mandela wird erster Präsident des freien Südafrika. Annahme des im ganzen Land breit diskutierten Aufbau- und Entwicklungsprogramms zur Befriedigung der Grundbedürfnisse, RDP.
Juli: Ruth Weiss und DG lernen sich auf ihrer Geburtstagsparty in Ventnor auf der Isle of Wight persönlich kennen.

1995 Beginn der Arbeit der Wahrheits- und Versöhnungskommission.
26. April: Freedom Day: DG gründet den Verein Community Health Education And Reconstruction Training (Community H.E.A.R.T.) in London. Isobel Mc Vicar ist von Anfang an dabei. DG lernt Edelgard Nkobi kennen.

1996 Wirtschaftspolitischer Strategiewechsel, auch unter dem Einfluss der Weltbank: Annahme des neoliberalen Wachstums-, Beschäftigungs- und Umverteilungsprogramm (GEAR).
DGs erste Lesereise durch Deutschland, organisiert von EXILE Kulturkoordination Essen. Gründung von Community H.E.A.R.T. e.V. Deutschland mit Sitz in Essen. Reinhard Stolle lädt DG zum ersten Mal nach Osnabrück ein. Brigitte Haage-Husseini, enge Freundin von Edelgard Nkobi, lernt DG in Köln kennen.

1997 *DGs erster Besuch in Siegen. Ehrendoktorwürde in Jura der Glasgow Caledonian University.*

1999 Juni: Bei den Parlamentswahlen kann der ANC seinen Vorsprung ausbauen. Neuer Staatspräsident wird Thabo Mbeki. Die Zahl der HIV-Infizierten wird auf zehn Prozent der Bevölkerung geschätzt.
Elisabeth Quart lernt DG über Edelgard Nkobi kennen.

2000 *Tod von DGs Ehefrau Esmé.*
Ehrendoktorwürde (Ph.D.) der Medizinischen Universität Südafrika, Polokwane.

2001 *Eberhard Neugebohrn lernt DG bei einer Veranstaltung zum Jahrestag des Soweto-Aufstandes in Hamburg kennen.*

2002 *Tod von DGs Tochter Hilly.*
August: Heirat von DG und Edelgard Nkobi, Umzug nach Südafrika; Arbeit als Spezialberater des Ministers für Wasserangelegenheiten und Forstwirtschaft, Ronnie Kasrils.
Wolfgang Ebert lädt DG nach Wuppertal ein. Maria Rosery trifft DG erstmals an der Essener Realschule am Schloss Borbeck.

2003 Das südafrikanische Parlament nimmt den Bericht der Wahrheits- und Versöhnungskommission an.

2004 Bei den Wahlen im April erzielt der ANC die Zweidrittelmehrheit im Parlament. Thabo Mbeki wird im Amt bestätigt.

2006 *DG beendet seine Arbeit im Ministerium.*
Juni: DG hält einen Vortrag an der Universität Essen und lernt Geoffrey Davis kennen.
Peter Senft lernt DG in Kapstadt kennen.
Dezember: Tod von Denis Goldbergs zweiter Ehefrau Edelgard Nkobi-Goldberg.

2007 Dezember: 52. Parteitag des ANC in Polokwane: In einer Kampfabstimmung wird Jacob Zuma zum neuen ANC-Vorsitzenden gewählt.
Dwyn Griesel gründet die Kronendal Music Academy (KMA) in Hout Bay. Wenig später wird DG Schirmherr der KMA.

2008 Mai: Gewalttätige Übergriffe und Anschläge auf Immigranten.
September: Thabo Mbeki tritt vom Präsidentenamt zurück, aufgrund des Vorwurfs, das Gerichtsverfahren des wegen Korruption angeklagten ANC-Vorsitzenden Jacob Zuma beeinflusst zu haben.
Dezember: Abspaltung des Congress of the People (COPE) vom ANC.

2009 *März: DG und andere, darunter Andimba Toivo ja Toivo, erhalten den wichtigen Staatspreis „Nationaler Luthuli-Orden". DG erhält ihn für seinen Anteil am Befreiungskampf und für seinen Dienst am südafrikanischen Volk.*
April: Bei den Wahlen verpasst der ANC mit 65,9 Prozent knapp die Zweidrittelmehrheit; die Demokratische Allianz erhält 16,7 Prozent, der COPE 7,4 Prozent.
Mai: Jacob Zuma wird neuer Staatspräsident Südafrikas.

2010 *DGs Autobiographie „Der Auftrag – Ein Leben für die Freiheit" erscheint. Ausgabe in Englisch: „The Mission – a life for freedom in South Africa".*
Juni: Fußballweltmeisterschaft in Südafrika.

2012 August: Bergarbeiterstreiks in einer Platinmine in Marikana. Die Polizei tötet 34 Menschen.
Dezember: Der ANC-Parteitag wählt Jacob Zuma erneut zum ANC-Chef.

2013 *11. April 2013 Comrade Denis Goldberg wird 80 Jahre alt.*

Die Freiheitscharta (Auszüge)[30]

Wir, das Volk von Südafrika, erklären unserem ganzen Land und der Welt zur Kenntnis:

Südafrika gehört allen, die darin leben,

Schwarzen und Weißen. Keine Regierung kann gerechterweise einen Machtanspruch erheben, es sei denn, dass er auf dem Willen des Volkes gegründet ist. Unser Volk ist seines Geburtsrechts auf Land, Freiheit und Frieden durch eine Regierung beraubt worden, die auf Ungerechtigkeit und Ungleichheit gegründet ist. Unser Land wird solange weder wohlhabend noch frei sein, bis nicht alle Menschen unseres Volkes als Brüder leben und die gleichen Rechte und Chancen haben. Nur ein demokratischer Staat, gegründet auf dem Willen des Volkes, kann allen, ohne Unterscheidung nach Farbe, Rasse, Geschlecht oder Glauben, ihr Geburtsrecht sichern. Deshalb beschließen wir, das Volk von Südafrika, Schwarze und Weiße gemeinsam, gleichermaßen Landsleute und Brüder, diese Freiheitscharta. Wir verpflichten uns, weder Kraft noch Mut zu scheuen, bis die hier dargelegten demokratischen Veränderungen verwirklicht sind. Wir geloben, gemeinsam zu kämpfen und dabei weder Kraft noch Mut zu scheuen, bis die demokratischen Veränderungen umgesetzt worden sind.

Das Volk soll regieren!

Jeder Mann und jede Frau soll das Recht haben, zu wählen und als Kandidat für alle gesetzgebenden Instanzen wählbar zu sein. Alle sollen das Recht haben, das Land mitzuverwalten. Alle Menschen

30 Quelle: http://www.anc.org.za/show.php?id=72 (englische Version), übersetzt und bearbeitet von Josef Lederle, überarbeitet und ergänzt von Birgit Morgenrath; Texte in Klammern sind inhaltliche Zusammenfassungen des Charta-Textes.

haben die gleichen Rechte ungeachtet ihrer Rasse, Hautfarbe oder ihres Geschlechtes. [Alle Behörden der Minderheitenregierung wie Beratungsausschüsse und Ämter sollen durch demokratische Organe einer selbstbestimmten Regierung ersetzt werden.]

Alle nationalen Gruppierungen sollen die gleichen Rechte haben!

Alle nationalen Gruppen und Rassen sollen in allen Einrichtungen des Staates, in Gerichten und Schulen, Gleichstellung genießen. Alle Bewohner des Landes sollen das Recht haben, ihre jeweilige Sprache, Kultur und ihre Bräuche zu nutzen und zu pflegen [Alle nationalen Gruppierungen sollen durch das Gesetz vor Beleidigungen ihrer Rasse und ihres Nationalstolzes beschützt werden. Die Verbreitung von Diskriminierung von Nationalität, Rasse und Farbe soll als Verbrechen bestraft werden. Alle Apartheid-Gesetze und -Vorgehensweisen sollen abgeschafft werden.]

Das Volk soll am Reichtum des Landes teilhaben!

Der nationale Wohlstand unseres Landes, das Erbe der Südafrikaner, soll dem Volk zurückgegeben werden; der Reichtum an Mineralien in der Erde, die Banken und industriellen Monopole sollen in das Eigentum des ganzen Volkes übergehen. Alle weiteren Handels- und Industriebereiche sollen so geregelt werden, dass sie das Wohlergehen des Volkes fördern. Alle Bewohner des Landes sollen das gleiche Recht haben, überall Handel zu treiben, zu produzieren und jeglichem Gewerbe, Handwerk und Beruf nachzugehen.

Das Land soll unter die verteilt werden, die es bearbeiten!

Restriktionen des Grundbesitzes auf der Basis von Rassegesetzen sollen beendet werden. Das Land soll neu verteilt werden unter die, die es bearbeiten, um Hungersnöte und Verlangen nach Land zu verbannen. [Der Staat soll die Menschen auf dem Land mit Werkzeug, Saat, Traktoren und Bewässerungsanlagen unterstützen. Den Landarbeitern soll Bewegungsfreiheit garantiert werden.] Alle sollen das Recht haben, überall dort Land zu bewohnen, wo sie es wünschen. [Niemandem soll das Vieh weggenommen werden. Zwangsarbeit und Gefängnisse auf den Farmen sollen beseitigt werden.]

Alle sind vor dem Gesetz gleich!

Niemand soll ohne ein gerechtes Verfahren verhaftet, eingesperrt, deportiert oder eingeschränkt werden. Niemand soll auf Befehl eines Regierungsmitglieds verurteilt werden können. Die Gerichte sollen alle Bewohner des Landes repräsentieren. [Freiheitsstrafen sollen nur bei schweren Verbrechen gegen das Volk verhängt werden und sie sollen Umerziehung und nicht Rache anstreben.] Die Mitarbeit in Polizei und Armee steht allen offen. Polizei und Armee sollen Helfer und Beschützer des Volkes sein. [Alle Gesetze, die Rasse oder Glauben diskriminieren, sollen aufgehoben werden.]

Alle genießen die gleichen Menschenrechte!

Das Gesetz garantiert allen das Recht auf freie Rede, Versammlungs- und Pressefreiheit sowie das Recht auf Religionsausübung und die Erziehung der eigenen Kinder. [Die Privatsphäre soll gesetzlich vor Polizeirazzien geschützt werden.] Es soll keine Einschränkung der Reisefreiheit geben, weder vom Land in die Stadt noch von Provinz zu Provinz noch ins Ausland. Alle Passgesetze und Verordnungen, die diese Freiheit einschränken, sollen aufgehoben werden.

Es soll Arbeit und Sicherheit geben!

Alle Arbeiter sollen das Recht haben, Gewerkschaften zu gründen, ihre Funktionäre zu wählen und Tarifverträge mit ihren Arbeitgebern schließen. [Der Staat erkennt Recht und Pflicht aller an, zu arbeiten und Arbeitslosengeld zu beziehen.] Männer und Frauen aller Rassen sollen gleiche Bezahlung für gleiche Arbeit erhalten. Es sollen die 40-Stunden-Woche, nationale Mindestlohne, Krankengeld, Urlaub mit Lohnausgleich sowie Erziehungsurlaub mit Lohnausgleich für Mütter eingeführt werden. Bergarbeiter, Hausangestellte, Farmarbeiter und Beamte sollen die gleichen Rechte wie alle anderen Arbeiter erhalten. Kinderarbeit, Zwangsunterkünfte für Arbeiter [Hostels], Bezahlung durch Alkohol sowie Leiharbeit sollen abgeschafft werden.

Die Tore zur Bildung und Kultur sollen geöffnet werden!

Die Regierung soll zur Bereicherung unseres kulturellen Lebens nationale Talente entdecken und fördern. Der kulturelle Reichtum der Menschheit soll allen zugänglich sein. Der Austausch von Büchern und Ideen soll über die Landesgrenzen hinweg möglich sein. Ziel der Bildung soll es sein, die Jugend zu lehren, ihr Volk und seine Kultur zu lieben, die menschliche Brüderlichkeit, Freiheit und Frieden zu achten.

Schulbildung soll kostenlos, verbindlich und allgemein sein. Hochschulausbildung und weiterführende Bildung soll allen durch staatliche Förderung und Stipendien, die nach Leistungskriterien vergeben werden, offenstehen. [Analphabetentum soll durch ein staatliches Programm beendet werden. Lehrern sollen die gleichen Bürgerrechte wie allen zustehen. Die rassistischen Schranken im kulturellen Leben, in Sport und Schule sollen beseitigt werden.]

Es soll Häuser, Sicherheit und Wohlstand geben!

Alle haben das Recht, dort zu leben, wo sie wollen, in anständigen Häusern zu wohnen und ihre Kinder in Wohlstand und Sicherheit aufzuziehen [Ungenutzte Siedlungsgebiete sollen bereitgestellt werden. Mieten und Preise sollen gesenkt werden, Lebensmittel sollen ausreichend zur Verfügung stehen und niemand soll hungern müssen.] Ein präventiver Gesundheitsplan soll durch den Staat aufgestellt werden. Kostenfreie medizinische Versorgung, auch in Krankenhäusern, soll allen zur Verfügung stehen, besonders für werdende Mütter und Kinder. [Slums sollen abgerissen und neue Vororte aufgebaut werden, in denen alle Bewohner mit Verkehrsmitteln, Straßen, Straßenbeleuchtung, Spielplätzen, Krippen und sozialen Zentren versorgt sind. Der Staat soll sich um Alte, Waise und Invalide kümmern. Alle haben das Recht auf Ruhe, Muße und Erholung. Eingezäunte Gebiete und Ghettos sollen beseitigt und familienfeindliche Gesetze aufgehoben werden.]

Es herrschen Friede und Freundschaft!
Südafrika soll ein in vollem Maße unabhängiger Staat sein, der die Rechte und die Souveränität aller Nationen respektiert [Südafrika soll den Weltfrieden durch Schlichtung internationaler Konflikte und Verhandlungen, nicht durch Krieg, anstreben und erhalten.] Friede und Freundschaft der Menschen in unserem Land sollen durch die Einhaltung der Gleichstellungsgesetze gewährleistet werden. (…)
Lasst alle Menschen, die ihr Volk und ihr Land lieben, mit uns sagen: Für diese Freiheiten werden wir kämpfen, Seite an Seite, unser Leben lang, bis wir unsere Freiheit gewonnen haben.

Umschlaggestaltung: Magdalene Krumbeck, Wuppertal
Gestaltung und Satz: Graphium press, Wuppertal
Druck: CPI books, Leck
ISBN 978-3-7795-0472-6
www.peter-hammer-verlag.de

Die Goldberg-Familie 1939: Sam, Annie, Denis und sein großer Bruder Alan.

Denis Goldbergs spätere Ehefrau Esmé Bodenstein 1953.

Fahndungsplakat mit Konterfeis von: Nelson Mandela, Walter Sisulu, Govan Mbeki, Ray Mhlaba, Elias Motsoaledi, Andrew Mlangeni, Ahmed Kathrada, Denis Goldberg (v.l.).

Esmé und Tochter Hillary warten im Londoner Exil auf die Urteilsverkündung 1963.

Ostersund Schweden 1985.

Osnabrück 1986.

Delegation der schottischen Gewerkschaft ACTSA zu Besuch in Südafrika 1994.

Im Camp der britischen Jugendorganisation Woodcraft 1995.

Hochzeit mit Edelgard Nkobi am 12. April 2002.

Blick von Denis Goldbergs Haus auf die Bucht von Hout Bay. Rechts am Hügel: Hangberg. Viertel der „Farbigen“ und dahinter Hüttensiedlung der Ärmsten der Armen.

Hout Bay

Hout Bay, unten am Hügel Hüttensiedlung, davor mehrstöckige Wohnhäuser der „Farbigen“, links Eigenheime, rechts unten Fischerhafen.

Psychotherapeutisches Ausbildungszentrum Ububele 2003, eins der von Denis Goldberg geförderten Projekte.

Mit Lutz van Dijk in Masiphumelele.

gesichter-afrikas.de

Gesichter Afrikas 2007.

Mit dem EXILE-Team: Davina Donaldson, Dodo Schulz, Tina Jerman (v.l.)

Der damalige südafrikanische Präsident Kgalema Mothlanthe überreicht Denis Goldberg den Luthuli-Orden in Silber 2009.

Auf Lesereise in Leipzig mit seiner 2010 veröffentlichten Autobiographie „Der Auftrag“.

Besuch bei der Bertha-von-Suttner-Gesamtschule in Siegen.

Mit Schülern der Essener Realschule am Schloss Borbeck.

Empfang des Ehrengastes Denis Goldberg im Rathaus Osnabrück 2010

Verleihung des Bundesverdienstkreuzes durch den deutschen Botschafter in Südafrika Dieter W. Haller 2011 (mit den Enkeltöchtern Katie und Jane Goldberg).

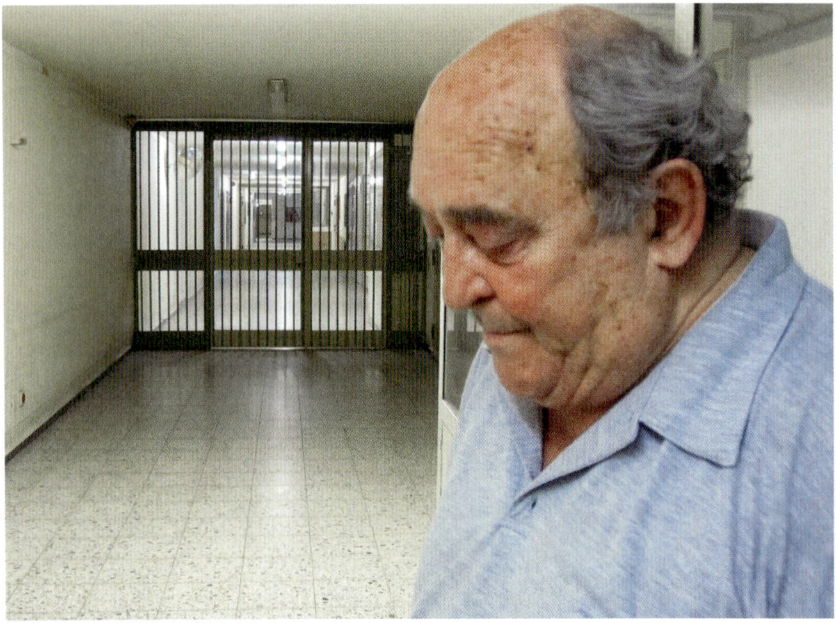

Besuch und Lesung in der Justizvollzugsanstalt Velbert 1999

Jazzband der Kronendal Music Academy (KMA) on Tour durch zehn Städte Deutschlands 2012

Sängerin der KMA-Jazzband Leanne Johannes.

KMA-Jazzband bei der VHS Essen anlässlich des 30-jährigen Bestehens von EXILE e.V. 2012.

Denis mit alten Comrades, Willy Sepheto und David Pick in Mamre 2009